D1723186

Hinter den Kulissen tanzen die Geister

Monika Barro

© Copyright: 2019 – Monika Barro
Herstellung und Verlag: BoD – Books on Demand,
Norderstedt.
ISBN: 9783750403178

Cover created by © Tanja Hersche, www.tanjahersche.ch
Lektorat, Korrektorat: Sandra Linke, www.wortnörgler.de
Cover-Bild © Monika Barro, www.kunst-voll.info

Bibliografische Information der Deutschen Nationalbibliothek:
Die Deutsche Nationalbibliothek verzeichnet diese Publikation in
der Deutschen Nationalbibliografie; detaillierte bibliografische
Daten sind im Internet über dnb.dnb.de abrufbar.

Vorwort

Vor einigen Jahren erwachte ich aus einem Traum, der mich sehr aufwühlte ...

Wer bin ich?

Als ich an diesem Morgen aufstand, fühlte ich eine tiefe Trauer und gleichzeitig eine große Sehnsucht in mir aufsteigen. Etwas in meinem Leben hatte sich in jener Nacht verändert.

Zwei Jahre später reiste ich nach Westafrika ...

Ich hatte keine Ahnung davon. Woher auch? Ich erinnerte mich lediglich, dass die Leute dort ziemlich arm sein mussten.

Das lernte ich zumindest in der Sonntagsschule. Denn immer, wenn die Schulstunde beendet war, reichte die Lehrerin ein Kässeli in die Runde, in das jedes von uns Kindern den von Zuhause mitgegebenen Zwanzigräppler hineinwerfen sollte.

Das unscheinbare Kässeli war nicht einfach nur eine Kasse. Ganz und gar nicht. Sie hatte etwas Besonderes, ja, fast Geheimnisvolles. Auf dieser kleinen Kasse kniete ein «schwarzes Menschenkind» mit gefalteten Händen, und immer, wenn ein Zwanziger ins Kässeli plumpste, nickte es mit seinem Köpfchen und die Sonntagsschullehrerin erklärte uns mit ernster Miene:

«Dieses Geld ist für die armen Kinder in Afrika.» Mehr sagte sie nicht und mehr wollten wir gar nicht wissen.

Die Geschichte vergaß ich nach meiner Sonntagsschulzeit völlig. Wieso hätte ich sie mir merken sollen?

Viele Jahre später machte ich bei einem Tanzworkshop mit. Ich lernte einen afrikanischen Tanz, der mich sofort voll begeisterte. Ich tanzte schon lange, gerne und leidenschaftlich Jazztanz, doch was ich an diesen beiden Tagen des Workshops erfuhr, veränderte meine bisherige Tanz-Euphorie. Ich suchte und fand einen senegalesischen Tanzlehrer und hatte sogar das Glück, dass er Tanzworkshops in Westafrika anbot. Einige Monate später saß ich im Flugzeug nach Senegal ...

Hinter den Kulissen tanzen die Geister

Eine Geschichte über Geld, Glaube und Magie auf Afrikanisch

Kapitelliste

Stell dir vor ... Du läufst einen Pfad entlang, du gehst und gehst, immer geradeaus, du kennst dich hier gut aus und hast nichts zu befürchten, vielleicht ist der Spaziergang ein bisschen langweilig, dafür sicher.

Bis du plötzlich an eine Weggabelung kommst, die Wege trennen sich hier ... Der Weg, den du gegangen bist, führt im Altvertrauten weiter. Der andere hingegen ist wild, verwachsen, unscheinbar, fast nicht einmal mehr als Weg erkennbar. Du beginnst zu überlegen, denn nichts kommt dir hier vertraut vor, aber deine Neugier ist geweckt ...

Ich habe den unbekannten gewählt.

Warum dieses Buch und warum habe ich es geschrieben?

Afrika - ein Kontinent, der die Welt und die Menschen mehr denn je bewegt.

Geheimnisvoll, chaotisch, eigenwillig, so präsentierte sich mir Westafrika, als ich es zum ersten Mal bereiste. Es war Liebe auf den ersten Blick, ich war begeistert.

Bei meinem zweiten Besuch musste ich meine Aufzählungen um ein weiteres Wort ergänzen: widersprüchlich. Wie nennt man es sonst, wenn Geister und Fetischpriester so selbstverständlich zum Alltag gehören wie der Muezzin, der fünfmal täglich zum Gebet ruft? Senegal ist meine Passion geblieben, die kunterbunte Vielfalt, das herzliche Lachen, der bemerkenswert spritzige Humor der SenegalesInnen haben es mir angetan und bewegen mich bis heute. Obwohl ich wieder in der Schweiz lebe, habe ich diese Leidenschaft nun an der Backe, hihi ...

Afrika erregte die menschlichen Gemüter schon immer. Viele Geschichten ranken sich um diesen Teil der Erde.

Uralte Traditionen, Mythen, Tanzkulte, rituelle Bräuche, Geisterglaube und Magie sind noch tief verwurzelt im Leben vieler Westafrikanerinnen und Westafrikaner. Ich glaube, genau das macht diesen Kontinent so außergewöhnlich, einzigartig und unberechenbar.

Dann gibt es auch die andere Seite: Drama, Schwierigkeiten, Flüchtlinge, Kriege, Krankheiten, Hunger, korrupte Systeme, EntwicklungshelferInnen. Die Liste ist lang.

Dieses Buch ist meine Geschichte. Ich wagte den Sprung, dort zu leben, mich mit Haut und Haar einzulassen, und ich liebte mein Leben in Senegal. Es passte zu mir.

Ich war neugierig, abenteuerlustig und wollte schon immer am Meer und in der Wärme leben. Sprachen, Menschen und fremde Kulturen interessierten mich seit langem. Ich verschlang Märchen aus Tausendundeine Nacht.

Ich konnte mich regelrecht hineinträumen. In Afrika durfte ich vieles davon (er-)leben. Westafrika ist das Land der Geschichtenerzähler.

Und dies sind nun meine Erlebnisse und weitere werden folgen.

Danke

Meinem großartigen Sohn Noah für deine Geduld, und dass du mich während des Schreibens immer wieder mit deinem unglaublichen Humor zum Lachen gebracht hast, wenn mir zum Heulen zumute war.

Meinen lieben Eltern für eure Großzügigkeit, damit ich mein Projekt überhaupt zum Abschluss bringen konnte.

Den Menschen, die mich immer wieder aufs Neue bestärkt und ermutigt haben, weiter zu machen. Ihr seht, es hat sich gelohnt.

Meiner Lektorin Sandra Linke für deine spritzigen Seiten-Kommentare.

Dir, meiner lieben Leserin, meinem lieben Leser für deine Zeit, die du dir genommen hast, um dieses Buch zu lesen.

Dem Leben, das mich auf diese Reise geschickt hat.

1. Kapitel Aufbruch

Als ich am Tag meiner Abreise frühmorgens aufwachte und noch schlaftrunken in meinem Bett lag, fragte ich mich ernsthaft, ob es wirklich so eine gute Idee war, mich so spontan für diese Reise nach Senegal anzumelden. Vier Wochen einen Tanzworkshop in Westafrika mitmachen? Hmmm. Vielleicht war es auch nur ein Traum gewesen, der mich selbst nach dem Erwachen nicht losließ?

Na ja, gebucht war gebucht und nun gab es wohl kein Zurück mehr. In einigen Stunden würde ich im Flugzeug nach Senegal sitzen und am gleichen Abend sogar dort übernachten.

Auf einmal war ich nicht mehr schlaftrunken, sondern hellwach. Ich hüpfte aus den Federn und schaute auf das Gepäck, das fertig gepackt neben dem Bett platziert war. Nein, ich träumte nicht, alles stand griffbereit auf dem Boden parat und wartete nur noch auf mich.

Meine Freundin Nina, bei der ich übernachtet hatte, und die mich zum Flughafen bringen wollte, hörte ich schon in der Küche rumoren.

Es duftete herrlich nach Kaffee, doch bevor ich mir diese schwarze Flüssigkeit gönnte, wollte ich erst noch schnell unter die Dusche, um mich ganz wach und frisch für diesen sehr speziellen Tag, zu machen.

Ich merkte, wie ich nervöser und nervöser wurde. Was mich dort wohl alles erwarten würde?

«Monika, das Frühstück ist fertig», unterbrach Nina meine Gedanken.

Nachdem ich geduscht und mich angezogen hatte, ging ich in die Küche.

Der Kaffee tat gut, doch dank meiner Aufregung brachte ich keinen Bissen runter. Mir war eher übel, vor lauter Nervosität. Nina grinste, schnappte sich die Schlüssel zu ihrem Wagen und ging zur Küchentür: «Du kannst ja am Flughafen etwas essen. Wir müssen jetzt sowieso los. Ich fange schon mal an, dein Gepäck ins Auto zu laden.»

Bevor ich ihr folgte, putzte ich schnell die Zähne, griff nach meinem schwarzen Lederrucksack, in dem ich Flugticket, Visum, Impfausweis und meinen Pass verstaut hatte, und natürlich mein Geld. Ich reiste mit Travellerschecks und ein wenig Bargeld. Eine Flasche Wasser und etwas zum Lesen kamen ebenfalls in den Rucksack, ah ja, und für jeden Fall der Flyer vom Tanzworkshop.

Dann war ich zur Abfahrt bereit, schloss Ninas Wohnungstür hinter mir zu und ging zu ihrem Wagen.

Es war ein düsterer, kalter und richtig ungemütlicher Februarmorgen in der Schweiz. Nur heute machte es mir überhaupt nichts aus, schließlich flog ich ja nach Afrika, in die Wärme.

Die ganze Fahrt bis zum Flughafen Kloten nieselte es unfreundlich vor sich hin. Während der Autofahrt überlegte ich, ob ich auch alles eingepackt hatte.

«Ja, ja, du hast sicher alles», unterbrach mich Nina, die wohl gerade meine Gedanken lesen konnte.

Ich hatte vor lauter Ungewissheit butterweiche Knie und das flaue Gefühl in meinem Magen wurde einfach nicht besser.

Nun ja, es war auch nicht gerade alltäglich, mal eben nach Afrika zu reisen, und ich bekam Angst vor meinem eigenen Mut.

Afrika symbolisierte etwas Geheimnisvolles und Unnahbares für mich. Ich hatte keine Ahnung, was mich dort erwarten könnte, außer dass ich dort tanzen würde und dass Papis, mein senegalesischer Tanzlehrer, mich am Flughafen abholen wollte.

In den vergangenen Wochen hatte ich so gut wie jeden mir näherstehenden Menschen mit meinem Vorhaben voll getextet.

Nicht alle waren so begeistert von meinem Plan wie ich, und die Vorurteile über diesen Kontinent ließen nicht auf sich warten. Na ja, was ja auch begreiflich war, denn man hörte viele schlechte Nachrichten.

Komischerweise erschreckte es mich nicht so sehr, obschon ich diese Bilder und Infos ebenfalls kannte. So nahm ich es einfach zur Kenntnis, denn tief in mir wusste ich, dass mir nichts Schlimmes passieren würde. Ich war gut ‹gedopt›, was so viel hieß wie: Ich hatte Impfungen gegen alles Mögliche intus. Obwohl ich nicht so fürs Impfen war, ich hasste Spritzen, hatte ich das alles über mich ergehen lassen. Sicher war sicher und man wusste ja nie.

Schließlich flog ich nach Afrika. Natürlich durften Malariaprofilaxe da nicht fehlen und einige Tabletten hatte ich bereits eingenommen. In der Reiseapotheke fehlte nichts und das Moskitonetz befand sich schon im Koffer ... Was sollte da noch schief gehen?

Doch genau an diesem Morgen, löste die Reise trotz aller Vorsichtsmaßnahmen eine mittelschwere Panikattacke in mir aus. Was, wenn das Umfeld mit seinen Ängsten und Bedenken recht behielt?

Besorgt öffnete ich meinen Rucksack und wühlte darin herum.

«Ist was?», fragte mich Nina, die sich zwar auf die Straße konzentrieren musste, der jedoch trotzdem aufgefallen war, wie ich da herumnestelte.

«Nein, wieso?», entgegnete ich und kramte weiter. «Warum bist du denn so nervös?»

«Ich glaube, ich habe mein Flugticket vergessen», murmelte ich.

Endlich ertasteten meine Finger das schmale, glatte Papier.

«Ah, nein, hier ist es ja, uff, ich hab's gefunden!» Nur hielt meine Erleichterung leider nicht lange an. Der nächste Adrenalinstoß schoss durch meine Adern. «Wo ist mein Pass?! Den habe ich doch heute Morgen noch in den Händen gehabt? Hoffentlich liegt der nicht mehr auf dem Küchentisch!»

«Entspann dich mal wieder», beruhigte Nina meine kleine Panikattacke.

Ich fühlte mich durchschaut und meinte augenzwinkernd: «Ich bin ganz locker und völlig entspannt.»

«Ja, ja», lachte Nina. «Das gehört zum Abenteuer dazu.»

Mein flaues Gefühl im Magen wurde dadurch aber nicht besser, im Gegenteil. Wie konnte ich nur so verrückt sein und eine Tanz-Reise nach Senegal buchen? Denn genau genommen hatte ich keine Ahnung von diesem Land und Kontinent. Nicht mal die Sprache konnte ich, und Flugangst kam auch noch dazu.

Du spinnst doch, sagte ich mehr zu mir selbst, leider zu spät, denn nun war alles gebucht und arrangiert.

Gott sei Dank begleitete mich Nina, die mir sagte, was ich machen musste, denn mein Gehirn war gerade unfähig, klar zu denken.

Draußen war es immer noch dunkel, als wir am Flughafen ankamen, und das große Flughafengebäude wirkte fast menschenleer. Außer ein paar Flughafenmitarbeitern, die über die glatten Fliesen an den Check-in-Schaltern vorbeihetzten, und den gähnenden Verkäufern, die langsam ihre Shops öffneten, war noch nicht viel los. Das beruhigte mich, ich hätte im Moment keine Hektik ertragen. Ich hatte mit meiner eigenen genug zu tun.

«Da kannst du in Ruhe einchecken», sagte Nina zu mir. «Danach lade ich dich zu einem feinen Cappuccino und einem knusprigen Gipfeli ein, das tut dir gut und lenkt dich ab. Sehr wahrscheinlich wirst du in den nächsten vier Wochen sowieso keinen gescheiten Kaffee mehr bekommen.»

Ich tat, was sie mir sagte, freute mich auf den Cappuccino und fühlte mich nach dem Einchecken tatsächlich um Längen besser. Das Gepäck befand sich nun auf dem Weg zum Flugzeug. Das erleichterte mich.

Nur das komische Gefühl im Bauch wollte einfach nicht verschwinden. Was, wenn ich ganz verlassen am Flughafen in Gambia stehen würde? Bei diesem Gedanken musste ich nun selbst lachen: Was redete ich mir da nur ein?

Während Nina und ich Kaffee tranken und über alles Mögliche plauderten, wurde es im Flughafengebäude immer belebter. Ich sah all die Menschen, die auch verreisten und vielleicht flog ja einer dieser Menschen sogar nach Senegal? Dieser Gedanke stimmte mich wieder heiter.

Nun ja, bis mein Flug aufgerufen wurde, und für einen kurzen Moment glaubte ich, mein Herz würde stillstehen. Es war also soweit und meinem ultimativen Abenteuer stand nun nichts mehr im Weg.

Mit einer Umarmung verabschiedete ich mich von meiner Freundin und schritt tapfer Richtung Boarding.

«Das wird schon, das wird sogar super!», rief sie mir aufmunternd nach.

«Ja.» Ich drehte mich ein letztes Mal zu ihr um, warf ihr dankend einen Handkuss zu, dann schritt ich mutig zu der Servicemitarbeiterin.

Ab jetzt musste ich selbst auf mich aufpassen. Also volle Konzentration.

Da stand ich, mit weichen Knien und flauem Gefühl in der Magengegend, zeigte der freundlichen Dame hinter dem Boarding-Desk meinen Pass und das Flugticket mit meiner Sitznummer. Sie lächelte, warf einem geübten Blick auf meine Papiere und wünschte mir einen entspannten Aufenthalt an Bord.

Ich atmete tief durch und ab ging es ins Flugzeug.

Im Flugzeug nach Senegal

Der Flug verlief ruhig. Neben mir saß ein netter Geschäftsmann aus Dakar. Französisch war nicht so meine Stärke, doch für eine oberflächliche Unterhaltung reichte es gerade so. Er erzählte mir, dass er seine Familie, die er nur einmal im Jahr sah, in Dakar besuchen würde. Auch ich berichtete ein wenig von mir, bis wir unterbrochen wurden. Das Essen wurde serviert.

Die Stewardessen hatten die Tabletts gerade wieder eingesammelt, da war es schon Zeit für die Zwischenlandung in Dakar, und die meisten Passagiere verließen hier am Flughafen Léopold Senghor das Flugzeug. Mein Sitznachbar stieg ebenfalls aus.

Ich wurde nervös. Wir waren nun in Senegal. Ob ich da jetzt auch aussteigen sollte? Schnell kramte ich mein Ticket aus dem Rucksack. Darauf stand Gambia, ja, da musste ich hin, das wusste ich. Vorsichtshalber wandte ich mich doch an die Flugbegleiterin.

Sie gab mir freundlich zu verstehen, dass alles in Ordnung sei und ich einfach hier sitzen bleiben solle, wir würden in einer halben Stunde weiter nach Gambia fliegen und dort pünktlich in Banjul landen. Das beruhigte mich, erschien mir jedoch nicht unbedingt logisch. Senegal, Dakar, Gambia, Banjul. Ich hatte ein ziemliches Durcheinander im Kopf. Hm? Doch ich erinnerte mich an Bruno, den geduldigen und sehr netten Sachbearbeiter im Reisebüro. Er hatte es mir ausführlich erklärt und auch auf dem Ticket stand nichts von Umsteigen. So hatte ich es zwar theoretisch, aber praktisch nicht richtig verstanden.

Ein verbliebener Passagier, eingehüllt in ein prachtvolles, farbiges Gewand, bemerkte meine Unruhe und fragte nach meinem Problem. Ich erklärte ihm meine Bedenken und er antwortete auf Englisch: «White lady, everything okay, your first time here?»

«Yes», gab ich zu.

Oh je, wie peinlich, man merkte mir sofort an, dass ich keine Ahnung hatte.

Er lachte und schien sich zu freuen, dass ich nach Senegal reisen wollte, denn er meinte freudig: «Senegal is realy beautiful.»

Er erklärte mir auch, dass alles seine Richtigkeit habe, und die meisten Leute, die in den Süden Senegals reisten, nach Gambia flogen, da der Weg in die Casamance, so hieß die Region im Süden, von dort aus viel kürzer sei. Aha, so war das also. Ich beruhigte mich wieder und wir kamen ins Plaudern. Er berichtete mir ein wenig von Senegal und Gambia und dass die Länder früher zusammengehört hatten. Ich nickte nur und er erzählte weiter. Ich verstand zwar nicht alles, bekam jedoch eine kleine Ahnung von dem Ort, an dem ich die nächsten vier Wochen verbringen würde.

«Relax, white lady, everything good», machte er mir immer wieder Mut. «You are on the right way.»

Ich musste lachen und war sehr beruhigt, auf dem rechten Weg zu sein.

Vor lauter Reden hatte ich gar nicht gemerkt, dass sich die nun fast leere Maschine für den Weiterflug startbereit machte.

Am Flughafen in Gambia

Eine halbe Stunde später landete der Flieger wieder, dieses Mal in Gambia. Die wenigen Menschen, die sich noch an Bord befanden, verließen hier das Flugzeug. Auch ich nahm mein Handgepäck und stieg aus.

Der gut angezogene Mann, mit dem ich mich unterhalten hatte, war mir weiterhin behilflich und ließ mich, bis wir das Flughafengebäude erreichten, nicht mehr aus den Augen.

Dort angekommen gab er mir noch einige gute Ratschläge auf den Weg und sagte dann lachend: «Now, white lady, it`s up to you.»

Er wünschte mir ganz viel Glück und Freude für meine Weiterreise und meinen Aufenthalt. Auch ich bedankte mich bei ihm und ging mit wildklopfendem Herzen weiter.

Ich war so unglaublich aufgeregt, denn ich konnte es kaum fassen, dass ich mich wirklich in Afrika befand. Ja, ich hatte tatsächlich afrikanischen Boden unter meinen Füßen. Hitze schlug mir entgegen. Ich musste meine Jacke ausziehen, die ich im stark klimatisierten Flugzeug die ganze Zeit getragen hatte.

‹Yundum›, so hieß der Flughafen, war klein und überschaubar. Mein Herz klopfte immer wilder, und ich hoffte, es zersprang nicht vor lauter Aufregung. Pures Glück! JA! Ich war wirklich da, AFRIKA.

Irgendwie seltsam, am Morgen stand ich noch frierend in der grauen und nasskalten Schweiz und jetzt schwitzte ich. Ich war begeistert und voller Freude. Die Angst, am falschen Ort zu sein, kam mir auf einmal lächerlich vor. Ich fühlte mich leicht und gut. Die Abenteuerlust stieg in mir auf.

In der Schalterhalle war es ruhig. Außer den wenigen Passagieren, die mit mir ausgestiegen waren, und dem surrenden Ventilator an der Decke, der kaum kühle Luft spendete, war nicht viel los. Gut für mich, so konnte ich den Flughafen rasch wieder verlassen.

Ich musste nur meine Siebensachen abholen und durch die Pass- und Zollkontrolle gehen. Sofort machte ich mich auf den Weg zum Gepäckband und hatte meine beiden Koffer schnell gesichtet. Ich griff nach dem ersten und noch bevor ich ihn richtig fassen konnte, stand plötzlich wie aus dem Nichts ein ziemlich großer Mensch neben mir und zog ihn flink und behände vom Gepäckband.

«Das ist meiner», rief ich empört, und schaute den Mann fassungslos an.

Warum griff der nach meinen Sachen, kannte er sein Zeug etwa nicht? Obwohl er sehr sympathisch wirkte, als er mich mit einem strahlenden Lachen und nickendem Kopf wohlwollend anschaute. Aber was sollte das jetzt?

«Madame, you have an other one?», wollte er wissen.

Ich nickte reflexartig und zeigte auf den anderen.

Auch diesen hievte er elegant vom Band. Er hatte es also tatsächlich auf mein Hab und Gut abgesehen. Aber was er damit wollte, kapierte ich nicht. Die beiden Koffer stellte er auf einen der Gepäckwagen, die überall herumstanden. Ich stand immer noch verblüfft da, während er mir seine Hand entgegenstreckte und sich auf Englisch als Abdoulaye vorstellte. Er hatte wirklich ein unwiderstehliches Lachen.

Aber als er merkte, dass ich zögerte, weil ich nicht so recht wusste, was das Alles sollte, offenbarte er mir freundlich: «I will help you, Madame.»

Okay, dachte ich und fragte ihn, wobei er mir denn helfen wolle.

«Ich bringe Sie zu einem guten Taxi und handle einen günstigen Preis aus», erklärte er mir wohlwollend auf Englisch. «Um diese Zeit sind die Taxis sehr, sehr teuer.»

«Ich brauche kein Taxi», gab ich ihm freundlich zu verstehen. Erstaunt zog er die Augenbrauen hoch. «Warum denn nicht, wohin gehen Sie denn?»

Kurzangebunden erklärte ich ihm, dass ich abgeholt werden sollte. Ich wollte den Gepäckwagen schnappen, um so schnell wie möglich alle Formalitäten hinter mich zu bringen und dann aus dem Gebäude rauszukommen.

Doch er ließ ihn nicht los und wollte wissen: «Aha, dein Ehemann wartet?»

«Nein», sagte ich erstaunt. «Mein Tanzlehrer.»

«No problem, Madame», lächelte er mich an. «Your husband.» Ich kam gar nicht zum Antworten, schon fuhr er fort und fragte freundlich, aber neugierig nach meinem Namen.

«Monika», kam es reflexartig aus meinem Mund, doch ich war ein wenig irritiert.

Was erwartete er von mir? Gut, er hatte mir seinen Namen ja auch genannt und ich beabsichtigte sicher nicht unhöflich zu sein, er war sehr nett, aber für Fragen hatte ich einfach keine Zeit. Nur, dass ich nicht auf meinen Ehemann wartete und mein Gepäck gerne selbst nach draußen schieben wollte, musste ich ihm noch begreiflich machen.

Erfreut, nun meinen Namen zu kennen, strahlte er mich an und redete ohne Zögern weiter.

Den Gepäckwagen weiter festhaltend, erklärte er mir: «Monika, ich arbeite hier am Flughafen. Es ist mein Job, den Leuten behilflich zu sein.»

Aha, so war das also. Damit sah die Sache doch schon ganz anders aus. Einen solchen Service kannte ich nicht. Noch nie hatte ich einen so freundlichen Gepäckhelfer gehabt. Mir hatte überhaupt nie jemand beim Gepäckverladen geholfen. Ich entspannte mich wieder. Er begann, mich erneut auszufragen, was mich einfach nervte. Diese Art der Konversation war ich nicht gewohnt. Ich kam aus einem Land, in dem man weder nach dem Namen noch dem Ehemann gefragt wurde, und wohin man wollte, sowieso nicht. Bei uns musste es prompt und schnörkellos über die Bühne gehen.

Trotzdem immer schön cool bleiben. Obwohl ich eigentlich alles eiligst erledigen wollte, dachte ich mir, dass er es ja nur gut meinte. Abdoulaye plauderte munter weiter, erzählte mir noch dies und das.

Ich hingegen hatte nur einen Gedanken im Hinterkopf: Nämlich, dass ich erwartet wurde, und steuerte deshalb zackig, und ohne weiter auf seine Fragen einzugehen, direkt auf die Ausweis- und Zollkontrolle zu. Zuerst musste ich jedoch meine Sachen auf das Kontrollband legen, auch das übernahm der ‹gute› Abdoulaye und half anschließend sogar, es wieder runterzunehmen. Dann marschierte ich sofort weiter.

Eine etwas rundliche, sehr bestimmte, aber freundlich wirkende Lady in Uniform saß hinter der Scheibe am Schalter. Sie begrüßte mich nett auf Englisch, ich grüßte zurück und legte ihr gleich meine Dokumente, wie Pass, Visum und den Impfschein hin. Die Beamtin nahm den Pass und schaute hinein. Dann musterte sie mich mit einem strengen Blick von oben bis unten.

«Dein Ehemann?», fragte sie und zeigte mit einer Geste auf Abdoulaye, der ein wenig abseits mit dem Gepäck auf mich wartete.

«Nein», gab ich irritiert über diese Frage zurück. Ehemann – das wollte sie also auch wissen.

Die Beamtin blätterte seelenruhig in meinen Papieren herum. «Your first time in Gambia?», wollte sie wissen.

«Yes, my first time in Gambia», antwortete ich ihr.

Gelassen oder gelangweilt, ich konnte es nicht genau einschätzen, ging sie meinen Ausweis Seite für Seite durch.

Dann hob sie ihren Kopf, schaute mich an und fragte: «Wo ist die Hotelreservierung?»

«Was?», kam es ganz überrascht aus meinem Mund.

«Die Hotelreservierung, oder dort, wo du schläfst heute Nacht», gab sie mir zu verstehen.

«Aha.» Ich suchte den Flyer im Rucksack, legte ihn zu den anderen Papieren und fügte hinzu, dass ich dort für die nächsten vier Wochen wohnen würde.

«Yes, Yes», meinte sie sehr resolut. «No problem, white lady, but this night you have to stay in Gambia. Das ist in Senegal, wir sind hier jedoch in Gambia», erklärte sie mir trocken.

«Ich weiß», antwortete ich ihr ein wenig verunsichert.

Sie bemerkte meine Unsicherheit und sagte ruhig, allerdings sehr betont: «Listen, Monika.» Sie nannte mich mütterlich beim Vornamen und wies mich ausdrücklich darauf hin, dass ich für heute ein Hotelzimmer bräuchte und erst am nächsten Tag weiterreisen könnte. Sie sah mein verdutztes Gesicht und behauptete, dass es sehr bald dunkel werden würde und ich mindestens zwei bis drei Stunden Reise vor mir hätte, um an meinen Zielort zu gelangen.

«In der Nacht reist niemand mehr», machte sie mir klar.

«Ja, das habe ich verstanden, aber ich werde abgeholt, hier am Flughafen», widersprach ich.

«Von deinem Ehemann?», fragte sie, wie aus der Pistole geschossen.

«Nein», antwortete ich ihr genervt. «Von meinem Tanzlehrer!»

Warum dreht sich hier eigentlich alles um einen Ehemann?

«Er wartete draußen. Kann ich jetzt gehen?», fragte ich.

Doch die Beamtin besaß keinerlei Verständnis für das, was ich sagte. Sie beharrte weiter auf diese Hotelreservierung in Gambia, die ich aber nicht hatte.

Erneut probierte ich, ihr ganz ruhig zu erklären, dass ich in diesem Moment von meinem Tanzlehrer, der draußen wartete, abgeholt werden würde. Ich zeigte ihr ein weiteres Mal den Flyer. Doch ich hatte keine Chance, die Lady schüttelte einfach den Kopf.

Es war zum Verzweifeln. Ich wollte schreien. *Reiß dich zusammen und lass dir nichts anmerken!*

Ich begriff das Problem nicht. Ich hatte alle Papiere, außer der Hotelreservierung. Aber das konnte nicht der Grund sein, mich hier festzuhalten. Oder?

Mein Kopfkino begann zu rattern. Es musste einen Weg geben, hier rauszukommen. Ich schaute sie an, atmete einige Male tief durch und sagte dann, sie solle mich nach draußen begleiten, um zu sehen, dass tatsächlich jemand auf mich wartete. Auch das schien sie nicht zu überzeugen. Es war zum Haare raufen. Da stand ich nun in Afrika, in diesem Flughafengebäude, und konnte nicht raus. Ich kam mir vor wie im falschen Film.

Und nun? Ich sammelte mich, denn ich spürte, wie ich immer wütender auf sie wurde, und das machte die Sache nicht besser. Sie saß am längeren Hebel, während mir zum Heulen zumute war.

«Okay», sagte ich bemüht freundlich zu ihr. «Madame, da ich keine Hotelreservierung habe und Sie mich nicht gehen lassen wollen, werde ich wohl hier am Flughafen übernachten müssen.»

Ich fragte sie auch gleich, ob sie meinen Tanzlehrer informieren könne, dass ich zwar gut angekommen sei, er jedoch bis morgen auf mich warten müsse, weil ich das Gebäude nicht verlassen dürfe.

Das saß.

«Okay, you can go», sagte sie, ohne mit der Wimper zu zucken. Ich war sprachlos, wie schnell sie ihre Meinung geändert hatte. Damit hatte ich nicht gerechnet.

«I can go?» fragte ich ganz erstaunt nach.

«Yes, go!»

Es kam so schnell und unerwartet, dass ich mich jetzt fast überfordert fühlte, und so stand ich erst mal ein wenig hilflos herum. Ich merkte, dass sie mich skeptisch anschaute und dass ihr etwas nicht ganz zu passen schien.

Doch sie betonte noch einmal: «Go, now.»

Froh, endlich gehen zu können, packte ich wortlos meine Dokumente ein, um schleunigst das Gebäude zu verlassen, bevor sie es sich wieder anders überlegte.

Abdoulaye, der die ganze Zeit auf mein Gepäck aufgepasst hatte, kam eiligst auf mich zu. Gott sei Dank, denn vor lauter Aufregung und immer noch mit dieser komischen Situation beschäftigt, hatte ich ihn und mein Gepäck völlig vergessen. Er hatte die Szene genau beobachtet und wollte von mir nun Genaueres wissen. Doch ich hatte null Bock auf weitere Erklärungen. Und es ihm zu erzählen, erst recht nicht. Er war mir trotz seiner Freundlichkeit einfach zu aufdringlich. Ich wollte raus an die frische Luft und hoffte fest, dass Papis am Flughafen stand.

Die Szene am Schalter hatte mich viel Zeit und Nerven gekostet.

Ich strebte zum Ausgang und ja, Papis wartete dort. Ich sah ihn sofort.

Das musste er sein, obwohl ich ihn im ersten Moment fast nicht erkannt hatte, denn er trug andere Kleidung als in der Schweiz, und seine Rastas versteckte er unter einer farbigen Strickmütze.

Mir fiel ein Stein vom Herzen, so erleichtert war ich, ihn zu sehen. Meine Freude war riesig und die Begrüßung sehr herzlich. Sofort textete ich ihn mit einer Entschuldigung für die lange Wartezeit zu.

«Ja, ja, man merkt, dass du direkt aus der Schweiz angereist bist. Wir sind nun in Afrika. Gewöhn dich daran. Warten gehört hier zum täglichen Leben», unterbrach er meinen Redeschwall grinsend.

Oje, wie peinlich, das fing ja schon gut an. Lachte er mich etwa aus? Erst jetzt bemerkte ich den Mann, der neben Papis stand.

Er hatte mich die ganze Zeit aufmerksam beobachtet und sagte freundlich: «Bonsoir, Monika, ich heiße Ousman und bin der Cousin von Papis.» Er reichte mir seine Hand zur Begrüßung.

«Freut mich sehr, dich kennenzulernen. Papis hat mir viel von dir erzählt», redete er auf Französisch weiter.

So, so, er wusste also schon über mich Bescheid. Ich nahm es zur Kenntnis und freute mich, auch ihn kennenzulernen.

Außerhalb der Flughafenhalle war es staubig. Ockerfarbener Sand lag auf dem asphaltierten Areal und es war angenehm kühl. Palmenblätter wiegten sich sanft im Abendwind und wirbelten den Sand leicht auf. Ich war froh um diese minimale Abkühlung, denn die Lady am Schalter hatte mich ganz schön ins Schwitzen gebracht, aber das war jetzt nicht mehr wichtig. Tief atmete ich die kühle, afrikanische Abendluft ein. Ich war glücklich und überwältigt, hier zu sein.

Obwohl der Flughafen nicht der gemütlichste Ort war, so lag doch etwas Zauberhaftes in dieser abendlichen Stimmung. Die Sonne tauchte gerade unter und hüllte die Umgebung in ein goldrotes Licht ein.

Vor lauter Freude und Begrüßungseuphorie hatte ich Abdoulaye schon zum zweiten Mal vergessen. Es schien ihm aber nichts auszumachen, denn er plauderte angeregt mit Papis und dessen Cousin. Er war mir brav gefolgt, doch nun hatte er ja gesehen, dass ich kein Taxi brauchte und sogar gleich von zwei Männern abgeholt wurde. *Damit wäre sein Job eigentlich erledigt, oder?*

«Du musst ihm Geld geben», erklärte mir Ousman, der mich die ganze Zeit im Blick behielt und natürlich merkte, dass ich verunsichert war. An Trinkgeld hatte ich nun wirklich nicht gedacht.

«Und wie viel?», wollte ich von ihm wissen. Ich hatte keine Ahnung, was man da so zahlen musste.

«Gib ihm einfach, was du für richtig hältst», meinte er.

Haha, Scherzkeks, dachte ich. *Woher soll ich denn das wissen?*

Außerdem hatte ich nur Travellerschecks dabei und kein gambisches Bargeld. «Hast du nicht noch ein paar Schweizer Franken?», mischte sich Papis ein.

«Ja», sagte ich.

Ousman bot sich sofort an, mir Geld zu wechseln, was hier am Flughafen kein Problem zu sein schien. Aber es musste ein Geldschein sein, Münzen nahmen sie nicht an, also suchte ich einen Zehn-Franken-Schein aus meinem Rucksack und gab ihn diesen.

Während er weg war, wollte ich noch einmal von Papis wissen, wie viel ich am besten geben sollte. Aber er weigerte sich tatsächlich, mir einen Preis zu nennen, und überließ es mir. Ousman kam mit dem Wechselgeld in ‹Dalasi›, der Währung in Gambia zurück.

Ich gab Abdoulaye die Hälfte davon und hoffte, dass es passte. Der schaute mich nur fragend an. Was? Wollte er mehr? War das zu wenig?

Doch da ich mich in Begleitung zweier Männer befand, fragte er nicht weiter nach, bedankte sich, wünschte uns eine gute und sichere Weiterreise und ging seiner Wege.

Ich war schon wieder verunsichert.

«Habe ich zu wenig gegeben?»

«Nein, nein», beruhigte mich Ousman. Das sei genau der richtige Preis gewesen. «Du kannst ja richtig gut handeln, Monika», meinte er anerkennend.

Ich nickte nur mit dem Kopf, schaute ihn ungläubig an und lachte. Ich hatte überhaupt nicht gehandelt, sondern ihm einfach das Geld gegeben. Aber egal, darüber musste ich mir nun wirklich nicht den Kopf zerbrechen.

Höchste Zeit zu gehen, es dämmerte schon und wir hatten noch einen langen Weg vor uns. Ich war froh, endlich von hier wegzukommen. Für heute reichten mir die Abenteuer. Ein Taxi stand extra für uns bereit. Papis hatte eines für die Reise bestellt. Der Taxifahrer, ein kräftiger, großer Gambier in einem edlen, grünen Gewand, mit goldenen Strickereien, verstaute mein Gepäck in einem ziemlich ramponierten Kofferraum, dessen Deckel mit einem Seil zugebunden werden musste, damit er während der Fahrt nicht aufsprang.

Das kann ja noch heiter werden.

Weiterreise

Nachdem alles zu-, fest- und angebunden war, konnte es losgehen. Im Inneren des Taxis sah es auch nicht sehr einladend aus: Die Sitze waren teilweise zerrissen, die rechte Frontscheibe ziemlich zersplittert, sodass man kaum die Straße erkannte, aber es fuhr. Ich befand mich nun in Afrika und fühlte mich in diesem Taxi wohl und gut.

Bevor die Männer jedoch ins Taxi einstiegen, murmelten sie einige Worte vor sich hin.

Der Chauffeur, der schon im Taxi saß, tat dasselbe, auch er babbelte mehr zu sich selbst als zu jemand anderem. Ich saß auf dem Rücksitz und beobachtete die Szene. Neugierig hörte ich zu und versuchte, etwas zu verstehen. Doch es gelang mir nicht, ich verstand kein Wort von dem Gemurmel. Als dann alle im Taxi saßen, fragte ich Papis, was sie denn da gemacht hatten?

«Ein Gebet für eine sichere Reise», antwortete dieser, ohne näher darauf einzugehen, und ich merkte, dass er nicht weiter darüber sprechen wollte und schwieg.

Mir gefiel das Ritual, vor einer Reise zu beten. Wenn ich mir den Zustand des Taxis so ansah, beruhigte es mich sogar und ich fühlte mich unter dem Schutz der Götter gut aufgehoben.

Im Taxi war es heiß und stickig, doch der kühle Abendwind wehte durch die halbgeöffneten Fensterscheiben und hauchte während der Fahrt eine angenehme Frische ins Auto. Der Stress vom Flughafen und die damit verbundene Aufregung fielen von mir ab, als wir im halbzerfallenen Taxi dahinfuhren.

Afrika - ich konnte es immer noch nicht richtig fassen, wirklich mit Haut und Haaren hier zu sein, und nein, es war auch kein Traum. Du bist da, rief mir mein Herz zu.

Ein fremdartiger, warmer und wohlriechender Duft entzückte meine Nase, umhüllte und verzauberte mich! Ich sah große, schlanke Palmen, die die Straßenränder säumten. Mir fielen markante, riesige und dickstämmige Bäume auf, mit unförmigen, weitausladenden Kronen, die aussahen wie Wurzelgeflecht. Sie thronten erhaben und stolz auf den Feldern.

«Wow, solche Bäume habe ich noch nie gesehen», rief ich erstaunt.

«Das sind Baobab, Affenbrotbäume und sie sind heilig», erklärte mir Ousman voller Stolz. «Man sagt, dass der Teufel diese Bäume verkehrt herum gepflanzt hat. Und die Früchte kann man essen, sie sind sehr gesund.»

«Ah ja», nickte ich, ziemlich neugierig geworden. «So spannend und warum sind sie heilig? Und warum hat der Teufel sie mit der Wurzel nach oben in den Boden gesteckt?»

«Weil die Geister in ihnen wohnen», offenbarte mir Ousman geheimnisvoll.

Während ich über diese wundersamen Bäume nachdachte, schaute ich immer noch zum Fenster hinaus, ich konnte nicht genug bekommen. Ich sah großgewachsene, schöne Menschen in farbigen Kleidern; spielende, lachende Kinder; Löcher in den Straßen und ich hörte überall Musik. Ich kam aus dem Schauen und Staunen nicht mehr heraus. Alles war so lebendig, fröhlich und bunt und auch ein bisschen schmutzig. Männer und Frauen saßen plaudernd vor ihren Lehmhäusern auf niedrigen Hockern und Bänken aus Holz und schauten gelassen dem abendlichen Geschehen zu. Ich sah eine tiefe Zufriedenheit und Ruhe in ihren Gesichtern, die mich echt berührte. Diese Einfachheit machte sie so glücklich. Weniger ist vielleicht doch mehr, das stimmte mich nachdenklich.

Die Dunkelheit brach abrupt über uns herein, als wir die Stadt immer weiter hinter uns ließen. Auch die Dörfer verschluckte die schwarze Nacht. Vereinzelt sah ich kleine Lagerfeuer in der Ferne leuchten. Es duftete nach gebratenem Fisch und ich bekam Hunger. Mir wurde bewusst, dass ich schon länger nichts mehr gegessen hatte. Doch bald verschwanden die Feuer und der Geruch nach Essen. Ein endloser wie mit glitzernden Diamanten besetzter Sternenhimmel begleitete uns durch den nächtlichen Busch, auf holprigen Straßen, irgendwo im Nirgendwo.

Im Taxi war es still geworden, niemand sprach ein Wort. Nur mein Magen knurrte ein wenig. Doch auch das beruhigte sich mit der Zeit. Es gab so viele neue Eindrücke für mich, dass ich gar nicht mehr sprechen wollte. Obwohl ich tausend Fragen hatte.

Nach einer gefühlten Ewigkeit fragte der Fahrer, ob er Musik machen solle.

«Ja», antwortete Ousman.

Und so machte sich unser Chauffeur, während er weiterfuhr, am Radio zu schaffen. Leider schien dieses aus irgendeinem Grund nicht funktionieren zu wollen. Also probierte er es mit einer Kassette, doch auch die ging nicht und die nächste ebenfalls nicht und die übernächste immer noch nicht.

Aufgeregt schnalzte er immer wieder mit der Zunge, probierte aber seelenruhig weiter, eine Kassette nach der anderen. Ich staunte über seine Geduld, denn es war offensichtlich, dass das Radio samt Kassettendeck kaputt war. Jeder im Auto schien das zu bemerken, außer dem Chauffeur, und eine heftige Diskussion entbrannte unter den Männern. Sie gestikulierten wild herum und immer wieder schnalzte einer mit der Zunge. Ich verstand kein einziges Wort, auch war mir nicht ganz klar, ob sie miteinander Streit hatten und wirklich wütend waren oder nicht. Doch so plötzlich wie die Diskussion entstanden war, so schnell beruhigte sich die Lage wieder und die Reise ging weiter, immer noch ohne Musik. Still und schweigend. Ich genoss die Fahrt.

Im Scheinwerferlicht verwandelten sich die Bäume im Schatten des Dschungels in uralte Fabelwesen wie aus einer sagenumwobenen Zeit, geheimnisvoll und unheimlich. Nur das eintönige Brummen des Motors war zu hören, bis von irgendwoher rhythmische Klänge die Stille der Nacht durchbrachen. Ein angenehmer Schauer lief mir über den Rücken und es kribbelte in meinen Beinen. Doch je länger wir unterwegs waren, desto mehr entfernte sich auch der geheimnisvoll pulsierende Rhythmus der Trommeln. So fuhren wir durch den einsamen und mystischen Busch. Die Weiterreise im Taxi durch diesen Märchenwald wurde mir leicht unheimlich. Was, wenn so ein Fabelwesen auf einmal lebendig werden würde?

Doch dazu kam es nicht. Der Taxifahrer unterbrach die Stille. Er erklärte, dass wir nun an der Grenze angekommen seien und hier aussteigen müssten.

Zwischen Gambia und Senegal

Ich schaute Papis und Ousman verwundert an, die bereits die Türen öffneten.

«Wo sind wir?», wollte ich wissen. Ich hatte keine Ahnung.

«An der Grenze zwischen Gambia und Senegal.» Ousman drehte sich zu mir um. «Da vorne ist der Zoll.»

Für die Weiterreise brauchten wir anscheinend ein anderes Taxi, nämlich ein senegalesisches. Papis und der Chauffeur waren ausgestiegen und begannen schon mit dem Ausladen des Gepäcks.

Vor einer kleinen Betonbaracke loderte ein Feuerchen, und ich, die jetzt aus dem Wagen kletterte, sah zwei Männer auf weißen Plastikstühlen sitzen. Sie schienen beschäftigt zu sein. Es sah aus, als ob sie kochten. Auf der Veranda stand eine Petroleumlampe, die spärliches Licht spendete. Viel mehr konnte ich in der Dunkelheit nicht erkennen, aber es fühlte sich gemütlich an.

Das müssen die Zollbeamten sein, dachte ich. Einer der beiden erhob sich träge von seinem Stuhl und marschierte breitbeinig auf uns zu. Im fahlen Schein der Lampe wirkte er ein wenig missmutig, wahrscheinlich hatte er so spät in der Nacht mit niemandem mehr gerechnet, mich musterte er sehr eindringlich von Kopf bis Fuß.

«Salamalekum, Friede sei mit dir», begrüßte er uns und wandte sich dann direkt an Papis.

«Malekum Salam», grüßte dieser zurück.

Sofort fingen der Zöllner und Papis an, wie wild zu diskutieren. Ob das ein gutes oder schlechtes Zeichen war, hatte ich immer noch nicht ganz herausgefunden. Die Geschichte am Flughafen und die mit der Musik im Auto kamen mir wieder in den Sinn.

Doch der Blick des Zöllners erschien mir ein bisschen finster. Gut, vielleicht bildete ich mir das nur ein, immerhin war es dunkel und ich wollte seine Mimik nicht beurteilen.

Der andere Beamte kam auf Ousman und mich zu, auch er grüßte mit «Salamalekum». Er bat uns, Platz zu nehmen.

Hoffentlich dauert das hier nicht ewig. Aber ich war froh über diesen Stopp, denn ich musste dringend aufs Klo.

Während Papis mit dem Mann verhandelte, saßen wir am wärmenden Feuer die Nacht hatte merklich abgekühlt.

Mir wurde schnell wohlig warm und ich fragte den Beamten auf Englisch, wo sich die Toilette befände. Er stand auf und machte mir mit einer auffordernden Geste klar, dass ich mitkommen sollte. Ich schaute fragend zu Ousman, doch der nickte nur, und ich nahm das als gutes Zeichen. Also ging ich mit dem Mann, der mir im Gehen auf Englisch den Weg erklärte oder, besser gesagt, deutete er mit einer Handbewegung in eine Richtung irgendwo hinter die Baracke. Er drückte mir einen kleinen, farbigen, mit Wasser gefüllten Plastikkübel und eine brennende Kerze in die Hände.

«Dahinten», sagte er.

Ja, das hatte ich verstanden, nur was ich mit dem Wasserkübelchen anfangen sollte, war mir nicht ganz klar. Der Beamte schien das zu bemerken und zeigte noch einmal mit der Hand in Richtung Gebüsch.

«Go!», sagte er bestimmt.

Ist ja gut, ich ging ja schon.

Ein sehr schmaler, sandiger Pfad führte mich direkt in den Busch und ich musste gut aufpassen, wohin ich trat. Es war dornig am Wegrand, stockfinster und ziemlich unheimlich. Die Kerzenflamme flackerte im Abendwind und warf gespenstische Schatten auf den vor mir liegenden Weg. Gleichzeitig war ich damit beschäftigt, zu schauen, dass der Wind die Flamme nicht ausblies. Denn sonst hätte ich überhaupt nichts mehr gesehen. Ob es hier Schlangen gab? *Nein, sicher nicht,* beruhigte ich mich selbst.

Und da ich ja sowieso sehr dringend pinkeln musste, blieb mir wenig anderes übrig, als einfach weiterzugehen und so schnell wie möglich das Örtchen zu finden. Tapfer folgte ich dem Trampelpfad in der Dunkelheit. *Im Gepäck hätte ich eine Taschenlampe,* kam es mir in den Sinn.

Nach wenigen weiteren Schritten erblickte ich endlich im Schein der Kerze einen kleinen Bretterverschlag. Könnte das das Klo sein?

Es hatte keine Tür, nur ein Vorhang hing vor der Öffnung. Ich ging mutig hinein und ja, es war eine Toilette oder wenigstens so etwas Ähnliches. Es roch jedenfalls wie eine.

Im Kerzenlicht sah ich zwei Backsteine auf dem nackten Lehmboden liegen, dazwischen hatte jemand ein tiefes Loch ausgehoben. Einige Kakerlaken flitzen im Kerzenschein eilig davon. Es schauderte mich kurz und ich fühlte mich ein wenig unbeholfen. Doch der Drang zu pinkeln war größer. Ich musste bei dem Gedanken, wie ich hier wohl pinkeln sollte, grinsen. Ich drehte die Kerze, so gut es ging, in den Sand, sodass sie nicht kippte und ausging, stellte den Wasserbehälter auf den Boden und so kauerte ich auf den beiden Steinen in dieser Bretterbaracke, ohne Tür und ohne Dach. Ja, da saß ich also auf einem Donnerbalken irgendwo in Afrika, lauschte dem nächtlichen Zirpen der Grillen und über mir leuchtete ein diamantfunkelnder Sternenhimmel. Es schauderte mich wieder, doch nun vor Freude, ich fühlte mich so gut und so leicht wie schon lange nicht mehr in meinem Leben. Und da ich nirgendwo Klopapier sah, konnte ich mir langsam vorstellen, wozu das Wasser gedacht war.

Langsam sollte ich mich wohl wieder auf den Weg zurück machen. Meine Augen hatten sich in dieser kurzen Zeit ein wenig an die Dunkelheit gewöhnt, so sah ich nun Umrisse von Bäumen, und weiter vorne befand sich ein Brunnen. Von dort, so glaubte ich, holte der Zöllner den Wasserkübel. Also stellte ich ihn auch gleich wieder dorthin. Mit der Kerze in der Hand ging ich eiligen Schrittes zum warmen Feuer und setzte mich wieder zu Ousman.

Der Beamte bot mir etwas Flüssiges, Heißes in einem Gläschen an und sagte: «Trink, das hält dich wach.»

Vorsichtig probierte ich einen Schluck, mmmh, ja, nicht schlecht. Eine ungewöhnliche Geschmacksmischung aus sehr bitter und gleichzeitig ungeheuer süß. «Schmeckt wie viel zu süßer Tee», bemerkte ich.

«Es ist Tee, man nennt ihn Ataya», erklärte mir Ousman.

Während wir am Feuer saßen und den Ataya genossen, verhandelte Papis mit den beiden Beamten. Ich war durstig, und der Tee war so süß, dass mich ein Gefühl überkam, als ob mein Mund zusammenklebte, was meinen Durst verstärkte. Ich hatte das Bedürfnis, viel Wasser trinken zu müssen, und griff nach meiner Wasserflasche, doch die war so gut wie leer. Im Feuerschein sah ich unter einem Baum einen Tontopf stehen, aus dem der Zöllner mit einem Plastikbecher immer wieder Wasser herausschöpfte und in den kleinen Teekrug goss, den er für die Ataya-Zubereitung brauchte.

Davon könnte ich sicher trinken, dachte ich und fragte ihn, ob ich einen Becher haben könnte. Er nickte, allerdings intervenierte Ousman sofort und erklärte mir, dass das Wasser nicht für meinen Magen gedacht sei.

Ich schaute ihn erstaunt an.

«Sei vorsichtig damit, es kommt direkt aus dem Brunnen und ist noch ungewohnt für deinen Magen», klärte er mich auf.

Das leuchtete mir ein, aber ich brauchte unbedingt etwas zu trinken. Der klebrige Geschmack im Mund hinterließ ein pelziges Gefühl und nervte mich. Doch wo sollte ich um diese Zeit noch Wasser herbekommen?

«Da vorne gibt es eine Boutique, die offen hat, ich gehe und kaufe dir eine Flasche», bot sich Ousman an.

Ich war erstaunt, denn ich sah hier nichts außer dem Feuer, einigen Plastikstühlen, dem Brunnen, Bäumen und der Betonbaracke. Und, nicht zu vergessen, die romantische Open-Air-Toilette im Gebüsch. Ich musste schmunzeln. Na ja, vielleicht versteckte sich im Gebüsch ja auch ein Shop?

«Gib mir die restlichen Dalasi, die du vom Flughafen übrighast.» Damit wollte er mir eine Flasche Wasser kaufen gehen und gleich einige Zigaretten für sich.

Es war also kein Scherz, irgendwo da draußen befand sich tatsächlich ein Shop.

Ousman schmunzelte: «Kannst du ja auch nicht wissen, du warst ja noch nie hier.»

«Kann ich mitkommen?» Diesen Shop wollte ich unbedingt sehen.

«Sicher, gleich da vorne.» Er nickte und zeigte in die Dunkelheit.

Ousman kramte eine Taschenlampe aus seinem Rucksack hervor, dann machten wir uns gemeinsam auf den Weg. Tatsächlich führte ein sandiger Pfad, den ich vorher gar nicht bemerkt hatte, wieder durch Bäume und Gebüsch, bis ich von weitem ein unscheinbares Gebäude erkennen konnte, aus dem der fahle Schein einer Petroleumlampe schien. *Ist das etwa der Laden?*, dachte ich ungläubig.

Beim Näherkommen hörte ich leise verzerrte Musik säuseln, wahrscheinlich aus einem Radio. Es musste der Shop sein. Weit und breit war kein anderes Haus zu sehen, und im Dunkeln konnte ich einen Mann mittleren Alters erkennen, der auf einem Stuhl hinter einer Theke saß. Im ersten Moment dachte ich, er schlief, doch als er uns bemerkte, stand er schwerfällig von seinem Stuhl auf.

«Salamalekum», grüßte er.

«Malekum Salam», erwiderten wir.

Trotz des spärlichen Lichts hatte ich den Eindruck, dass diese Boutique mit allerlei Krimskrams vollgestopft war. Während die beiden Männer sich kurz unterhielten, sah ich mich genauer um. Ich staunte, das war alles andere als Trödel hier. Da gab es Kerzen, Streichhölzer, sogar Kaugummi, Waschpulver, Batterien. An der Decke hingen Schnüre, Seile und die farbigen Wasserkessel, wie ich ihn für die Toilette benutzt hatte. Es gab Zigaretten, die man einzeln kaufen konnte. An den Wänden lehnten Plastiksäcke, gefüllt mit Reis; haufenweise Zwiebeln und Knoblauch. Je länger ich mich umsah, desto mehr entdeckte ich. In der Zwischenzeit

hatte Ousman Brot, in einem kleinen Plastikbeutelchen einge-
packte Butter, fünf Zigaretten und zwei Flaschen Wasser eingekauft.

Auf dem Rückweg zum Feuer sagte ich zu ihm, dass ich noch
nie so eine Boutique gesehen habe, in der man Zigaretten einzeln
und Butter in Portionen kaufen könne, das gäbe es bei uns nicht.

Das wiederum erstaunte ihn, und er erwiderte: «Ja, so ist das
hier und es gibt auch jeden Kaugummi und jedes ‹Tangal› - ist ein
Bonbon -, in den hiesigen Shops einzeln zu kaufen.»

Auch irritierte mich der Begriff ‹Boutique›, denn ich verstand
etwas anderes unter einer Boutique, bei uns kauft man dort vor
allem Klamotten. Deshalb freute ich mich umso mehr, hier in einem afrikanischen Laden einzukaufen.

Zurück am Feuer begann Ousman, das Baguette aufzuschnei-
den, bestrich es mit der Portion Butter, die genau für dieses eine
Baguette reichte und hielt mir das Brot hin. Ich wollte es mit ihm
teilen und brach es in zwei Hälften. Doch er lehnte ab und meinte,
ich müsse gut und viel essen. Ich musste lachen, das hatte mein
Großvater auch immer zu mir gesagt.

«Iss, Kind», war seine Rede, gestand ich Ousman.

Er wollte sofort mehr von meinem Großvater wissen und fragte
mich: «Lebt er noch?»

Ich verneinte.

Darauf antwortete Ousman: «Vielleicht bin ich dein Großvater?»

Zu diesem Zeitpunkt konnte ich nicht wirklich ahnen, welche
wichtige Rolle die Toten, die Lebenden und die Alten im Leben
der Menschen in Westafrika spielten. Doch es weckte in mir etwas
Vertrautes.

Wir mussten beide lachen, so entstand meine erste Freund-
schaft.

Genüsslich verzehrte ich eine Brothälfte, während Ousman die
andere Hälfte freudig annahm und mit großem Appetit aß.

Ich war kaum mit Essen fertig, als Papis und der Zöllner auf uns zukamen. «Bist du bereit?», wollte Papis wissen. «Wir können gehen.»

Plötzlich ging alles wie der Blitz. Ich hatte noch nicht einmal meinen Pass gezeigt und wollte ihn schnell aus meinem Rucksack hervorholen, da der Zöllner ja schon dastand.

Doch Ousman schüttelte den Kopf. «Nachher», sagte er nur.

Denn während wir im Shop gewesen waren und gegessen hatten, hatte Papis, wie es mir schien fast wie aus dem Nichts heraus, schnell und so ganz nebenbei ein Taxi für unsere Weiterreise organisiert.

Weiter nach Senegal

Ich hob meinen Rucksack vom Boden auf, Ousman und Papis trugen meine Koffer zum Taxi, das mitten in der Nacht schon auf der Straße auf uns wartete. Das Gepäck wurde eingeladen und die Reise konnte weitergehen. Bevor wir jedoch weiter durch den einsamen, nächtlichen Busch fuhren, wurde wieder ein kurzes Gebet gesprochen.

Im Gegensatz zum ersten Taxi war dieses schon fast eine Luxuslimousine. Intakte Scheiben, ein Kofferraum, bei dem man keine Angst haben musste, dass gleich das Gepäck herausfiel und sogar das Radio funktionierte.

«Ahhh, ist das schön in einem ‹ganzen› Taxi zu fahren», bemerkte ich erleichtert zu Papis.

Ich war nicht die Einzige, der das auffiel, denn sofort entstand eine Diskussion zwischen meinen beiden Begleitern und dem Chauffeur. Ich verstand leider nichts, aber sie schienen sich sehr zu amüsieren. Sie lachten und machten einige abfällige, jedoch scherzhafte Handbewegungen. Ich wollte auch mitlachen und fragte Ousman, was denn so lustig sei.

«Wir reden über die schlechten Straßenzustände und kaputten Taxis der Gambier.»

Wirklich, mit beidem hatten sie recht. Die Straßen waren hier tatsächlich besser und das Taxi machte in der Tat einen solideren Eindruck. Und wenn einmal ein Loch kam, wusste der Chauffeur dem auch nachts elegant auszuweichen. So kamen wir schnell und sicher voran.

Ich wurde langsam müde. Für mich war es ein langer Tag gewesen und er kam mir endlos vor.

«Wir sind bald da», versprach Ousman.

Ich schaute aus dem Fenster. Ja, wir mussten in der Nähe eines Dorfes sein, glaubte ich wenigstens, denn ich sah Menschen und Feuer.

Abrupt hielt das Taxi an.

«Was ist los?», wollte ich von Papis wissen, der mit dem Fahrer zu diskutieren begann. Immer wieder schnalzten beide aufgeregt mit der Zunge. Das kannte ich schon und machte mir deshalb keine allzu großen Gedanken darüber, was es wohl zu bedeuten hätte. Doch es war Nacht und ich sehnte mich langsam, aber sicher nach einem Bett.

«Zu viel Sand, wir kommen hier nicht mehr durch, wir müssen zu Fuß weiter», kam die nicht sehr aufbauende Antwort von Papis.

Auch das noch, mitten in der Nacht, das durfte jetzt nicht wahr sein.

«Wo sind wir überhaupt?» wollte ich wissen.

«Wir sind fast da», meinte Papis. «Ab sofort einfach zu Fuß, wir stecken im Sand fest.»

So müde wie ich war, wollte ich nicht noch irgendwohin laufen und wurde trotzig. Sagte aber nichts mehr und schaute widerwillig zu, wie die Männer das Gepäck aus dem Kofferraum luden.

Papis bezahlte den Chauffeur, danach musste das Auto kräftig angeschoben werden, damit es überhaupt wieder aus dem Sand rauskam. Anschließend wendete er und fuhr davon, während es für uns hieß, zu Fuß durch den Sand zu laufen. Doch wohin sollte man um diese Zeit zu Fuß? Mir erschien das alles sehr unklar und

35

komisch. Wo brachten die mich hin? Plötzlich wurde mir ganz mulmig zumute.

Das hatte mir gerade noch gefehlt, mitten in der finsteren Nacht. Bis eben hatte ich überhaupt keine Angst gehabt, ich vertraute Papis. Doch nun, im dunklen Busch, allein mit zwei Männern, ohne Auto, das gab mir schon zu denken. Und wie es in meinem Kopf ratterte, während ich, durch die stille, sternenklare Nacht marschierte. Ich ließ mir äußerlich nichts anmerken, was hätte ich denn tun können? Angst schlich sich ein. Je mehr ich mich dagegen wehrte, desto schlimmer wurde sie. Plötzlich schoss mir auch noch der Satz von der Beamtin am Flughafen durch den Kopf: «Niemand reist in der Nacht», sagte sie doch zu mir ...

Scheiße, wo war ich?

Ousman holte eine Taschenlampe aus seinem Rucksack, so sah man wenigstens den Weg, oder so etwas Ähnliches. Er war voller Sand und von weitem hörte ich das Meer rauschen. Konnte das wirklich das Meer sein?

«Hörst du das Meer?», fragte mich Ousman, als ob er meine Gedanken gelesen hätte.

Vielleicht hatte ich auch laut gedacht, um mich zu beruhigen. «Ja, ja, ich höre es», rutschte es mir angespannt heraus.

«Wir sind gleich da», sagte Ousman.

Ja, das hatte ich heute schon öfter gehört und trotzdem hatte ich das Gefühl, die Reise würde kein Ende nehmen.

Immerhin hörte ich das Meer rauschen, und tatsächlich Trommeln, das beruhigte mich. Wir mussten also bald irgendwo ankommen, es war nur die Frage: Wo?

Außer Bäumen, Büschen, dem Sternenhimmel über uns und einem Weg aus Sand war nichts zu erkennen. Und wir gingen einfach schweigend weiter in die Nacht hinein.

Bis wir auf einmal vor einem großen, hölzernen Tor standen. Ousman stellte das Gepäck auf den Boden, öffnete das unverschlossene Holztor und wir traten ein. Viel konnte ich auch hier nicht sehen. Von weitem aber sah ich ein Feuer brennen, und ein

Sandweg führte zu einem Gebäude. Bei genauerem Hinsehen, meine Augen gewöhnten sich allmählich an die Dunkelheit, sah ich die Umrisse mehrerer kleiner, runder Häuschen.

Im Camp

Leute kamen uns mit einer Petroleumlampe entgegen, die spendete sofort mehr Licht. Es sah aus, als wären wir angekommen, mir fiel ein Stein vom Herzen! Freundliche, lachende Gesichter blickten mich an. Bei all diesen sympathischen Menschen wich meine Angst. Wer die wohl alle waren? Ob sie hier arbeiteten? Schon hob ein netter, junger, aber sehr muskulöser schwarzer Mann meinen Koffer vom sandigen Boden auf.

Mit schüchternen Worten erklärte er mir in einem schlechten Französisch: «Ich trage sie in dein Zimmer.»

Mir wurde peinlich bewusst, welche schlimmen Gedanken ich noch vor einer halben Stunde gehegt hatte. Ich folgte ihm schweigend und freute mich, dass ich nun endlich da war. Ja, ich hatte es wirklich bis hierhin geschafft. Hier würde ich also die nächsten vier Wochen wohnen und tanzen. Es fühlte sich gut an. Ein leichter Nachtwind bewegte sanft die Äste der Bäume, der Sternenhimmel leuchtete hier noch kräftiger als bisher und im Petroleumlicht sah ich, dass der Weg, der zu meinem Zimmer führte, mit Muscheln gesäumt war.

Ich hörte, wie Papis den Leuten klare Anweisungen gab und jeder wusste sofort, was er nun zu tun hatte. Danach verstreuten sie sich in verschiedene Richtungen. Ich hörte Geschirr klappern und Ousman, der nun auch wieder an meiner Seite auftauchte, erklärte mir, dass etwas zu essen in der Küche zubereitet würde, denn ich sei ja sicher sehr hungrig von der langen Reise und dem Fußmarsch.

Papis sah ich nicht mehr, dieser hatte sich wohl schon zurückgezogen.

Hunger, nein, hatte ich eigentlich nicht. Ich war müde und wäre am liebsten gleich schlafen gegangen, doch dafür brauchte ich zuerst einmal ein Bett.

Kaum hatte ich den Gedanken fertig gedacht, stellte der junge Mann mein Gepäck vor einem runden Lehmhäuschen auf den Boden, und sagte: «Bienvenue, Monika, hier wohnst du.» Er schloss die Tür auf und bat mich, einzutreten. Er ging mit der Petroleumlampe voraus, und stellte sie auf einen kleinen Holztisch an der Wand.

«Du weißt meinen Namen?», fragte ich ihn auf Französisch.

«Oui», sagte er und strahlte mich an.

In der Dunkelheit sah ich nur eine Reihe weißer Zähne.

«Et moi, je m`appelle Mady» Er streckte mir voller Freude seine Hand zur Begrüßung hin. «Hier schläfst du», fuhr er in seinem schlechten Französisch fort und entschuldigte sich im nächsten Atemzug, dass er die Sprache nicht so gut beherrschte.

«Ich auch nicht», beruhigte ich ihn und wir mussten beide lachen.

«Ich bin immer für dich da. Alles, was du brauchst, kannst du mir sagen. Ich mache das für dich», fügte er hinzu.

Das ist ja toll, dachte ich. Mady besaß eine liebenswerte Art, die mich sofort berührte, und wir verstanden uns auch ohne große Worte und gutes Französisch auf Anhieb.

Er stellte meine Bagage auf den betonierten Zimmerboden. Ich bedankte mich auf Schweizerdeutsch, was er oberlustig fand.

«Djarama», sagte er, das hieße ‹Danke› in seiner Sprache.

Ich nickte nur und probierte, es nachzusagen, es gelang mir nicht so gut und wir lachten wieder. Ich konnte mir das Wort noch nicht einmal merken, so anders klang es in meinen Ohren. Doch es gefiel mir.

«Ich hole dir jetzt das Essen», unterbrach er unseren ersten kulturellen Austausch und verschwand in der Dunkelheit. Das hatte ich schon wieder vergessen, eigentlich hätte ich lieber geduscht und gleich geschlafen. Durch die offene Tür, rief ich ihn, sofort kam er zurück. «Wo ist denn die Dusche? Ich würde mich in der Zwischenzeit gerne frisch machen.»

«Nachher, ich bereite dir alles vor.»

Als er weg war, ließ ich die Tür offen, zog aber den Vorhang zu, der wahrscheinlich extra dafür gedacht war.

Ich verstand nicht, was er mit der Vorbereitung für die Dusche meinte, doch da ich immer noch nicht wusste, wo sich diese befand, setzte ich mich auf das Bett und schaute mich ein wenig im Zimmer um. Viel konnte ich im fahlen Licht der Petroleumlampe nicht erkennen. Ich sah mich nach einem Lichtschalter um, doch es gab keinen. Also gab es auch keinen Strom, reimte ich mir zusammen. Na ja, immerhin hatte ich noch eine Taschenlampe im Rucksack. Ich kramte sie hervor und leuchtete damit ein wenig im Zimmer herum.

Es war schlicht eingerichtet. Zum Tisch, auf dem die Lampe stand, gab es einen Stuhl, an dessen Lehne ich gleich meinen Rucksack hängte. Außerdem gab es ein großes, gemauertes Bett mit einer Matratze und einem schönen, violetten Batiktuch, das als Bettüberwurf diente. Mir gefiel diese Einfachheit, keine künstliche Ablenkung, nichts. Ich setzte mich erneut auf das Bett. Jetzt, in diesem eher dunklen Raum, merkte ich, wie müde ich war. Ich wollte mich schon hinlegen, da fiel mir das Bild an der Wand auf. Seltsam, ich hatte es noch nie gesehen, doch kam mir diese Stimmung irgendwie vertraut vor. Es löste etwas ganz Eigenartiges in mir aus. Ich konnte nicht sagen, was genau, es weckte in mir eine Erinnerung. So, als wäre ich schon einmal hier gewesen.

Ich konnte mich fast nicht von diesem Bild lösen. Ich wollte wissen, warum es mich so berührte. Dann kam mir wieder der Traum in den Sinn, aus dem ich vor einigen Jahren aufgewacht war. Ich bekam Gänsehaut. Was passierte da gerade ...?

Kaum ein paar Stunden in Afrika und ich hatte ein Gefühl, als wäre ich immer hier gewesen. Oder war es einfach die Müdigkeit, die mich träumen ließ? Obwohl, etwas Vertrautes lag in der Luft, etwas, das ich kannte. Ich freute mich über dieses Bild, das eine strohbedeckte Hütte zeigte, eingerahmt von Palmen und davor kehrte ein Fischerboot mit reicher Beute zum Ufer zurück.

Es erfüllte mich, in diesem Raum auf einem Bett aus Beton zu sitzen, ohne Strom, und von draußen hörte ich das Rauschen der Meereswellen. Ein nie dagewesenes Glücksgefühl durchflutete mich.

Rund um das Bett war eine Ablage gemauert, die viel Platz für allerlei Kram bot. Es gab nur ein Fenster, das jedoch mit einem hölzernen Fensterladen geschlossen war.

Ich stand auf und öffnete ihn. Der kühle Nachtwind wehte hinein. Ich hörte Stimmen und Lachen. Beides kam wohl vom Feuer, welches ich nicht weit von meiner Tür entfernt erkennen konnte. Auch sah ich Umrisse von Menschen. Ich setzte mich zurück aufs Bett und lauschte dem Geschehen um mich herum.

Es hatte etwas Unaufdringliches und Entspannendes, sodass ich noch müder wurde.

Ich bin in Afrika, schoss es mir wieder durch den Kopf. Unglaublich, aber Gott sei Dank, wahr. Es klopfte an der Tür, die offenstand.

«Ja, komm rein», sagte ich.

Mady war mit einem Teller voller Essen zurückgekehrt. Er trat ein und reichte ihn mir, mit den Worten: «Iss, das ist alles für dich.»

Ich bedankte mich und stellte ihn erstmal auf die Ablage neben mir. «Hast du keinen Hunger?», kam es fast ein wenig beleidigt von Mady zurück.

«Doch, doch, und wie, aber ich würde lieber zuerst duschen», beruhigte ich ihn. «Es war eine lange und anstrengende Reise, und ich will erst den ganzen Reisestress von mir waschen», erklärte ich ihm, dann könnte ich in Ruhe das feine Essen genießen. Das verstand er sofort und strahlend erwähnte er, dass er mir nun Wasser aus dem Brunnen ziehen würde. Bevor ich etwas einwenden konnte, verschwand er schon wieder. Dabei wusste ich immer noch nicht, wo sich die Dusche befand!

Während Mady das Wasser holte, suchte ich mein Waschzeug aus meinem Gepäck heraus. Die Koffer standen mitten im Zimmer und beim Suchen meines Badetuchs fiel mir das Moskitonetz in die Hände, das zuoberst lag. Das sollte ich wahrscheinlich so schnell wie möglich aufhängen, überlegte ich. Sofort kam mir Malaria in den Sinn und die wollte ich ja nicht. Komischerweise hatte ich aber überhaupt keine Angst, dass ich krank werden könnte. Ich sah keine Mücken und beschloss, es auf den nächsten Tag zu verschieben, zusammen mit dem Auspacken der Koffer.

Viel Zeit zum Überlegen hatte ich sowieso nicht, denn es klopfte schon wieder und Mady stand mit einem Eimer Wasser in der Hand draußen.

«Komm mit. Alles ist bereit, du kannst duschen, ich zeige dir, wo.»

Ich schnappte mein Duschzeug und meine Taschenlampe, schloss die Tür hinter mir zu und folgte Mady.

Ein schmaler Weg aus Sand, ebenfalls eingerahmt mit schönen großen Muscheln und Sträuchern, führte zu einem kleinen runden gemauerten Häuschen, das ein wenig versteckt zwischen Bäumen lag. Ich trat durch eine türlose Öffnung in einen Raum ein. Was ich mit der Taschenlampe sah, erfreute mein Auge. Die Wände und der Boden waren teilweise mit farbigen Mosaiksteinen bestückt. Rechts neben dem Eingang befand sich ein Waschbecken und darüber hing ein Spiegel. Gleich dahinter war ein etwas größerer Duschbereich. Vis-à-vis lagen drei weitere Parzellen, zwei große und ein kleiner, die gleichzeitig als Waschraum und Klo dienten. Dann gab es noch eine richtige ›europäische‹ Toilette, nicht wie die in Gambia. Das hier war Luxus.

Ich hatte in dieser Nacht die Wahl, denn ich war ganz allein und entschied mich für das größte Abteil, in der ich auch gleich meine staubigen und verschwitzten Kleider aufhängen konnte, ohne dass sie nass wurden. Mady stellte mir einen großen Eimer Wasser hin, in dem ein farbiger Plastikbecher schwamm und auf die gemauerte Trennwand die Petroleumlampe, damit ich etwas sehen konnte.

Dann verschwand er mit den Worten, dass ich die Lampe nach dem Duschen dort oben stehen lassen könnte.

Ich stand allein in diesem leeren Raum ohne fließendes Wasser und mit einer Leuchte, die nur spärlich Licht spendete. Das unaufhörliche Zirpen der Grillen war zu hören und dann hörte ich wieder Trommeln. Ich wusste nicht, woher sie kamen. Doch irgendwo aus der Ferne drangen sie in meine Ohren und in meinen ganzen Körper. Mir wurde warm ums Herz. Das war auch nötig, denn das Wasser, das direkt aus dem Brunnen kam, war ziemlich kalt, als es über meine nackte und verschwitzte Haut lief. Es fröstelte mich nur schon bei dem Gedanken, dass ich jetzt meinen ganzen Leib mit dem Wasser waschen musste. Ich grinste innerlich und dachte: *Weichei, da musst du jetzt durch.*

Mit dem farbigen Becher goss ich das kühle Wasser immer wieder schwungvoll über mich. Wow, wie gut das tat. Ich spülte den Staub, die Anstrengung und den Schweiß einfach von mir ab. Bald fühlte ich mich klar, erfrischt und sogar die Müdigkeit schwand. Ich trocknete mich ab, wickelte mich in mein Badetuch, da ich keine frischen Kleider mitgenommen hatte, nahm die schmutzigen Klamotten vom Haken und machte mich beschwingt und fröhlich auf den Weg zu meinem kleinen, süßen Häuschen.

Aber, oh Schreck, ich fand den Weg nicht mehr. In der Dunkelheit sah alles gleich aus und trotz meiner Taschenlampe sah ich außer Bäumen und Sträuchern nicht sehr viel. Ich überlegte, aus welcher Richtung ich genau gekommen war. *Es ging doch immer nur geradeaus,* dachte ich. Mein Problem war, dass ich mich zu fest auf Mady konzentriert hatte und jetzt in der Dunkelheit tatsächlich nicht mehr zurückfand.

Ganz schön blöd.

Zögernd ging ich weiter und auf einmal tauchten überall kleine, runde Häuschen auf, die im Dunkeln zu meinem Erstaunen gleich aussahen. Und kein Mensch war weit und breit zu sehen. Ich hatte das unangenehme Gefühl, das plötzlich alle verschwunden waren, obwohl ich Stimmen und Trommeln hörte und von weitem sah ich ein Feuer. Also konnte es nicht ganz so schlimm sein.

Ich musste mich einfach auf dieses Feuer konzentrieren, denn dort befand sich irgendwo mein Häuschen. Plötzlich, wie aus dem Erdboden geschossen, tauchte eine Gestalt neben mir auf. Ich erschrak fürchterlich in dieser Finsternis, als auf einmal ein dunkelhäutiger Mann vor mir stand, der nahezu mit der Dunkelheit verschmolz. Ich hatte ihn weder gesehen noch näherkommen hören.

Er beruhigte mich und entschuldigte sich sofort bei mir für den Schrecken, den er mir eingejagt hatte.

«Monika, ça va?»

Aha, dachte ich ziemlich überrascht, er kannte mich. Oder wenigstens meinen Namen. Er fragte sofort auf Französisch weiter, ob er mir helfen könne.

Ich erklärte ihm, dass ich mein Zimmer suchte. Das Ganze war mir oberpeinlich. Ich stand, nur in ein Tuch eingewickelt und frierend, vor einem wildfremden Mann, der das irgendwie auch noch komisch fand. Und der zu allem Überfluss meinen Namen kannte. Aber ich seinen nicht!

Er machte eine einfache Handbewegung in die Richtung, in der ich mein neues Zuhause vermutete. Jetzt musste ich ebenfalls lachen, ich befand mich auf dem richtigen Weg, und war wirklich nur einen Katzensprung von meinem Häuschen entfernt. Netterweise begleitete er mich bis zur Tür und stellte sich als Salif vor. Ich bedankte mich bei ihm, schloss die Tür auf und bevor ich eintrat, fragte er mich, ob ich noch mit zum Feuer kommen wolle.

«Ich bin zu müde», sagte ich. Doch nach der kalten Dusche an einem warmen Feuer zu sitzen, klang irgendwie sehr verlockend.

«Mal sehen.» Ich hatte keine Lust mich festzulegen, und überhaupt: Ich war ja noch nicht einmal richtig angezogen. Eigentlich wollte ich ins Bett.

«Kommst du?», unterbrach er meine Überlegungen.

«Später», sagte ich, ging ins Haus und schloss die Tür hinter mir. Ich zog mir frische Kleider an.

Am Abend war es mit der afrikanischen Hitze vorbei. Auf dem Koffer lagen der warme Pullover und die Jacke von der Reise, die konnte ich gleich wieder anziehen. Doch erstmal etwas essen. Ich hatte beim Duschen richtig Appetit bekommen. Ich setzte mich aufs Bett und griff nach dem Teller. Es war in der Zwischenzeit kalt geworden, doch ich aß den scharfen Reis und den Fisch bis auf den letzten Bissen auf, so gut schmeckte es mir.

Ich war rundum satt, erfrischt, und die Müdigkeit hatte sich in Wohlbehagen verwandelt, von alledem, was ich heute schon erlebt hatte. Ich überlegte mir, der Einladung von Salif zu folgen und mich ans warme Feuer zu setzen. Aber dann sah ich das Moskitonetz auf dem Bett liegen und fragte mich, ob es vielleicht gescheiter wäre, dieses noch schnell aufzuhängen. Ich zog es aus seiner Verpackung und bemerkte, dass ich dafür einen Haken oder so etwas Ähnliches brauchte. Ich schaute zur Decke hinauf, doch genau der fehlte dort oben. Gut, dann eben nicht.

Ich beschloss, ans Feuer zu gehen, und vielleicht war ja jemand bereit, mir am nächsten Tag beim Aufhängen behilflich zu sein. Schließlich war es das erste Mal, dass ich so etwas über meinem Bett befestigen musste. So legte ich es auf den Koffer zurück, packte dafür den Schlafsack aus. Den brauchte ich garantiert.

Nun hätte ich mich auch gleich hinlegen können, doch beglückt von der Tatsache, nun wirklich in Afrika zu sein, ging ich zum Feuer.

Ich nahm meinen ganzen Mut zusammen, denn ich kannte ja niemanden. Papis und Ousman waren wie vom Erdboden verschluckt. Aber egal, ich konnte ja trotzdem gehen. Ich zog meine Jacke über den warmen Pullover, verriegelte den Fensterladen, ergriff die Petroleumlampe und stellte sie vorsichtshalber draußen vor der Tür ab, damit ich ja mein Häuschen wiederfand. Dann schloss ich hinter mir die Tür und machte mich auf den Weg.

Am Feuer sah ich Salif und Mady und war froh, dass ich die beiden schon kannte. Sofort wurde mir ein Platz auf einem weißen Plastikstuhl angeboten, und ich fühlte mich schnell sehr wohl. Ich

schaute in die Runde und sah, dass ich nicht die einzige ‹Weiße›
hier war. Da waren noch Christine und Max, beide kamen aus der
Schweiz, so gab es erstmal eine freudige Begrüßung.

Der Abend wurde lang und länger. Von Müdigkeit keine Spur
mehr, nur die wohlige Wärme des Feuers. Von der grauen, kalten
und hektischen Schweiz kommend, landete ich an einem Ort, an
dem ich von Flughafenmitarbeitern nach einem Ehemann gefragt
wurde. Ich musste sofort grinsen, als ich daran dachte. Und später
wurde ich von fremden Menschen herzlich in die Runde aufgenommen. Aber sie blieben mir nicht lange fremd. Es wurde eine
gemütliche, ausgelassene und heitere Nacht. Bis ich dann doch irgendwann todmüde, jedoch unsagbar glücklich in meinen Schlafsack kroch.

Wo um Himmelswillen war ich?

Ich erwachte ... nur wo? Schlaftrunken blickte ich mich in einem
Raum um, der mir nicht sonderlich bekannt vorkam.
Komisch, die Sonne schien in ein rundes, halbdunkles Zimmer.

Ich guckte mich verwirrt um, sah jedoch außer zwei Koffern, die
wohl mir gehörten, einen Tisch und den Stuhl, über dem meine
Kleider hingen, sonst war da nichts. Mein Blick wanderte weiter
und blieb wieder bei diesem Bild hängen, von dem ich nur ahnte,
weshalb es mich so beeindruckte. Ich lag in einem Bett und konzentrierte mich. Hörte Vogelgezwitscher und andere Geräusche,
die von draußen kommen mussten, aber nichts kam mir vertraut
vor. In der Schweiz konnte ich nicht sein, dort zwitscherten um
diese Jahreszeit keine Vögel und die Sonne schien nicht durch das
Fenster. Da war es jetzt grau und saukalt. Träumte ich mit offenen
Augen?

Ich stand auf und öffnete den Fensterladen, gleißend heller Sonnenschein blendete mich. Wundervolle Palmen positionierten
sich anmutig vor meiner Nase und ich hörte das Rauschen des
Meeres. Langsam dämmert es mir: Ich war in Afrika!

Belustigt dachte ich an die Nachtwanderung, bei der ich mir vor lauter Angst, entführt zu werden, beinahe in die Hose gemacht hatte.

Ich erinnerte mich an den gestrigen Tag und staunte, was ich in dieser kurzen Zeit schon erlebt hatte. Alles kam mir wieder in den Sinn, ich musste mir also keine Sorgen machen, es war Wirklichkeit! Vor Freude hätte ich einen Salto schlagen können. So, jetzt wollte ich nach draußen. Ich holte ein Sommerkleid aus meinem Koffer, schlüpfte in die Flipflops und nahm vorsichtshalber noch meine Jacke, die über dem einzigen Stuhl in meinem Zimmer hing, öffnete die Holztür und trat hinaus in die Sonne. Überwältigt und begeistert stand ich einfach da und staunte.

Bunt blühende Blumengirlanden schmückten die Hauswände, Sonne und das schönste Wetter präsentierten sich vor meiner Nase, und das schon am frühen Morgen. Es war noch frisch, doch für mich, die ich andere Temperaturen gewöhnt war, gerade richtig. Ich fühlte mich einfach großartig.

Neugierig schaute ich mich um. Jetzt, bei Tageslicht tat sich mir eine neue Kulisse auf. Die Feuerstelle, an der wir gestern bis spät in die Nacht hinein, gesessen und geplaudert hatten, lag quasi direkt vor meinen Füßen. Sogar das Feuer brannte noch. Oder schon wieder?

Ein paar Leute saßen daneben. Es sah aus, als würden sie sich aufwärmen. Hinter der Feuerstelle befand sich ein mittelgroßes, rundes Haus und davor standen jede Menge Djembes, das waren vielleicht die Trommeln, die ich gestern gehört hatte.

Ich bemerkte, dass ‹mein› Häuschen mitten in einem kleinen Paradies lag. Eingebettet zwischen Sträuchern und Bäumen, deren Namen ich noch nicht einmal kannte. Nicht weit entfernt lag ein größeres, ebenfalls rundes Gebäude. Auch davor brannte ein Feuer. Zwei Frauen waren, so viel ich erkennen konnte, eifrig mit der Zubereitung des Frühstücks beschäftigt. Scheinbar war es die Küche, an der ich am Vorabend schon vorbeigekommen war. Links und rechts befanden sich weitere kleine, schnuckelige, runde Häuschen, verbunden durch schmale, mit Muscheln gesäumte Pfade. So viele Wege ... Wo diese hinführten, wollte ich später herausfinden. Auch der Weg zu den Waschräumen lag gar nicht so weit von meinem Haus entfernt. Und daneben sah ich, leicht versteckt, ein weiteres rundes Häuschen, das sogar eine kleine, überdachte Veranda besaß, die viel üppiger mit diesen farbig blühenden Blumengirlanden geschmückt war. Wer da wohl wohnte?

Ich bekam Lust auf einen Kaffee und verspürte Hunger.

Aber erst pinkeln. Ich machte mich auf den Weg zum Klo, dort erwartete mich eine leicht gruselige Überraschung. Eine etwa handtellergroße, schwarze Spinne hatte es sich an der Wand gemütlich gemacht. Es schauderte mich, gut, ich hatte nicht wirklich Angst vor diesen Tieren, doch diese war mir zu schwarz und einfach viel zu groß.

Da muss ich durch, es wird sicher nicht die einzige bleiben ...

Einige mit Wasser gefüllten Eimer, in denen farbige Becher schwammen, standen herum.

Daneben stapelten sich Plastikbehälter, die aussahen wie die Gießkanne am Zoll von Gambia. Sie gefielen mir. Ich hatte in der Zwischenzeit herausgefunden, dass die Becher in den Eimern zum Duschen benutzt wurden und die Gießkanne mehr fürs ‹Geschäft› auf der Toilette diente, da es hier weit und breit kein Klopapier gab oder ich hatte einfach keines gesehen.

Genüsslich wusch ich mir das Gesicht mit kühlem, frischem Wasser und fühlte mich danach noch besser.

Gut gelaunt schlenderte ich zu meinem Zimmer zurück. Zwischen Häusern, Feuern und entlang der Wege blühte es in den wundervollsten Farben.

Mady, der bereits im Garten arbeitete, kam auf mich zu und wünschte mir mit einem strahlenden Lachen einen guten Morgen: «Bonjour, Monika, du bist schon wach?»

Stolz erzählte er, dass er meistens der Erste sei, der aufstehe. Er müsse sämtliche Sträucher, Bäume und Blumen gießen, bevor es heiß wurde, und auch sonst eine Menge vorbereiten. Er sei der Gärtner hier und für alles im Garten verantwortlich, erklärte er mir voller Freude.

«Gut, dann will ich dich nicht von der Arbeit abhalten», sagte ich zu ihm, denn auch ich hatte vor dem Frühstück noch einiges in meinem Zimmer zu erledigen. Er wollte sofort wissen, was, und ob er mir helfen könnte. Ich überlegte, ob ich ihn wegen des Moskitonetzes fragen sollte, unterließ es aber. Zuerst Frühstücken, ich hatte wirklich Hunger.

«Später gerne», sagte ich ihm und fügte hinzu, dass ich jetzt einen Kaffee trinken möchte. In seinem Übereifer wollte mir Mady sofort die Küche und den Aufenthaltsraum zeigen, und da ich nun jemanden hatte, der mir zeigen konnte, wo es Kaffee gab, willigte ich ein. Doch vorher müsse ich andere Kleider anziehen, sagte ich zu ihm. Ich würde ihn rufen, wenn ich so weit sei.

Er nickte. «Oui, oui, je suis là.»

Der Tag erwachte. Ich hörte schon wieder Trommeln, die ihn kraftvoll begrüßten. Das Leben startete hier wirklich früh und am liebsten wäre ich gleich der Musik gefolgt. Doch eins nach dem anderen. Ich befand mich noch völlig im Schweizer Eil-Modus.

Nachdem ich mich umgezogen hatte, wollte ich Mady Bescheid geben, doch er stand bereits vor meiner Tür: Hatte er auf mich gewartet? Es sah so aus. Er führte mich in die Küche, die mir schon vertraut vorkam.

In der Küche stellte er mir die beiden Köchinnen Fatou und Ami vor, die ich vorher von weitem gesehen hatte.

Fatou, eine rundliche, mittelgroße Frau mit einem schönen und mütterlichen Gesicht, reichte mir ein wenig zurückhaltend die Hand zur Begrüßung. Um ihren Kopf hatte sie ein farbiges Tuch gewickelt, in der gleichen Farbe wie ihr Kleid. Ami hingegen war eine großgewachsene, sehr schlanke junge Frau, fast noch ein Mädchen. Sie trug ein schwarzes T-Shirt, das ein bisschen ihres schönen dunkelbraunen Bauches zeigte. Um ihre schmalen Hüften hatte sie ein grünes Tuch gebunden, und ihre Beine steckten in schwarzen Leggins.

Beide Frauen gingen in braunen Flipflops. Auch Ami reichte mir ein wenig schüchtern die Hand. Doch trotz ihrer Schüchternheit strahlte sie etwas Quirliges aus und fügte sofort nach der Begrüßung hinzu, dass sie ebenfalls tanzen würde.

Fatou mischte sich ein: «Jetzt bist du aber zum Kochen hier.»

Wir mussten alle lachen und das Eis war gebrochen. Wie ich schnell bemerkte, ging es hier schon am frühen Morgen fröhlich und heiter zu. Beide Frauen widmeten sich ihrer Arbeit, jedoch in einem gemütlichen Tempo. Das beeindruckte mich. Hier war Hektik scheinbar verboten. Nicht wie in Europa, wo alles nach schweizerischer Pünktlichkeit auf dem Tisch stehen musste. Diese beiden Frauen strahlten echte Ruhe und Gelassenheit aus. Obwohl in und außerhalb der Küche geschäftiges Tun herrschte, lachten und schwatzen sie, ohne den Überblick zu verlieren.

Sogar das Feuer, das draußen brannte, und das Wasser, das darauf kochte, bekamen von Zeit zu Zeit ihre volle Aufmerksamkeit. Es sah aus, als wären sie einfach immer im richtigen Moment am richtigen Ort.

Mady zeigte mir noch den Aufenthalts- und Essraum. Dort zierten einige niedrigen Holztische den Raum, ein Teil war schon für das Frühstück eingedeckt. An den Tischen standen passende Stühle aus Bambus.

Mit der Begründung, dass er weiterarbeiten müsse, verabschiedete sich Mady wieder, fügte aber sofort hinzu: «Ich komme später wieder.»

Alles klar, ich wollte ihn wirklich nicht von seiner Arbeit abhalten.

Als er weg war, ging ich in die Küche zurück und fragte die beiden Frauen, ob ich vielleicht schon einen Kaffee haben könnte.

«Sofort», gaben sie mir zur Antwort. Und ich lernte, was das Wort ‹sofort› hier bedeutete. Ich wusste nicht, was es noch alles zu tun gab, doch es dauerte und dauerte ... kein Essen kam, kein

Kaffee, nichts. Um die Wartezeit zu verkürzen, fragte ich Fatou, ob ich ihnen vielleicht etwas helfen könnte.

«Heute nicht, aber morgen gerne. Setz dich jetzt hin und entspanne dich, du bist ja erst angekommen. Dein Kaffee kommt gleich.»

Ich verließ die Küche wieder und ging zurück in den Aufenthaltsraum.

Sie rief mir nach: «Kaffee oder Tee?»

«Kaffee.»

Nach einer gefühlten Stunde brachte mir Ami den Kaffee oder besser gesagt: Heißes Wasser und eine Dose mit Nescafé-Pulver; einen blauen Beutel, auf dem in französischer Sprache Milchpulver stand und eine Büchse Zucker.

Ich musste kichern.

«Ist was?», wollte sie wissen.

«Nein», entgegnete ich ihr und fing noch mehr an zu lachen. «So habe ich den Kaffee noch nie bekommen.»

«Ah bon», sagte sie nur und brachte weitere Sachen wie Butter, Marmelade, Früchte und ‹La Vache qui rit›, das war weicher Streichkäse in kleinen Portionen, und stellte alles auf den Tisch.

«Das Brot kommt gleich. Mady kauft es im Dorf», bemerkte sie nebenbei.

Aha, dafür war er also ebenfalls zuständig.

Ich genoss es, hier zu sitzen, und meinen Kaffee zu trinken. Es war so schön still. Doch je mehr ich in diese Stille eintauchte, desto intensiver hörte ich das vergnügte Gezwitscher der Vögel und das Rauschen des Meeres. Was für ein Glücksmoment. Ich wollte ans Meer und beschloss, gleich nach dem Frühstück dorthin zu gehen.

Im Raum war es kühl und ich begann, zu frösteln. Warum saß ich eigentlich hier drin, draußen schien doch die Sonne? Sofort erhob ich mich und machte mich mit meinem heißen Kaffee in der Hand auf den Weg ins Freie. In diesem Moment kam Max in den Raum. «Hoi, Monika, bist du schon wach? Hast du gut geschlafen?», fragte er mich in seinem breiten Basler Dialekt. «Ist schön hier, gell?»

«Ja, unglaublich schön», konnte ich nur bestätigen, so entzückt war ich.

«Komm, lass uns den Tisch auf die Terrasse in die Sonne stellen. Dort ist es viel angenehmer und die Aussicht ist auch schöner», sagte er. Ich willigte sofort ein und so transportierten wir den gedeckten Tisch und die Stühle vorsichtig nach draußen.

Was hatte ich doch für ein Glück, hier in Afrika zu sitzen!

«Du scheinst dich wohlzufühlen», stellte Max fest.

«Ja, und wie», gab ich zu. Trotz der Sonne war es auch noch frisch und ich war froh um meine Jacke. «Das ändert sich sehr schnell und dann wird's heiß», erklärte Max. Er musste es wissen, denn er hatte schon einige Tage hier verbracht. «Das ist die Atlantikluft», scherzte er.

Ami servierte das Brot. «Aha, da seid ihr. Ist es hier nicht viel zu kalt?», wollte sie wissen während sie das Brot und noch eine Kanne heißes Wasser auf den Tisch stellte.

«Es ist wundervoll hier, für meinen Geschmack genau richtig», entgegnete ich.

Max und ich plauderten weiter. «Ich würde gerne nach dem Frühstück ans Meer gehen. Ist es weit von hier?», wollte ich von ihm wissen.

Sofort fing er an zu schwärmen: «Nein, es liegt sozusagen vor deiner Nase.» Er käme mit, er sei täglich am Meer, auch heute Morgen war er schon dort gewesen. Das passte ja richtig gut und so verabredeten wir, nach dem Frühstück loszugehen. Langsam füllte sich der Frühstückstisch, sodass wir einen zweiten aus dem Aufenthaltsraum holen mussten. *Ich kenne niemanden außer Salif,* dachte ich. Doch ich hatte das gestrige Feuer vergessen, die meisten waren da gewesen. Nur jetzt, wo es hell war, sah vieles anders aus, auch die Gesichter der Menschen. Netterweise stellten sie sich noch einmal vor. Ich konnte mir beim besten Willen nicht jeden Namen merken. Mit der Zeit würde sich das aber sicher ändern. Ich hatte ja einen Monat Zeit. Genug, um alles und alle besser kennenzulernen, und natürlich das Tanzen wollte ich lernen.

Es herrschte eine heitere Stimmung. Nur an den Nescafé musste ich mich erst gewöhnen, dafür waren die exotischen Früchte einfach deliziös. Es gab Eier gekocht, als Omelett oder Spiegelei, je nach Gusto frisch zubereitet, und selbstgemachte Mango-Marmelade. Also ein sehr reichhaltiges Frühstück und das Ganze in einer traumhaften Umgebung. Am liebsten wäre ich auf dem Stuhl sitzen geblieben. Aber mir kam in den Sinn, dass ich mein Gepäck endlich auspacken wollte, mich mit Max verabredet hatte, ans Meer zu gehen, und das Moskitonetz sollte ich auch aufhängen. Ich spürte schon wieder eine leichte Hektik in mir aufsteigen. Also stand ich ein wenig träge vom Stuhl auf, ich hatte viel zu viel gegessen, und machte mich auf den Weg in mein Zimmer, um wenigstens meinen Badeanzug auszupacken. Einer der Tänzer hielt mich zurück und sagte eindringlich: «Um zehn Uhr beginnt das Tanzen. Ich hole dich ab.»

«Ich tanze heute noch nicht, erst morgen», antwortete ich ihm.

Er schaute mich ziemlich verdutzt an. «Warum nicht?»

«Ich muss mich erholen und mein Gepäck auspacken», machte ich ihm klar.

«Ah bon», entgegnete er nur und ging. Zurück in meinem Zimmer setzte ich mich erstmal aufs Bett und als pflichtbewusste Schweizerin, die ich war, überlegte ich mir einen Plan.

Also, wo sollte ich anfangen? Ich hatte mir einiges vorgenommen: Auspacken, Netz aufhängen, ans Meer gehen, Trommeln, natürlich wollte ich nichts verpassen. Doch nur die Gedanken daran brachten mich ins Schwitzen: *Muss das wirklich sein?* NEIN, das musste es nicht. Ich strich den Plan sofort wieder und beschloss, jetzt gleich bei Max zu klopfen und mit ihm ans Meer zu gehen. Ein wohliges Gefühl überkam mich, welches sich gleich viel, viel besser anfühlte. Meer, ich komme...

Es klopfte.

«Ja, gleich, ich muss nur meinen Badeanzug suchen», rief ich, da ich dachte, Max stehe schon vor der Tür.

«Ich bin es», kam es von draußen und Papis trat in mein Zimmer.

Aha, er ließ sich auch mal wieder blicken. Ich freute mich, ihn zu sehen, obwohl ich überhaupt nicht mit ihm gerechnet hatte.

«Hast du dich schon ein wenig eingelebt?», wollte er wissen und entschuldigte sich sofort für seine gestrige Abwesenheit. Er sei ziemlich müde gewesen und habe sich gleich nach unserer Ankunft schlafen gelegt. Er erklärte mir, dass er schon wieder abreisen müsse, um einige Geschäfte in Dakar zu erledigen. Auch warteten weitere Tänzerinnen, Tänzer und Trommler in Dakar auf ihn, um mit ihm gemeinsam hierherzureisen. *Da kommen also noch mehr Menschen,* dachte ich. Das klang nach viel Action für die nächsten Wochen.

Falls ich etwas bräuchte, erklärte er weiter, sollte ich mich an Ousman, Fatou oder Mady wenden. Das Tanzen würde Salif in seiner Abwesenheit übernehmen. Noch einmal entschuldigte er sich, dass er schon wieder wegmusste.

Für mich spielte es überhaupt keine Rolle. Ich wollte warten, bis alle Teilnehmerinnen hier waren.

Doch Papis schien da ganz anderer Meinung zu sein: «Du solltest davon profitieren, dass die Gruppe noch klein und überschaubar ist.»

«Okay, ich werde sehen», antwortete ich und wünschte ihm eine gute Reise. Langsam begann ich, mein Gepäck auszupacken, oder besser gesagt, ich suchte meinen Badeanzug, und wollte dann gleich zu Max gehen. Da klopfte es erneut.

«Ja, komm rein», rief ich, wieder in der Annahme, dass es Max sei. Wer auch sonst? Papis war ja weg.

«Es ist fast zehn Uhr, Monika, wir fangen mit Tanzen an.»

Das war nicht Max` Stimme. Nein, es war der Mann, der mich am Frühstückstisch auf das Tanzen angesprochen hatte. Breitbeinig stand er im Tanzdress vor meiner Tür.

«Kommst du.» Das war keine Frage, sondern eine klare Anweisung.

«Nein, ich komme nicht», sagte ich bestimmt und suchte weiter nach meinem Badezeug. Ich dachte, er würde wieder gehen. Aber er blieb einfach stehen.

«Weshalb kommst du nicht?», fragte er beharrlich.

Ich verstand nicht, warum er noch hier war. Ich hatte ihm deutlich gesagt, dass ich heute nicht tanzen würde. Da es ihn nicht zu interessieren schien, erklärte ich es ihm ein weiteres Mal.

«Du willst nicht tanzen? Warum bist du dann hier?», fragte er zurück und es klang ziemlich provokativ.

Das saß und es nervte mich. Irgendwie hatte er recht und trotzdem, musste ich denn unbedingt sofort mitmachen?

«Morgen, morgen komme ich sicher», sagte ich in der Hoffnung, er würde sich damit zufriedengeben.

Doch er schien einer von der ganz hartnäckigen Sorte zu sein, denn seine Antwort kam prompt: «Dann kannst du auch jetzt schon mittanzen.»

Er gab wirklich nicht auf und hatte auf jedes Argument eine Erklärung parat. Zu guter Letzt meinte er, dass es sowieso nur Ausreden wären. Ich war sprachlos ...

Er wollte es einfach nicht begreifen und nein, es waren keine Ausreden! Doch meine Argumente überzeugten ihn nicht, und er blieb so lange vor mir stehen, bis ich statt des Badeanzugs meine Tanzkleider aus dem Koffer herausgesucht hatte. Er strahlte mich an: «Du wirst es nicht bereuen. Ich warte auf dich in der Tanzarena.»

Stolz wie ein Pfau marschierte er davon und ich zog, zwischen Belustigung über seine Standhaftigkeit und Verärgerung schwankend, meine Tanzkleider an. Zum Tanzen bereit schloss ich die Tür hinter mir ab und machte mich auf den Weg zur Arena.

Wo das Tanzen stattfand, war nicht zu überhören. Schon von weitem hörte man den feurig wilden Rhythmus der Trommeln.

Ich bekam bei diesem Sound richtig Gänsehaut, begann mich total zu freuen und musste nur der Musik folgen.

Alle wärmten sich auf. Die beiden Tänzerinnen Fatouma und Awa machten Dehnübungen und tänzelten wie zwei junge Gazellen im Takt der Trommeln. Der Koraspieler glitt mit den Fingern sanft über die Saiten seines Instruments, das bei der Lautstärke der Djembe fast unterging. Auch ein Balafonist gehörte zum Orchester.

Eine tolle Stimmung, dachte ich. Ich sah Max und Christine und zwinkerte Max zu.

«Ist wohl nichts mit ans Meer gehen», sagte ich schmunzelnd und fragte mich, ob er bei ihm auch so beharrlich gewesen war.

Er lachte und antwortete: «Später».

Salif gab den Musikern das Zeichen, aufzuhören, und positionierte uns alle in der ›richtigen‹ Reihenfolge. Er vorne, die beiden Tänzerinnen nachfolgend, danach Christine und Max.

Dann schaute er mich an, überlegte kurz und platzierte mich hinter sich, sodass die anderen TänzerInnen beim Vortanzen gut sehen konnten. Nachdem alles nach seinem Gutdünken war, gab er den Musikern das Zeichen, langsam einzusetzen. Ganz leicht und ruhig glitten die langen, schmalen Finger des Koraspielers über die einundzwanzig Saiten seines Instruments. Ich war hingerissen, als ich das sah, so viel Liebe drin.

Salif stimmte ein Lied an und bewegte sich im sanften Takt der Kora, bald setzte der Balafonist ein. Ich war fasziniert, mir ging ein Schauer durch meinen gesamten Körper, so schön waren die Klänge der Instrumente und die Bewegungen von Salif. Als dann noch die Tänzerinnen mit ihren kraftvollen Stimmen in den Gesang einstimmten, hüpfte meine Seele. Ich war so berührt. Wir bewegten uns eine Weile zu diesen einzigartigen Klängen, dann setzten die Trommeln ein ... Wow! Der Rhythmus veränderte sich auf einen Schlag, er wurde schneller, dynamischer und plötzlich ging die Post voll ab. Das Tempo forderte mich ganz schön heraus, die Schritte, die Salif zeigte und die wir nachtanzen sollten, wurden

schwieriger. Oder meinte ich das bloß? Alles war so neu und ungewohnt und das Tanzen im Sand machte es nicht einfacher.

Fast bereute ich es, dass ich mich hatte überreden lassen, und
am liebsten hätte ich mich aus dem Staub gemacht. Ich blieb, setzte
mich an den Rand und schaute zu. Salif hatte mich genau im Blick
und zitierte mich mit einer Handbewegung auf meinen Platz zurück. Ich gehorchte schon wieder, was mich voll nervte. Ich ließ
mir nichts anmerken, reihte mich von Neuem ein und probierte,
so gut wie möglich mitzutanzen. Dabei fühlte ich mich jedoch sehr
unbeholfen. Was solls, es war sowieso alles gerade ungewohnt, irgendwie würde ich diese Tanzstunde im Sand auch noch überste-
hen. Immerhin hatten die Musiker ihren Spaß, sie lachten und
strahlten über das ganze Gesicht. Lachten die mich etwa aus? Ich
fühlte mich beobachtet.

Es wurde heißer, die Sonne brannte kräftig vom Himmel und
ich kam immer mehr ins Schwitzen.

Die ungewohnte Hitze setzte mir unglaublich zu und der Sand
raubte mir die letzte Kraft, mein ganzer Körper schmerzte.

Ich konnte mich nicht auf die Schritte und den Takt gleichzeitig
konzentrieren. Es ging mir alles viel zu schnell. Wenn ich nur einen Schritt ansatzweise kapierte, war Salif schon beim übernächsten. Zum Glück sah ich, dass Max und Christine ebenfalls Mühe
hatten. Das beruhigte mich.

Trotz der ungewohnten Strapazen zogen mich die Trommeln
in ihren Bann und versetzten mich in eine Art Trance. So sehr,
dass ich unbeirrt von der Anstrengung, der Schmerzen und der
Hitze einfach weitertanzte. Die Trommler befanden sich in ihrem
Element. So eine Kraft und Ausgelassenheit kannte ich nicht, hatte
ich noch nie erlebt. Es geriet schier außer Kontrolle. Auch Salif
und die beiden Tänzerinnen waren nicht mehr zu bremsen. Dann
ebbte das Tempo wieder ab. Gott sei Dank, endlich Pause, es kam
mir vor wie eine Erlösung! Ich brauchte dringend Wasser. Doch
wo bekam ich Wasser her? Meine beiden Plastikflaschen, die ich

am Vorabend am Zoll gekauft hatte, lagen leer in meinem Zimmer. Völlig außer Atem fragte ich Max, wo es Wasser gäbe.

«Geh in die Küche, dort stehen jede Menge Wasserflaschen extra für die Europäer, die das afrikanische Wasser nicht gewohnt sind.» Augenzwinkernd fügte er in seinem Basler Dialekt hinzu: «... und dann wegen Durchfall nicht mehr mittanzen können.»

Mir gefiel sein Humor vom ersten Tag an. Ich musste lachen.

«Gerade zöge ich den Durchfall vor», gab ich scherzhaft zu.

Er begleitete mich in die Küche und zeigte mir, wo die Wasserflaschen zu finden waren.

Ich nahm mir gleich zwei mit. Sie waren angenehm kühl und erfrischend. Gierig trank ich eine fast vollständig aus und wäre am liebsten gleich in der schattigen Küche sitzengeblieben.

Doch nichts da.

Salif konnte nicht nur gut tanzen, nein, auch Gedankenlesen gehörte zu seinen Stärken. Denn er stand auf einmal in der Küche, und sagte in einem leichten Befehlston: «Kommt, wir machen weiter.»

Ich verdrehte die Augen, mich nervte dieser Tonfall.

Max sah das gelassener. «Der spielt sich jetzt nur so auf, weil Papis nicht da ist und er trägt ja die Verantwortung, dass das mit dem Tanzen jeden Tag wirklich klappt. Papis will, dass wir auch während seiner Abwesenheit auf unsere Kosten kommen.»

Ja, das leuchtete mir ein. Nur, war es mir für den ersten Tag viel zu anstrengend, und mir fehlte die Kondition.

«Du wirst dich daran gewöhnen», meinte Salif etwas milder. Er hatte bemerkt, dass wir über ihn sprachen. Und er fuhr fort: «Wir üben jetzt eine Choreografie.»

Damit konnte ich gerade auch nichts anfangen. Ich hoffte bloß, es würde nicht mehr so schnell und anstrengend werden.

Leider entpuppte sich die Choreografie als schwieriger als gedacht. Genaugenommen strengte es mich noch mehr an. Es wurde immer heißer, Schatten gab es wenig und die Schritte waren mir fremd.

Salif schaute mich an, und gab mir mit leichtem Unterton zu verstehen: «Monika, die Schritte haben wir gerade beim Einwärmen geübt.»

«Ja, aber das ging mir viel zu schnell, ich habe das gar nicht richtig mitbekommen», antwortete ich genervt.

Hilfesuchend schaute ich mich nach Max und Christine um. Mir war ein bisschen weinerlich zumute, denn ich kapierte es nicht, und die Hitze erschlug mich fast. Ich tat mir gerade ganz schön selbst leid.

«Bon», meinte er knapp und teilte seine Gruppe neu ein. Jeder von uns bekam nun eine 1:1-Tanzstunde. Max kam zu Awa, Fatouma war für Christine zuständig und ich hatte das zweifelhafte Vergnügen, mit Salif zu tanzen. Na bravo, das hatte mir gerade noch gefehlt. Doch Salif war begeistert von seinem Plan und nahm seine Sache sehr ernst.

Ab sofort wurden sämtliche Bewegungen genauestens angeschaut. Er korrigierte jeden Schritt und jede Armbewegung, die ich machte oder eben versäumte. Er stellte sich vor mich hin, dann neben mich, ich bekam sozusagen ein Rundum-Tanz-Coaching und fast eine leichte Klaustrophobie. Geduldig, aber streng, erklärte er mir alles ganz genau, ich bekam die Krise.

«Ich kann das nicht», sagte ich ihm wütend.

Mein erster Tag, meine erste Stunde - zum Verzweifeln. Das, was ich schon bei Papis in der Schweiz gelernt hatte, war überhaupt nicht vergleichbar mit dem, was mir Salif beizubringen versuchte.

Doch er ging nicht darauf ein, es schien fast, als ob es ihm egal wäre. Er meinte nur trocken: «Das kommt schon.»

Ich fand es eine Zumutung und es nervte mich immer mehr. Vor allem, dass er dauernd so nahe neben mir stand.

Oh je, wenn das vier Wochen lang so weiterging, konnte das ja heiter werden. Ich war froh, als die Stunde endlich vorbei war. Meinen ersten Dämpfer hatte ich mir definitiv eingefangen und ich ging ziemlich deprimiert in mein Häuschen. Mein ganzer Körper schmerzte. Ich wollte nur noch duschen und mich ins Bett legen.

Doch da stand Salif schon wieder da und meinte begeistert: «Du hast super getanzt.»

Ha, das sollte wohl ein Witz sein? Ich fand es überhaupt nicht lustig, ich war genervt und wollte einfach meine Ruhe.

Salif hatte dafür allerbeste Laune und verkündete freudestrahlend: «Jetzt gehen wir alle zusammen ans Meer, da wolltest du doch hin.»

Man konnte ihm einfach nicht böse sein und meine Gemütsverfassung besserte sich zwar, nur so richtig Lust hatte ich nicht mehr. Ich fühlte mich ziemlich klein mit Hut und versank im Selbstmitleid.

Doch auch das merkte Salif und fragte fürsorglich: «Was ist denn los?»

«Nichts, mir tut einfach alles weh.» Mehr wollte ich ihm gar nicht sagen.

Aber, weil er Salif war, gab er sich damit nicht zufrieden. «Du wirst dich daran gewöhnen, also komm jetzt.»

Ich musste lachen. Er gab wirklich nicht so schnell auf, da konnte ich mir ein Stück abschneiden und ich nahm mir vor, weniger wehleidig zu sein.

Und da ich keine Spaßbremse sein wollte, tauschte ich die verschwitzen Tanzkleider gegen meinen Badeanzug, wickelte mich in mein Badetuch und begab mich zum Eingangstor. Schließlich kamen alle andern auch mit, außer den beiden Tänzerinnen Awa und Fatouma, die mussten in der Küche beim Kochen helfen.

Es war bis zum Meer tatsächlich nur ein Katzensprung und ich hätte es bereut, wäre ich nicht mitgegangen. Der Strand war menschenleer, übersät mit Muscheln, und Kühe spazierten seelenruhig am Ufer entlang. Das hatte ich auch noch nie gesehen. Ich wusste nicht genau, wann ich das letzte Mal am Meer gewesen war, doch der Anblick überwältigte mich. Wir breiteten uns an ›unserem‹ Strand aus. So viel Platz nur für uns. Ich konnte es kaum fassen, und nur staunen, so unglaublich schön war es hier. Vor lauter Begeisterung vergaß ich sogar mein Tanzdrama.

Jetzt aber nichts wie rein ins kühle Wasser. Der Atlantik war frisch und wild. Kraftvolle Wellen überschlugen sich und ich musste immer wieder aufpassen, nicht weggetrieben zu werden. Ahhh, wie gut das tat, das Wasser war so kalt, doch auch sehr belebend. Ich fühlte mich lebendig, gut und voll in meinem ganzen Körper. Verbunden mit Himmel und Erde.

Aber nach diesem Erfrischungs-Quicky wollte ich ins Camp zurück. Ich hatte Hunger. Meine nicht ausgepackten Koffer ließen mir keine Ruhe, denn als pflichtbewusste Schweizerin hatte ich trotz der Schönheit tatsächlich noch diesen Kleinscheiß im Hinterkopf. Zum Glück wusste das niemand. Ich sagte zu Max, dass ich gehen würde. Er wollte gleich mitkommen, auch die anderen schlossen sich uns an. Ich glaube, jetzt waren alle hungrig. Es war schon fast vierzehn Uhr und keiner hatte seit dem Frühstück etwas gegessen. So machten wir uns für den Rückweg bereit.

Salif hielt mich zurück: «Bleib doch noch.»

Ich wurde das Gefühl nicht los, dass er keine Gelegenheit ausließ, um in meiner Nähe zu sein. «Nein, ich gehe mit den anderen.»

Schweigend, hungrig und ein bisschen müde, machten wir uns alle auf den Rückweg, auch Salif.

Das Mittagessen war noch nicht ganz fertig. Es war Gebetszeit und so, wie es aussah, wurde das sehr respektiert. Um mich von meinem Hunger abzulenken, nutzte ich die Zeit, um schnell zu duschen und mir den Sand und das Salz von Haar und Haut zu spülen.

Mady, fleißig wie immer, hatte, während wir am Strand weilten, die Wassereimer wieder aufgefüllt.

Ich beeilte mich sehr bei meiner Körperpflege, nicht, dass ich noch zu spät zum Dinner kam, das jederzeit bereit sein konnte. *So lange können die ja auch nicht beten*, hoffte ich.

Als ich geduscht und frische Kleider angezogen hatte, eilte ich schnurstracks in die Küche. Leider war das Essen immer noch nicht soweit. Ich konnte es kaum glauben. Die beiden Köchinnen

Fatou und Ami hatten doch, während wir tanzten, mit Kochen begonnen. Das war um zehn Uhr gewesen, jetzt war es schon nach vierzehn Uhr. Sogar von den beiden Tänzerinnen Awa und Fatouma bekamen sie zusätzlich Hilfe. Aber es duftete so köstlich, dass mir das Wasser im Mund noch mehr zusammenlief. Mir blieb also nichts anderes übrig, als zu warten, genau wie jeder andere auch.

Sollte ich jetzt Koffer auspacken, um mich abzulenken? Doch das ging nicht. Ich konnte nur ans Essen denken.

Endlich ertönte der erlösende Gong. Die Köchinnen breiteten große, farbige Bastmatten auf dem Boden des kühlen Aufenthaltsraums aus und platzierten mehrere Schüsseln mit wundervoll duftenden Speisen darauf. Löffel wurden verteilt und Mady stellte noch einen Eimer mit Wasser dazu, in dem sich jeder erst die Hände wusch. Eine kurze Hektik entstand, bis alle auf den Matten platzgenommen hatten. Ich hatte noch nie auf dem Boden gegessen, aber es fühlte sich sehr verbunden an, im Kreis zu sitzen und aus einer Schüssel zu essen.

Es wurde plötzlich mucksmäuschenstill im Saal und alle stürzen sich förmlich auf die Mahlzeit. Ah, war ich froh, endlich etwas zwischen die Zähne zu bekommen. Es gab Reis mit Fisch und viel Gemüse. Für meinen Geschmack ungewohnt scharf, doch es schmeckte unglaublich lecker. Für die, die es noch würziger mochten, und von denen gab es einige hier, gab es eine Extra-Portion Schärfe. Piment - eine Paste aus Öl und Chili. Ich probierte es einmal und dann nie wieder.

Die meisten aßen mit der Hand, genaugenommen mit der rechten, das war auch sehr ungewohnt für mich. Die linke galt als unrein, da sie auf der Toilette benutzt wurde.

Die Schüsseln leerten sich in Windeseile. Ich staunte.

Jeder, der satt war, erhob sich sofort wieder von seinem Platz, wusch sich die Hände noch einmal und setzte sich an einen anderen Ort, die meisten gingen nach draußen.

Nachdem auch ich gesättigt war, wollte ich von Fatou wissen, wie das Gericht hieß.

«Thjeb bu Djenn», Reis und Fisch.

Ich versuchte, es nachzusprechen, was sich für mich ziemlich zungenbrecherisch anfühlte. Sie musste lachen und wir übten es noch einige Male, erfolglos. Ich probierte, es mir wenigstens zu merken, immerhin war es das «senegalesische Hauptgericht, plat national», wie mir Fatou erklärte. Trotzdem scheiterte ich und vergaß den Namen innerhalb kürzester Zeit. So blieb ich einfach bei Fisch und Reis.

Im Garten standen unter einem riesigen Mangobaum auf einem schön angerichteten Tisch feine Früchte, Tee und Kaffee. Jeder durfte sich bedienen. Ich goss mir in ein Glas roten Tee ein, den ich nicht kannte.

«Das ist Bissap», erklärte mir Salif, der schon wieder neben mir war.

«Ah, ja?» Ich nippte daran. «Schmeckt gut, ziemlich süß, sehr fruchtig und frisch.» Ich trank das ganze Glas leer.

Salif wich mir keinen Zentimeter von der Seite, aber ich schwieg beharrlich. Ich wollte nicht mit ihm plaudern. Die Hitze machte mir zu schaffen und ich hatte das Verlangen, mich in meinem Zimmer ein wenig hinzulegen. Ich nahm mir eine Frucht und ging.

«Tu va où?», wollte er natürlich sofort wissen.

In dieser kurzen Zeit hatte ich schon gemerkt, dass er sich nicht so leicht abschütteln ließ.

Also sagte ich knapp: «In mein Zimmer, ich will schlafen», und ging, ohne seine Antwort abzuwarten.

«Okay, ich bin da und trinke Ataya, mit meinen Freunden», rief er mir nach.

Gut, dass ich das jetzt wusste. Ich grinste vor mich hin. Doch ich sagte nichts mehr dazu und war auch schon weg.

Kaum betrat ich mein Häuschen, war ich endlos froh und genoss die Ruhe. Die Tür ließ ich offen, denn draußen wehte ein sanfter Nachmittagswind, der den Vorhang verspielt hin und her bewegte. Ich öffnete den Fensterladen, das sorgte für ein wenig Durchzug. Der Wind hauchte eine wohltuende Frische in mein Zimmer, sodass es kühl blieb. Ich legte mich auf das Bett und döste vor mich hin. Im Halbschlaf hörte ich durch die geöffnete Tür und das Fenster das Surren der Insekten, Vogelgezwitscher und von weitem nahm ich das Plaudern der Menschen wahr, die unter dem Baum saßen und Ataya kochten. Ich verstand kein Wort von dem, was sie sagten, doch ich fühlte mich gut aufgehoben und beschloss, die Sprache hier zu lernen.

Ich musste eingenickt sein, als es an der offenen Tür klopfte. Draußen stand Mady mit Ataya.

«Monika, Ataya pour toi.» Er streckte mir freudestrahlend ein hölzernes Tablett mit einem Gläschen Ataya hin. Halbverschlafen erhob ich mich von meinem Bett und nahm den Tee. Er war noch heiß und ich musste aufpassen, dass ich mir nicht die Zunge verbrannte, also wartete ich mit dem ersten Schluck, bis er abgekühlt war. Auch Mady wartete schweigend, bis ich ihn leer getrunken hatte. Danach nahm er das Gläschen und ging ohne große Worte wieder.

Nach diesem ersten Gläschen Ataya war ich hell wach, der Tee und der kurze Mittagsschlaf hatten gutgetan. Ich fühlte mich erholt.

Mein Blick schweifte zu meinen Siebensachen, die immer noch am selben Ort standen wie am Morgen, und das Moskitonetz hatte sich auch nicht von selbst aufgehängt. *Das könnte ich jetzt gleich erledigen,* ging es mir durch den Kopf, nur fehlte mir die Lust dazu. Ich verschob es auf den nächsten Tag und hängte es dafür über die Stuhllehne. Aus dem Koffer nahm ich frische Tanzkleider, die ich für heute Abend brauchte. Bevor das Tanzen jedoch wieder losging, stand zuerst eine Lektion Trommeln auf dem Stundenplan. Ich hatte nicht so richtig Bock darauf, mein Körper schmerzte immer noch. Ich überlegte, ob ich am besten gleich alles ausfallen lassen und einfach nur zuschauen sollte. Egal, ob es Salif nun passte oder nicht. Schließlich wollte ich ja nur heute schwänzen. Ich musste mich ja mal durchsetzen.

So verliefen die ersten paar Tage hier. Das Tanzen tat mir unglaublich gut, obwohl ich einen fürchterlichen Muskelkater davon bekam. Aber auch dieser verging mit der Zeit. Die Trommeln lösten eine starke Faszination in mir aus, es war wie Magie, unerklärlich, was da passierte. Sogar meine Zellen hüpften vor lauter Freude. Vom kleinen Zeh bis in die letzte Haarspitze veränderten die Rhythmen meinen Körper und mein Leben. Die Sonne, das Meer, die frische Luft, gutes Essen und viel Bewegung trugen das ihre dazu bei. Fröhliche, lachende Menschen um mich herum, was wollte ich mehr? Das Leben wurde zum Abenteuer und ich steckte mittendrin.

Zurück aus Dakar

Papis kehrte wieder aus Dakar zurück und brachte zwei weitere Trommler und eine Tänzerin mit.

Auch die restlichen Teilnehmerinnen waren inzwischen eingetroffen. Die Verstärkung der beiden Trommler war unbeschreiblich. Ab sofort heizten sieben Musiker täglich beim Tanzen ein. Die Energien vibrierten nur noch. Papis, ein begnadeter und grandioser Tänzer, war voll in seinem Element. Er strahlte so eine unglaubliche Kraft, Stärke und Entschlossenheit aus, der sich niemand mehr zu widersetzen traute. Dagegen war das Tanzen mit Salif fast ein Spaziergang gewesen. Bald dauerten die Tanzlektionen drei statt wie üblich zwei Stunden. Auch gingen wir häufiger für die abendlichen Tanzstunden an den Strand. Das war das Highlight, ich freute mich sehr darauf, obwohl ich mich mit dem Sabar schwertat. Sabar, der traditionelle senegalesische Volkstanz, ist eigentlich ein Frauentanz und wird vor allem im Norden des Landes getanzt. Mir wurde klar, weshalb er noch eine Tänzerin aus Dakar geholt hatte: Der Sabar, so anmutig er war, so kompliziert und schwierig stellte er sich für mein Tanzverständnis heraus.

Es fühlte sich an, als ob ich zwei linke Füße und Beine hätte und den Takt dieser Sabar-Trommeln konnte ich überhaupt nicht einordnen. Ich bekam nur schwer und sehr langsam Zugang zu diesem Rhythmus.

Rose, die Tänzerin aus Dakar, hatte wahrlich Geduld und zeigte viel Verständnis für uns Europäer.

Ich konnte mich auch schlecht auf den Takt konzentrieren, da ich immer mit dem Zählen der Schritte beschäftigt war.

Wenn ich Rose beim Tanzen zusah, wurde ich fast neidisch. Sie war eine wundervolle Tänzerin, bewegte sich geschmeidig und anmutig. Ein Genuss, ihr zu zusehen. *Das lerne ich nie,* dachte ich verzweifelt.

Eines Abends, auf dem Rückweg vom Strand, überlegte ich ernsthaft, mit dem Tanzen aufzuhören. Rose spürte das, natürlich sah sie, wie schwer ich es mir machte.

Nachdem sie ein Stück neben mir hergegangen war, sagte sie auf einmal zu mir: «Was hast du? Warum tanzt du nicht?»

«Ich tanze doch?» Ich war überrascht.

«Ja, aber du bist nicht mit dem Herz anwesend, du bist viel zu verkrampft.»

Das stimmte, ja, da hatte sie wohl recht. Ich probierte alles mit dem Kopf zu machen, und wurde dabei ganz steif. Das sah sie sofort. Wow!

«Hör auf, jeden Schritt zu planen und folge deinem Herzen», gab sie mir als Ratschlag auf den Weg.

Jetzt wusste ich, was ich zu tun hatte, doch so einfach war das leider nicht, jedoch einen Versuch wert. Weniger zu denken gelang mir noch nicht so gut, aber das Herz zu öffnen, stellte sich als sehr hilfreich heraus.

Und je mehr ich mein Herz öffnete, desto wundersamer wurde auch mein Leben hier. Das Tanzen veränderte sich tatsächlich, ich verkrampfte mich weniger. Es störte mich nicht mehr, ob ich es konnte oder nicht, ob ich es lernen würde oder nicht, oder ob ich vielleicht komisch aussah beim Tanzen. Ich tanzte einfach, freute mich, und konnte fast nicht genug davon bekommen.

Seit einiger Zeit fiel mir beim Tanzen in der Sandarena ein junger, schöner Mann auf. Okay, hier sahen die meisten gut aus. Ich fragte mich, was er hier wollte, denn er gehörte definitiv nicht zum Team. Aber er musste aus der Gegend sein, denn er kannte die Musiker, so gut wie alle hier. Er kam fast jeden Morgen, saß einfach ruhig da und schaute uns zu. In der Pause plauderte und scherzte er mit den anderen, manchmal blieb er länger, meistens ging er bald wieder. Vielleicht fiel er mir deshalb auf? Ich wusste es nicht und machte mir auch keine weiteren Gedanken, denn ich musste mich voll auf das Tanzen konzentrieren, das immer noch einiges von mir abverlangte.

Eines Morgens kam er, beladen mit seiner ganzen Schmuck-, Kleider- und Stoffkollektion, die er, als unsere Tanzstunde beendet war, im Sand ausbreitete und natürlich verkaufen wollte. Auch ich schaute seine Ware an, doch ich fand nichts, das mich interessierte und so verschwitzt, wie ich nach dem Tanzen immer war, hatte ich gar keine Lust, irgendein Kleidungsstück anzuprobieren. Die meisten von uns gingen nach dem Tanzen ohnehin sofort an den Strand. So blieb er selten lange.

Einmal jedoch kam er mit. Plötzlich tauchte er an meiner Seite auf und lief schweigend neben mir her. Ich fand das merkwürdig und hätte gerne ein Gespräch begonnen. Doch als wir fast am Strand angekommen waren, bog er in Richtung Dorf ab.

Kaum befand er sich außer Sichtweite, schon stand Salif wieder auf der Matte und wollte mit mir im Meer baden. Ich musste laut lachen. War das jetzt ein Spiel, oder was? Seit ich hier war, fühlte ich mich unter Dauerbeobachtung. Ich konnte fast nirgendwohin gehen, ohne dass ich nicht sofort jemanden an meiner Seite hatte, der mich irgendwohin begleiten wollte. Dass ich allein aufs Klo oder unter die Dusche durfte, grenzte schon fast an ein Wunder.

Ich musste zugeben, es wimmelte hier nur so von schönen Männern, und alle benahmen sich sehr nett und zuvorkommend. Sie schienen in der Überzahl, denn die Frauen mussten in der Küche helfen, kochen und putzen. Doch ich mochte es auch, ohne Begleitung an den Strand zu gehen. Ja, das alles war sehr ungewohnt für mich. Einerseits genoss ich dieses Spiel, denn für mich war es ein Spiel. Auf der anderen Seite empfand ich es manchmal als viel zu anstrengend. Ich war gerne allein. Mal in Ruhe ein Buch zu lesen, schien hier fast unmöglich.

Die Momente am Strand und am Abend waren meist sehr spannungsreich. Wenn der Aufenthaltsraum zur Disco umfunktioniert wurde, wurde geflirtet, was das Zeug hielt. Egal, wo gerade eine weiße Frau stand, sie blieb nicht lange allein. Ich verabredete mich öfter mit Max, mit ihm konnte ich Schweizerdeutsch reden und wusste, dass er mich nicht anmachen würde. Er wurde mein bester Freund, und den konnte ich wirklich brauchen.

Die Tage vergingen viel zu schnell. Täglich wurde ich von den Vögeln und den Klängen des Koraspielers geweckt und entwickelte mich zur Frühaufsteherin. Die frühen Morgenstunden wurden etwas Besonderes für mich. Der erwachende Tag offenbarte seine Geheimnisse, jeden Morgen wieder frisch und neu. So früh allein ans Meer zu gehen, machte ich zu meinem Lieblingsritual. Ich genoss es, mich danach an die Feuerstelle zu setzen, wo immer schon in aller Herrgottsfrüh ein Feuer brannte. Mady zündete es an. Er war auch ein echter Frühaufsteher, damit er all seine Pflanzen vor der großen Hitze gießen konnte. Mady war also der Hüter des Gartens und des Feuers.

Der Koraspieler verzauberte meine Tage, die schon sehr ausgefüllt und äußerst lebendig waren, noch zusätzlich mit den Klängen seiner Musik. Auch er war ein Frühaufsteher. Jali oder Griot (Französisch) sind die Geschichtenerzähler, die Hüter der Traditionen in Westafrika. Seinen richtigen Namen erfuhr ich nie. Er wurde von allen Jali genannt.

Wenn ich vom Meer zurückkam, saß er meist schon am Feuer und wärmte sein Instrument auf. Der Kora, einer Kalabasse, die mit Kuh- oder Ziegenfell bespannt und mit einundzwanzig Saiten aufgezogen war, entlockte er die wundervollsten Klänge. Ich setzte mich einfach dazu und lauschte. Manchmal sang er, die Musik und seine Stimme drangen tief in mein Herz und lockten in mir eine, unerklärliche Sehnsucht hervor.

Mit der Zeit lernte ich die Menschen im Camp immer besser kennen, konnte mir endlich ihre Namen merken, wusste, wer welches Instrument spielte, wer tanzte, wer kochte, wer putzte und wer für den Garten zuständig war. So viele Menschen, die hier im Camp etwas zu tun, sprich Arbeit, hatten. Die meisten von ihnen waren Verwandte von Papis. So lernte ich einige Brüder, Halbbrüder, Schwestern und Halbschwestern, die Schwester der Mutter, den Cousin und die Cousine, die Tochter vom Onkel und gleich noch den Onkel und die Tante kennen. Die Köchinnen gehörten ebenfalls zu Papis Familie. Eine fast grenzenlose Verwandtschaft schien es mir. Sogar die Trommler aus Dakar waren Verwandte. Wie sie sich genau zusammensetzte, begriff ich lange, lange nicht. Hauptsache, ich wusste ihre Namen. Ja, das war ziemlich wichtig und verhinderte so manches Missverständnis.

So verliefen meine Tage und Nächte. Ich lernte Tanzen, ja, ich lernte es in der Tat. Papis war ein strenger Lehrer, aber der beste. Mein Körper wurde stärker und elastischer, meine Schmerzen schwanden oder ich vergaß sie ganz einfach. Ich hatte keine Zeit mehr, mich um meine Wehwehchen zu kümmern, dafür war mein Leben hier zu aufregend.

Meine Bewegungen wurden von Tag zu Tag weicher, geschmeidiger und kraftvoller. Meine Blockaden im Kopf schmolzen dahin wie Eis in der Sonne. Ich lernte jeden Tag etwas Neues. Obwohl mich das Tanzen weiterhin sehr herausforderte, blieb ich doch mutig dran und lachte mit, wenn ich wieder einmal alles falsch machte. Wie fast jeden Abend wurde im Aufenthaltsraum eine Disco eingerichtet. Generatoren sorgten für Strom, also für Musik und Licht. Zwischendurch, wenn die Generatoren überfordert nicht mehr nachkamen, wurde live getrommelt. Dann übten wir die Tänze, die wir täglich lernten. Es war laut, heiß und immer sehr

ausgelassen. Es machte Freude, keiner beschwerte sich über die
Musik und diejenigen, denen es zu viel oder zu hitzig wurde, gingen nach draußen an die kühle Abendluft.

Malick

Einer dieser Abende jedoch verlief nicht ganz wie die vorherge-
henden, obwohl die Musik wie immer ohrenbetäubend war. Nein,
sie kam mir noch dynamischer vor als sonst. Mir wurde gerade
alles zu anstrengend und ich beschloss, unbemerkt nach draußen
zu gehen. Am liebsten wäre ich an den Strand gegangen, doch
allein traute ich mich nicht und Begleitung wollte ich keine. Ich
vergewisserte mich, dass mich niemand beim Hinausgehen sah.
Die wundervoll abkühlende Abendluft tat gut. Ahhh, was für ein
Genuss, so ohne Gesellschaft unter freiem Himmel zu stehen und
die frische, salzige Meeresluft einzuatmen.

Ich wollte zum Feuer, Schritt für Schritt tastete ich mich durch
die Dunkelheit in Richtung des lodernden Scheins. Es knackte von
irgendwoher, vielleicht hörte ich schon das Feuer knistern. Ich war
fast dort und sah wieder mehr.

Es knackte wieder ... Nein, das konnte nicht das Feuer sein. Das
knisterte verlockend vor sich hin. Ich hörte wieder ein Geräusch,
trotz der Musik, die aus dem Aufenthaltsraum drang. Plötzlich
tauchte wie aus dem Nichts eine Gestalt neben mir auf. Ich erschrak fast zu Tode. Damit hatte ich nicht gerechnet und in der
Dunkelheit erkannte ich das schwarze Gesicht nicht. Ich bekam
Panik, wollte mich umdrehen und zurück in den Saal rennen.

Die Gestalt hielt mich am Arm fest. «C'est moi Malick.»

«Ich kenne keinen Malick», schrie ich ihn wütend an.

«Nicht so laut», sagte er, mich immer noch festhaltend.

«Lass mich sofort los», brüllte ich. «Ich kenne dich nicht und
auch keinen Malick.»

Er ließ mich los und fragte, fast ein wenig beleidigt, doch mit
einer sehr angenehmen Stimme: «Kennst du mich wirklich nicht?»

Ich beruhigte mich wieder, da ich merkte, dass mir keine Gefahr drohte, und dachte nach. Wer war er?

«Komm, wir gehen ans Feuer», unterbrach er meine Gedanken. «Ich möchte mit dir sprechen.»

Ja, da wollte ich eigentlich auch hin. Doch lieber allein, auf Diskutieren hatte ich jetzt wirklich keine Lust.

Er redete ruhig weiter: «Ich habe dich einmal zum Strand begleitet.»

Während er sprach, kamen wir beim Feuer an und ich wusste unterdessen, dass er der Mann mit den Stoffen war. Allein am Feuer, das konnte ich vergessen. Wie es aussah, hatte er keine Eile und auch nicht die Absicht, bald wieder zu gehen. Wahrscheinlich hatte er auf mich gewartet.

Über was er sich wohl unterhalten wollte? Ich hatte ihm auf jeden Fall nichts zu sagen und setzte mich schweigend auf einen weißen Plastikstuhl. Es war gemütlich, ruhig und warm hier. Die Musik aus dem Saal war hier kaum noch zu hören. Nur das Knistern und Knacken des Feuerholzes und das magische Zirpen der Grillen. Über uns leuchtete ein mit diamantfunkelnden Sternen übersäter Nachthimmel. Ein lauschiger, milder Abend. Fast zu romantisch.

Im Schein der hellzüngelnden Flammen sah ich sein Gesicht jetzt deutlicher. Wir saßen beide schweigend da, er starrte ins Feuer und ich beobachtete ihn genauer. Einige Rastas fielen ihm in sein schönes und ebenmäßiges Antlitz. Die restlichen Haare hatte er unter einer blauen Mütze versteckt. Er trug schwarze Jeans, ein farbiges Batikhemd und eine dunkle Jacke darüber. Er sah wirklich gut aus. Aber das taten ja alle Männer, die ich hier getroffen hatte. Mit seinen feingliedrigen Fingern zog er eine zerknitterte Zigarette aus seiner Hosentasche und zündete sie mit einem brennenden Hölzchen an, das er, ohne mit der Wimper zu zucken, aus der Glut herausfischte.

«Ist Salif dein Freund?», unterbrach er plötzlich die Stille.

Ich war baff. «Warum sollte Salif mein Freund sein», wollte ich erstaunt wissen.

«Er begleitet dich an den Strand und ist immer in deiner Nähe», antwortete Malick.

So, so, das hatte er also auch schon mitbekommen.

«Aber deswegen ist er noch lange nicht mein Freund», gab ich zurück.

Malick schien erleichtert zu sein. Schweigend rauchte er seine Zigarette weiter und starrte wieder ins Feuer.

«Ich möchte gerne mit dir allein an den Strand gehen», sagte er, ohne mich anzusehen.

Ich erwiderte nichts darauf. Was sollte ich auch sagen, außer dass mir das gerade noch gefehlt hatte? Noch einen Begleiter? Davon hatte ich nun wirklich mehr als genug. Mir passte das ganz und gar nicht, und ich wäre in diesem Moment echt froh gewesen, wenn sich jemand zu uns gesetzt hätte. Doch ausgerechnet jetzt kam niemand. Ich entschied, zurück in den Saal zu gehen und erhob mich.

«Wohin gehst du?», wollte er wissen.

«Zurück in den Saal», erwiderte ich.

«Am Sonntag?»

«Was am Sonntag?» Ich kapierte seine Frage nicht.

«Ich möchte dich am Sonntag treffen.»

«Nein, Sonntag geht nicht, wir machen einen Ausflug in die Mangroven.» Ich war froh, einen Grund zu haben und keine Ausrede erfinden zu müssen.

«Dann komme ich am Sonntagabend vorbei.» Er gab nicht so schnell auf, wie mir schien.

Doch ich hatte weder Lust auf ein Date, noch mich festzulegen.

«Ich weiß nicht, wann wir zurückkommen», antwortete ich deshalb.

Und hier noch lange herumstehen, war auch nicht in meinem Sinn. Um ihm keine weitere Gelegenheit zu geben, mich auszufragen, machte ich kehrt und ging zurück zum Saal.

Er holte mich schnell ein. «Sagst du nicht einmal gute Nacht?»
«Gute Nacht.»

«Sehen wir uns wieder?», wollte Malick wissen, bevor ich im Saal und er in der Dunkelheit verschwand.

«Ich bin hier», antwortete ich ihm und ging rein.

Doch mir war jetzt nicht mehr so nach Disco. Das mit Malick wühlte mich seltsamerweise mehr auf, als ich mir eingestehen wollte. Er gefiel mir ... und so sollte es bleiben. Ich wollte mich nicht verlieben, keine tiefen Gefühle, denn ich reiste ja wieder ab.

Ich beschloss, noch einen Bissap an der Bar zu trinken, um meine Gedanken ein wenig zu ordnen und dann zurück auf mein Zimmer zu gehen.

Kaum stand ich an der Bar, lehnte sich Salif lässig neben mich und fragte, wo ich die ganze Zeit gesteckt hätte.

«Am Feuer.»

«Warum hast du mir nichts gesagt?», wollte er ernsthaft von mir wissen.

«Weil es dich nichts angeht, oder muss man sich bei dir abmelden?», antwortete ich gereizt. Ich merkte, dass ich weder mit ihm, noch mit sonst jemanden reden wollte. Was ging es ihn an, was ich machte? Was ging es Malick an, ob Salif mein Freund war oder nicht?

Ich beschloss, jetzt schlafen zu gehen. Es wurde mir gerade zu anstrengend und bevor er antworten konnte, wünschte ich ihm eine gute Nacht und ließ ihn stehen. Ich verschwand durch die Küche, holte mir dort noch eine Flasche frisches Wasser und machte mich eiligst durch die Küchentür auf den Weg in mein Zimmer.

Welch eine Wohltat, allein auf dem Bett zu sitzen. Ich zündete eine Kerze an und ließ den ganzen Tag nochmal vor meinem geistigen Auge Revue passieren. Das alles war einfach verrückt, seltsam, komisch und ich wusste überhaupt nicht, was ich damit anfangen sollte. Ich kam zum Tanzen, auf einmal hatte ich mehrere Verehrer? Hör auf, zu viel zu denken, kam mir der Ratschlag von Rose in den Sinn, lass dein Herz sprechen. Genau. Mein Herz sagte mir: Geh Zähne putzen, und brachte damit einen hervorragenden Vorschlag.

Ich stand vom Bett auf, nahm meine Zahnbürste aus meinem Necessaire und ging nach draußen. Ich wollte nicht mehr in den Duschraum gehen, für heute hatte ich genug erlebt. Ausnahmsweise putzte ich meine Zähne heute neben meinem Häuschen unter freiem Sternenhimmel. Ich nahm die Wasserflasche mit, um mir damit den Mund zu spülen. Es war still, auch die Disco hatte dicht gemacht. Ich genoss die Ruhe.

Das war gerade mein Leben, ich putzte mir unter freiem Himmel die Zähne, hatte jeden Tag das Meer zum Baden, Sonne, Wärme .... *Hier könnte ich leben.* Ein Geistesblitz ... ich bekam Gänsehaut. Was für ein verrückter Gedanke! Trotzdem setzte ich mich mit dieser Eingebung noch ein Weilchen vor mein kleines Häuschen und rauchte eine Zigarette. Mit diesem Gedanken legte ich mich kurz darauf ins Bett.

Sogar in der Nacht und am nächsten Morgen ließ er mich nicht los. Er begleitete mich ab sofort bei allem, was ich tat.

Ich freute mich auf den Ausflug, mit einer Piroge entlang dem Casamance-Fluss durch die Mangrovenwälder zu treiben und war schon richtig neugierig darauf. Ich war noch nie auf einer Piroge gewesen, wusste nur, dass es ein Boot war auch die Mangroven kannte ich nicht. Wir kehrten erst spät am Abend ins Camp zurück, hungrig, sehr müde, aber erfüllt von all den neuen Eindrücken und erschlagen von der Hitze. Was für ein grandioser und aufregender Tag. Zu unser aller Freude wartete sogar schon ein leckeres Abendessen auf uns.

Danach wollte ich sofort auf mein Zimmer, freute mich auf eine erfrischende Dusche, um dann gemütlich am Lagerfeuer entspannen und Ataya trinken. Ich war froh, dass ich Max am Feuer antraf, der leider nicht mit auf Entdeckungsreise gekommen war.

Dafür schwärmte ich ihm jetzt vom Ausflug vor. Er freute sich auch, mich zu sehen, unterbrach dann aber schnell meinen

Redeschwall und sagte verschmitzt: «Malick war hier und hat ziemlich lange auf dich gewartet.»

«Ah, ja?», fragte ich verdutzt. «Wo ist er denn jetzt?»

«Wieder gegangen.»

Ich war ein wenig überrascht. Malick hatte doch gewusst, dass ich unterwegs war. Komischerweise freute ich mich insgeheim, dass er gekommen war. Was ich erst einmal für mich behielt, auch Max sagte ich nichts davon. Es kam mir selbst verrückt vor.

Am Montagmorgen konnte ich es kaum erwarten, dass er wieder mit seinen Stoffen kommen würde, und uns beim Tanzen zusah.

Doch zu meiner Verblüffung tauchte kein Malick auf. Gut, er hatte wahrscheinlich noch etwas anderes zu tun. Er musste ja mal arbeiten. Er hatte ja erwähnt, dass er eine Boutique habe. So beruhigte ich mich selbst.

Trotzdem war es sonderbar. Die ganze Zeit dachte ich an Malick und er kam einfach nicht. Weder am Dienstag, noch am Mittwoch. Vielleicht war das gut so, denn bald würde ich wieder abreisen und das wusste er ja sicher auch. Also was solls? Aber warum musste ich dann dauernd an ihn denken? Ich war ja nicht verliebt! Oder? Seit Max mir erzählt hatte, dass Malick am Sonntagabend im Camp auf mich gewartet hatte, kreisten meine Gedanken nur noch um ihn, und das stresste mich.

War ich verrückt? Ich kannte ihn überhaupt nicht, hatte zwei-, dreimal mit ihm geredet und das auch eher widerwillig. Höchstens einige Worte gewechselt, das traf es besser. Und nur, weil er jetzt nicht mehr kam, hatte ich ein Problem damit? Das war ja oberdoof. Wartete ich tatsächlich auf ihn? Und was sollte meiner Meinung nach geschehen, wenn er kam?

Salif merkte natürlich sofort, dass ich nicht bei der Sache war. Da ich mit meinen Gedanken öfter zu Malick abschweifte, ließ meine Konzentration beim Tanzen nach. Was mir selbst nicht gefiel. Obwohl ich mir Mühe gab, es mir nicht anmerken zu lassen, bohrte Salif, der immer alles wissen wollte, in der ohnehin offenen Wunde. Das hatte mir gerade noch gefehlt.

In einer Tanzpause, als ich scheinbar wieder nicht richtig bei der Sache gewesen war, rieb er mir unter die Nase: «Hältst du Ausschau nach Malick?»

Ich fühlte mich durchschaut. Doch ich blieb gelassen, denn Salif war der Letzte, dem ich das erzählen würde.

«Nein», sagte ich deshalb ruhig. *Merkt man mir das wirklich an, oder woher weiß er das nun schon wieder?,* überlegte ich.

«Ich habe euch am Feuer gesehen», beharrte er.

«Ah ja, spionierst du mir nach? Das finde ich überhaupt nicht lustig, und es geht dich nichts an», antwortete ich locker. «Ich bin hier zum Tanzen und würde jetzt gerne weitermachen.»

Da Malick nun nicht mehr kam, auch am Donnerstag sah ich ihn nicht, versuchte ich, die ganze Sache zu vergessen. Irgendwie war ich froh, so konnte ich mich wieder voll aufs Tanzen konzentrieren, danach ging ich mit den anderen zum Strand. Ich wollte die restliche Zeit hier in vollen Zügen genießen.

Nach den abendlichen Tanzstunden am Strand setzte ich mich gerne mit Max an das Feuer, um zu plaudern. Auch ihm schien aufzufallen, dass mich etwas belastete und er wollte natürlich wissen, was mich bedrückte. Ich erzählte ihm, dass ich ein bisschen zu viel an Malick gedacht hatte, jetzt aber alles wieder normal wäre. Ja, sogar Max war erstaunt über Malicks Fernbleiben und schlug mir vor, am Wochenende einen Ausflug nach Kafountine, ins Nachbardorf, zu machen, um mich ein wenig abzulenken. Das hielt ich für eine gute Idee. Da wollte ich nämlich schon länger mal hin, hatte es jedoch vor lauter Programm noch nicht geschafft. Und mit Max würde das sicher richtig lustig werden.

Auf dem Rückweg vom Strand an einem weiteren Abend scharwenzelte Salif mal wieder um mich herum. Er überhäufte mich mit Komplimenten über meine tänzerische Weiterentwicklung. Ich genoss es, denn ich hatte wirklich enorme Fortschritte gemacht und es freute mich natürlich, das zu hören.

So ganz nebenbei bemerkte er:

«Leider ist Malick gar nicht mehr gekommen. Was er wohl hat? Hoffentlich ist ihm nichts passiert.»

Dabei schaute er mich listig an und ich säuselte mit süßer Stimme: «Stimmt, fehlt er dir denn?»

«Nein, nein», rief er entrüstet.

Ich schaute ihn an und fragte ihn: «Was ist eigentlich dein Problem mit Malick?»

«Jai pas des problèmes avec lui», empörte er sich gleich nochmal.

«Dann ist ja gut», sagte ich. «Sonst geh doch mal ins Dorf und besuche ihn», fügte ich noch hinzu und ging unter dem funkelnden Sternenhimmel den Weg bis zum Camp entlang. Ich freute mich auf eine Dusche und aufs Essen. Ich hatte ziemlichen Appetit.

Kurz vor dem Eingangstor zum Camp berührte mich Salif am Arm und entschuldigte sich für sein Benehmen. Ich war froh, dass er sein ungeschicktes Verhalten eingesehen hatte, und sagte kopfnickend: «Pas de problème.»

Er schien erleichtert zu sein.

Mady, wie immer eifrig, hatte wie jeden Abend vor den Häuschen Petroleumlampen verteilt. Sie verliehen dem Camp einen verzaubernden, romantischen Touch.

In meinem Zimmer angekommen zündete ich eine Kerze an, schnappte mein Duschzeug, das Badetuch, das draußen zum Trocknen an der Leine hing, griff nach der Taschenlampe und machte mich auf den Weg zur Dusche. Ich war gerade im Begriff, die Tür hinter mir abzuschließen, als ich meinte, meinen Namen zu hören. Ich blieb stehen und horchte.

«Monika», hörte ich es jetzt deutlicher, aber mir war die Stimme nicht geläufig.

«Ja», antwortete ich trotzdem.

Plötzlich stand Malick vor mir. Doch statt mich zu freuen, ihn endlich wiederzusehen, regte er mich eher auf. Ich fand die

Situation nicht gerade witzig, so verschwitzt und nur mit einem Tuch bekleidet vor ihm im Dunkeln zu stehen.

«Was machst du hier, mitten in der Nacht?», fragte ich ihn gereizt.

Er hatte das Talent, aufzutauchen, wenn man nicht damit rechnete.

«Es ist Abend und ich wollte dich sehen», entgegnete er mir lachend. Was sollte ich jetzt tun? Ihn in mein Zimmer bitten? Und dann? Oder weiter halbnackt und ein bisschen frierend draußen herumstehen? Mir fiel keine halbwegs schlaue Lösung ein.

Beides war doof. Einerseits fühlte ich mich leicht bedrängt, andererseits freute ich mich aber über sein erneutes Kommen. Es war verzwickt.

«Ich habe jetzt keine Zeit, ich geh duschen», redete ich mich hastig heraus. Ich hatte ihn ja nicht gebeten, zu kommen.

«Kein Problem, ich warte am Feuer auf dich», antwortete er gelassen und ich spürte, wie ich immer nervöser wurde.

Nach der kalten Dusche, die mich kurzfristig auf andere Gedanken brachte, denn Malicks unerwarteter Besuch warf meinen Vorsatz, ihn zu vergessen, vollständig über den Haufen.

Ganz ruhig bleiben, redete ich mir ein. *Du gehst bald zurück in die Schweiz.* Das unterdrückte ein wenig meine aufkeimende Freude und Unvernunft.

Ich hätte mich gerne ans wärmende Feuer gesetzt, doch da ich nun wusste, dass Malick dort saß, beschloss ich, bis zum Abendessen in meinem Zimmer zu bleiben. Aufgewühlt saß ich auf meinem Bett und war von mir selbst genervt. Wieso konnte ich nicht einfach dorthin gehen?

Ach was solls? Ich hatte mir auch vorgenommen, die verbleibende Zeit hier zu genießen und nicht in meinem Zimmer Trübsal zu blasen. Als ich auch noch hörte, dass getrommelt wurde, nahm ich mein schönes, farbiges Tuch, das ich im Dorf gekauft hatte, schlang es um meine Schultern und machte mich zwar völlig aufgeregt, aber entschlossen, hier eine gute Zeit zu verbringen, auf den Weg zum Feuer.

«Bonsoir», grüßte ich vergnügt in die Runde und setzte mich auf den einzigen freien Stuhl, genau gegenüber von Malick.

Salif, der auch anwesend war, trommelte zusammen mit Malick. Die, die nicht trommelten, lauschten der Musik. Es wurde nicht geredet, man saß einfach da und genoss den Rhythmus. Max saß neben mir und schaute mich mit einem aufmunternden Augenzwinkern an. Ich entspannte mich und mein Blick wanderte beobachtend in die Runde.

Der Gong fürs Abendessen erklang. Alle erhoben sich, um sich in den Essenssaal zu begeben, außer Malick, er blieb sitzen. Ich sagte nichts und ging einfach schweigend an ihm vorüber.

Das Abendessen verlief ruhig. Meine Gedanken kreisten jedoch die ganze Zeit um Malick und ich hoffte, dass er bis nach dem Dinner am Feuer wartete.

Danach wollte ich sofort wieder nach draußen, doch ich setzte mich noch einen Moment zu Max. Ich brauchte seinen Ratschlag.

«Bleib einfach ganz ruhig», riet er mir.

«Ist das alles?»

«Ja, das ist alles, lass ihn mal reden und hör zu, was er zu erzählen hat», ergänzte Max.

Ja, das klang gut, einfach ruhig bleiben und schauen, was passierte, ich musste ja gar nichts. Ich holte zwei Bissap an der Bar, setzte mich wieder zu Max und fragte ihn, ob er mich ans Feuer begleitete. Heute gab es keine Disco, es war Donnerstag, der Abend vor dem höchsten muslimischen Feiertag der Woche. An diesem Abend schwiegen die Trommeln. Max trank den Bissap und sagte, dass er die Ruhe gerne nutzte, um früh schlafen zu gehen, oder einfach vor seinem Häuschen zu sitzen und dem Rauschen des Meeres zuzuhören. Ja, das würde mir auch gefallen, doch ich war neugierig, und mich interessierte natürlich, warum Malick ausgerechnet heute Abend wieder aufgekreuzt war. Als

Max auf sein Zimmer ging, holte ich mir einen weiteren Bissap und machte mich dann auf den Weg zur Feuerstelle.

Malick saß noch immer auf demselben Stuhl an derselben Stelle und rauchte eine Zigarette. Er war allein und der Platz neben ihm frei, also setzte ich mich zu ihm.

«Hast du gut gegessen?», wollte er wissen.

«Ja, sehr gut.»

Wir saßen ein Weilchen schweigend nebeneinander. *Viel spricht er ja nicht.* Deshalb fragte ich ihn: «Also, weshalb bist du hier?»

«Ich wollte dich sehen, ich habe dich vermisst.»

Das überraschte mich. Wenn er mich vermisste, warum tauchte er eine ganze Woche lang nicht auf?

Er hätte seine Eltern besucht, die in der Stadt lebten, unterbrach er mich beim Nachdenken. Aha, jetzt verstand ich natürlich auch, weshalb er nicht vorbeigekommen war. Und ich hatte mir so viele Gedanken gemacht. Aber das musste er ja nicht wissen.

Ich wollte mehr über seine Familie erfahren, wo sie genau lebten, was sie machten. Erfreut über mein Interesse sprudelte es nur so aus Malick heraus ... Ich musste lachen, er konnte ja doch reden. Er sagte auch, dass wir sie einmal besuchen gehen könnten. «Inshallah», wenn Gott will, dieses Wort hatte ich zwischenzeitlich hier gelernt und gut gemerkt, denn es passte fast immer. Meine Zeit war hier begrenzt und ob ein Familienbesuch noch reinpassen würde, wer wusste das besser als Gott?

Malick schaute mich ganz begeistert an, es schien ihm zu gefallen, und er antwortete freudig: «Oui. Inshallah.»

Der Abend wurde richtig lustig, wir lachten viel. Während er ein großes Stück Holz im Feuer nachlegte und die Funken nur so sprühten, fragte er mich, was ich am Wochenende vorhätte? Er würde gerne mit mir am Samstagabend die Disco im Dorf besuchen. Ich kannte die Disco schon, wir hatten sie bereits mit der ganzen Gruppe besucht. Für mich lag sie mehr in der Nähe zum Strand als zum Dorf, doch wir meinten auf jeden Fall dieselbe. Ja, warum nicht? Ich freute mich, mit Malick dorthin zu gehen, und sagte ganz spontan zu. Er lächelte und meinte, er würde vor der Disco auf mich warten. Das fand ich gut, so sah es dann eher nach Zufall aus. Denn ich hatte keine Lust auf unnötige Fragen.

So hatte ich also ein Date am Samstagabend. Ich war jetzt schon aufgeregt, fühlte mich beschwingt und leicht, meine ganzen Vorsätze hatten sich in an diesem Abend in Luft aufgelöst. Wir saßen noch lange am knisternden Feuer. Ich hatte keine Ahnung, wie spät es war, als Malick aufstand und sich auf den Weg zurück ins Dorf machte. Ich begleitete ihn zum Tor.

Er reichte mir die Hand zum Abschied und sagte nur: «Bis Samstag.»

In diesem Moment hätte ich ihn gerne geküsst ...

Ich ging erregt zum Feuer zurück, saß noch eine Weile dort und starrte Löcher hinein.

Die Flammen, welche um die brennenden Holzscheite herumzüngelten, sahen aus wie tanzende Feuerwesen.

Irgendwann gesellte sich Mady zu mir und wollte wissen: «Bist du ganz allein, ist Malick gegangen?»

«Ja», antwortete ich, es war auch schon spät. Ob ich noch Ataya wolle, fragte mich Mady tatsächlich, ich verneinte lachend.

«Dann kann ich ja überhaupt nicht mehr schlafen.»

«Ja, du hast recht, aber ich wollte dir zeigen, wie man Ataya kocht», gab er mir zu verstehen. Der kam auf Ideen, um diese Zeit.

«Morgen gerne. Jetzt muss ich ins Bett», antwortete ich.

Ich stand auf, wünschte ihm einen guten Schlaf und ging zurück in mein Zimmer. Dort verbrachte ich eine fast schlaflose Nacht, so aufgewühlt war ich.

Vor dem ersten Date mit Malick

Den Samstag nutzte ich, um meine Kleider zu waschen, ich hatte fast nichts mehr anzuziehen und eine Waschmaschine gab es hier nicht. So konnte ich mich auch gleich ablenken. Meine Aufregung war groß und bis zum Abend dauerte es noch einige Stunden.

Ich hatte den Frauen oft beim Wäschewaschen zugeschaut. Die Leichtigkeit bei ihrem Tun faszinierte mich. Das wollte ich auch probieren, doch schon beim Wasser aus dem Brunnen ziehen, scheiterte ich kläglich, denn dieser verflixte Kessel, wollte sich einfach nicht füllen. Er schlug nur auf der Wasseroberfläche auf, sodass gerade mal einige Spritzer im Kübel landeten. So würde ich nie im Leben ans Ziel kommen. Salif, der sich wieder einmal ganz zufällig in meiner Nähe aufhielt, kam mir zu Hilfe. Dieses Mal war ich wirklich froh, denn er packte tatkräftig mit an. Ich staunte: Sogar die Männer wussten besser Bescheid, wie man hier wusch als ich.

Er holte drei Eimer, füllte sie mit dem Wasser, das er mir nichts, dir nichts aus dem Brunnen zog. Dann kamen die Kleider und das Waschpulver hinein, das mir Mady gekauft hatte, als er wieder einmal Brot im Dorf holte.

Die Wäsche wurde im Dreiersystem gereinigt, etwas so: Im ersten Durchlauf wurde jedes Kleidungsstück kräftig gerubbelt, bis der erste Schmutz entfernt war, dann landete das Gewaschene in dem zweiten Eimer und jedes einzelne Stück wurde nochmal eingeseift. Im dritten Eimer wurde die ganze Wäsche, bevor sie zum Aufhängen kam, mit klarem Wasser ausgespült. Mit dem schmutzigen Wasser wurden gleich auch noch die Pflanzen gegossen.

Was bei den Frauen so anmutig aussah, entpuppte sich bei mir als Schwerstarbeit, schon von der Haltung her. Ich bekam ziemlich schnell Rückenschmerzen, und meine Hände spürte ich nach dem ersten Durchgang fast nicht mehr.

Ami, die junge Köchin sah mir eine Weile zu und meinte: «Ich helfe dir. Wenn du mir zehntausend CFA gibst, erledige ich das für dich.»

Ich war sofort einverstanden und rechnete auch nicht um, grob geschätzt handelte es sich um circa fünfundzwanzig Schweizer Franken, aber das war es mir absolut wert. Hätte ich so weiter gemacht, wäre ich wahrscheinlich eine ganze Woche lang damit beschäftigt gewesen.

Ami hingegen machte das im Handumdrehen und lachte dabei noch. Ich stand daneben und staunte nur. Um nicht völlig untätig herumzustehen, half ich ihr beim Aufhängen meiner Klamotten.

Sie war froh, denn bald darauf wurde sie von Fatou in die Küche beordert.

Nach dem Mittagessen, beim nachmittäglichen Ataya, den ich Gott sei Dank nicht zubereiten musste, fragte mich Salif: «Wir gehen heute Abend alle in die Disco, du kommst auch?»

«Ja.»

Er freute sich, fragte jedoch nicht weiter. Auch ich fügte nichts hinzu, denn ich ahnte, worauf er hinauswollte.

Ich verbarg ein Gähnen hinter meiner Hand. Die letzte Nacht war kurz gewesen und das Waschen hatte mich angestrengt.

Aber ich wollte fit für den Abend sein. Also ging ich in mein Häuschen, döste und überlegte, was ich anziehen sollte. Es sollte etwas ganz Besonderes sein.

In der Disco

Nach dem Abendessen trafen wir uns alle vor dem Eingangstor, um gemeinsam am Strand entlang in die Disco zu gehen. Den Reggae-Sound hörte man bereits von weitem und als wir dort ankamen, war schon einiges los. Ziemlich viele Leute hatten sich vor der Disco versammelt.

Mit klopfendem Herzen schaute ich, ob ich Malick irgendwo im Gewühl entdeckte. Ja, ich sah ihn sofort. Er stand rauchend mit seinen Freunden vorne, bei der sandigen Straße, die ins Dorf führte und sah in meine Richtung. Wahrscheinlich hatte er schon auf mich gewartet. Aber ich wollte nicht sofort auf ihn zugehen. Salif und die anderen Tänzer und Trommler kannten die Leute hier und gesellten sich zu ihnen, um zu quatschen. Schnell hatten sich mehrere junge Männer an uns weiße Frauen herangemacht,

um mit uns zu plaudern oder um ein Ticket für die Disco zu bekommen. Malick nutzte die Gelegenheit und kam auf mich zu, was
sofort jeden Flirtenden in meiner unmittelbaren Nähe direkt in die
Flucht trieb. Oder erst gar nicht auf die Idee kommen ließ, etwas
von mir zu wollen. Salif fühlte sich, wie es aussah, verantwortlich
für unsere Gruppe und verkündete, dass wir jetzt reingehen sollten.

Also reihten wir uns in die Schlange ein, um ein Ticket zu kaufen. Malick war mit dabei. Wir Weißen bezahlten den Eintritt von
fünfhundert CFA, circa einen Franken und fünfzig Rappen pro
Person, für unsere Begleiter und Begleiterinnen vom Camp gleich
mit.

Die Musik dröhnte uns ohrenbetäubend entgegen, und die
Disco war bald rappelvoll. Einige weiße Frauen bewegten sich im
Takt der für meinen Geschmack viel zu lauten Musik. Wir setzten
uns auf die wenigen noch freien Stühle und Bänke. Malick hatte
schon am Eingang wieder jemanden getroffen, mit dem er reden
musste, stieß jedoch ein paar Minuten später zu uns. Da es so gut
wie unmöglich war, zu sprechen, füllte sich die Tanzfläche mehr
und mehr mit Menschen.

Der Boden vibrierte, so laut war die Musik. Die Energie, die
von den Tanzenden und der Musik ausging, und die Bewegungen
dieser Körper faszinierte mich und die Hitze war kaum auszuhal-
ten.

Nach dem einlullenden Reggae und dem wilden, typisch senegalesischem *Mbalx* wurde die Musik sanfter, auch nicht mehr so
laut. Mit einer Geste forderte Malick mich zum Tanzen auf und
ich willigte herzklopfend ein. Bald legte er seinen Arm um meine
Hüfte, in der anderen Hand hielt er lässig eine Cola-Flasche. Sein
Arm um meine Taille fühlte sich gut an.

«Tu est belle», das waren heute Abend seine ersten Worte an
mich. Ich freute mich darüber, denn ich hatte mich für diesen Anlass richtig herausgeputzt. Jetzt, da die Musik ruhiger und leiser
war, wurde er bald gesprächiger. Vielleicht, weil wir mit diesen

vielen Menschen auf der Tanzfläche verschmolzen, und keine kontrollierenden Blicke von Salif drohten. Der schien in der Masse verschwunden zu sein.

Malick platzierte seine leere Cola-Flasche in der nächstbesten Ecke und hatte nun beide Hände frei. Er zog mich näher an sich und ich genoss es. Wir tanzten ziemlich eng, der Rhythmus hatte etwas Verschmelzendes, vielleicht war es auch die Hitze. Es fühlte sich an, als ob die ganze Welt um mich herum versank, als ob gar nichts mehr existierte. Sogar die Menschen um uns verschwanden. Da waren nur noch Malick und ich. Plötzlich startete eine Trommelgruppe von sieben Trommlern wie aus dem Nichts und übernahm das Kommando.

Was jetzt kam, schlug alles und ich lernte Westafrika gleich noch einmal von einer anderen Seite kennen. Ein Spektakel der ganz besonderen Art. Hatten die Rhythmen vorher schon vibriert, brachten sie nun fast die Wände zum Einsturz. Die Menschen, die gerade noch auf der Tanzfläche tanzten, bildeten nun einen Kreis und ließen genügend Platz für die Solotänzer und Tänzerinnen. Malick war der Erste, der den Kreis betrat. Ich bekam Gänsehaut. Er legte einen Solotanz hin, dass es mir heiß und kalt den Rücken rauf und runter lief. Schweißnass kam er wieder raus und der Nächste ging rein, dann die Nächste und so weiter. Ein Feuerwerk von Menschen, Musik und Tanz, und ein Schauspiel dazu. Jeder brachte seine eigene Performance mit. Es wurden Saltos gemacht, Purzelbäume geschlagen, der harte Betonboden störte niemanden.

Tanzende und Trommler schienen zu verschmelzen, als ob sie gemeinsam in Trance verfallen würden. Die Trommler klopften sich die Hände blutig, so kraftvoll schlugen sie den Takt. Das Publikum klatschte wie wild und feuerte sie an. Ich kam aus dem Staunen nicht mehr heraus. Bereits vom Zuhören und Zusehen verfiel ich in eine Art Halbtrance. Auch unsere einheimischen Trommler und Tänzer, gingen einer nach dem anderen in den Kreis. Es war das absolute Highlight des Abends. Ich konnte mir beim besten

Willen nicht vorstellen, was das toppen sollte. So eine Begeisterung und Lebensfreude hatte ich in der Schweiz nie erlebt. War es das, was mich so anzog?

Max stand neben mir, stupste mich so mit dem Ellenbogen an und meinte: «Monika, das wäre doch was für dich, geh rein.»

Ich schüttelte nur den Kopf, nein, das war (noch) nichts für mich. Mit dieser Kraft, Wildheit und Anmut konnte ich mich nicht messen.

Irgendwann bemerkte ich, dass Malick nicht mehr zurückgekommen war, nachdem er den Kreis verlassen hatte: Ich sah nur, wie er die anderen anfeuerte, bis er auf einmal in der Menge verschwand.

Die Hitze und die vielen Menschen machten mich durstig, das Spektakel heizte den Raum auf und die Luft war zum Schneiden. Ich ging an die Bar, um mir etwas zu trinken zu holen, vielleicht fand ich Malick ja dort. Aber er war nirgends zu sehen. So setzte ich mich mit einer Cola zurück zu den anderen. Verschnaufpause war angesagt, schließlich wollten die an der Bar auch etwas verdienen. Mir war es jedoch viel zu heiß und ich musste aufs Klo. Die Toilette befand sich im Hinterhof der Disco, so kam ich gleich an die frische Luft.

Ah, was für eine Wohltat hier draußen, es war kühl und ein leichter, salziger Meereswind erfrischte die Hitze. Die Toiletten waren gerade alle besetzt und viele Menschen warteten. Der Hinterhof der Disco war ein lauschiger Ort, mit gemütlichen Sitzgelegenheiten unter Palmen, Mangobäumen, einem Cashewbaum und mehreren Eukalyptusbäumen, deren Blätter sich sanft im Wind wiegten. Während ich für die Toilette anstand, sah ich auch Malick. Er saß mit einigen Freunden auf einer Holzbank und rauchte, einer seiner Kumpels kochte Ataya. *Der fehlt ja wirklich nirgendwo,* dachte ich schmunzelnd. Malick sah mich, stand auf und kam auf mich zu.

«Komm, setz dich zu uns.»

«Ja, gleich. Ich muss mal dringend. Ich hoffe, das wird heute noch was», antwortete ich ihm und zeigte stirnrunzelnd auf die Warteschlange.

Er nickte nur und sagte: «Danach kommst du.»

Das tat ich tatsächlich. Ein ganzes Stück erleichtert setzte ich mich dazu, und Malick stellte mich seinen Freunden vor. Ich bekam ein letztes Gläschen Ataya, obwohl es fast nur noch heißes Zuckerwasser mit leichtem Ataya-Geschmack war. Sie freuten sich, mich kennenzulernen, und stellten mir allerlei Fragen. Ich genoss es, hier zu sitzen, nicht weit vom Meer entfernt. Ich erzählte, dass ich am Sonntagmorgen mit Max nach Kafountine gehen würde und so hatten wir ein interessantes Gesprächsthema. Malick fragte, ob er uns begleiten solle, doch ich lehnte ab. Ich war mir nicht sicher, ob das Max recht war, und eigentlich wollten wir wirklich einen Tag unter Schweizern verbringen.

«Wann kommt ihr denn zurück?»

Das konnte ich ihm nicht beantworten, ich wusste es nicht. Ich bekam dafür einige gute Tipps und dass wir unbedingt den Markt besuchen und unbedingt bei diesem und jenem Freund vorbeischauen sollten.

«Ja, ja», meinte ich lachend. «Wir werden sehen.» Vielleicht hatten wir ja auch etwas ganz anderes vor, ich wollte diesen Tag überhaupt nicht planen. Ich hatte genug mit dem Tanzen zu tun.

Mir kam in den Sinn, dass ich langsam schlafen gehen sollte, um am nächsten Tag einigermaßen fit zu sein.

Aus der Disco ertönte wieder Musik, keine Trommeln, etwas Ruhiges und auch nicht mehr so laut.

Als ob Malick meine Gedanken lesen konnte und nicht wollte, dass ich schon ging, ergriff er meine Hand: «Komm, lass uns tanzen.»

Wir gingen hinein und ich sah, dass Max auch noch nicht in Aufbruchstimmung war, denn er tanzte ziemlich eng mit einer unserer Tänzerinnen. Da wollte ich dann natürlich morgen mehr erfahren.

Bald wurde die Musik wieder schneller, aber darauf hatte ich überhaupt keinen Bock.

Malick fragte: «Hast du Lust an den Strand zu gehen, dort ist es ruhig?»

Genau, das wollte ich schon lange, mitten in der Nacht ans Meer. Ich war sofort Feuer und Flamme, gab jedoch den anderen noch Bescheid, dass ich nach Hause gehen würde.

Malick entschied, draußen auf mich zu warten.

Ich holte meine Jeansjacke, die ich in diesem heißen Raum ausgezogen hatte, und verabschiedete mich von denen, die gerade am Tisch saßen.

Auch Salif hockte dort und fragte ganz erstaunt: «Du gehst?»

Ich nickte und er fuhr fort: «Wir kommen auch gleich. Setz dich wieder, du kannst nicht allein nach Hause laufen.»

«Nein, ich gehe. Malick begleitet mich zurück.»

Er musste ja nicht wissen, dass wir noch an den Strand gingen und wenn, es war mir eigentlich egal.

«Ah bon.» Er schaute mich mit einem komisch fragenden Blick an, so, als würde ich ihm eine Antwort schulden und ich wusste, dass es ihm gar nicht passte. Aber ich ließ mich nicht darauf ein, sagte «Bonne nuit» und ging raus ...

Nachts am wilden Atlantik

Schweigend spazierten wir zum Strand. Das milchig-silbrige Licht des Mondes schien hell und klar auf uns und spiegelte sich im Meer wider. Es war kühl, doch ich hatte nicht deswegen Gänsehaut. Malick hauchte mir einen Kuss auf die Wange und nahm meine Hand, sie war angenehm warm. «Frierst du?», unterbrach er die Stille.

«Ja, ein bisschen.» Meine Jacke war nicht sonderlich warm.

Er zog seine aus und legte sie mir über die Schultern. Seine Berührung erregte mich. Ich zog meine Schuhe und Socken aus und watete barfuß mit Malick eine Weile am Meer entlang weiter.

«Gib sie mir ich trage sie für dich.» Auch meinen Rucksack nahm er mir ab, und sagte in einem fröhlichen Ton: «Ab heute übernehme ich das für dich, du solltest nicht zu schwer tragen. Das machen hier die Männer.»

Ich schaute ihn an und musste grinsen.

«Das ist hier so», gab er mir mit ernster Miene zu verstehen.

«Aber ich sehe viele Frauen hier, die schwere Wassereimer auf ihrem Kopf transportieren», wandte ich ein.

«Ja, das ist ihre Arbeit, Frauen holen das Wasser», erklärte er.

«Solche Lasten könnte ich nicht auf meinem Kopf tragen», entgegnete ich.

«Das würde ich für dich machen.» Er schmunzelte, als er das sagte. Er erzählte mir mehr über das Leben hier und ich hörte ihm schweigend und aufmerksam zu. Ich mochte seine Geschichten und hatte das Gefühl, dass das Leben hier um einiges gemächlicher und einfacher war, es herrschte viel mehr Gelassenheit und Lebensfreude. Ich fühlte mich leicht und frei, nicht unbedingt, weil ich meinen Rucksack nicht mehr tragen musste, sondern ... Der Gedanke, hier jeden Tag spazieren zu gehen, brannte sich immer mehr in mein Gehirn ein. Hier leben? Ja! Es ging mir nicht mehr aus dem Kopf.

Am liebsten wäre ich jetzt sofort vor lauter Freude ins Wasser gesprungen, und ich hatte noch nie nachts im Meer gebadet.

«Kannst du schwimmen?», wollte Malick in diesem Moment wissen.

«Ja, und du?» Da die wenigsten hier schwimmen konnten, schien mir diese Frage berechtigt.

«Sicher», schmunzelte er. «Spring rein.» Er lachte, bückte sich und spritzte mich mit Wasser voll.

«Du zuerst», sagte ich übermütig.

«Wir gehen zusammen», scherzte er weiter, stellte meine Schuhe und Rucksack in den Sand, und zog mir die Jacke von den Schultern. Meinte er das ernst?

«Das Wasser ist mir viel zu kalt», wehrte ich ab und schüttelte den Kopf. «Da gehe ich nicht rein.» Ich spürte, wie sich meine moralischen Zweifel ausbreiteten, als ich sah, wie ernst es Malick war. Er stand tatsächlich nur noch in seiner Unterwäsche da.

«Komm, oder hast du etwa Angst?» Er schaute mich schelmisch an.

«Nein, ich habe kein Badetuch und keinen Badeanzug dabei», versuchte ich, mich herauszureden.

«Wir sind allein, niemand sieht dich.»

Ich blieb noch einen Moment unbeholfen stehen, dann gab ich mir einen Ruck. *Ach, was soll's, diese Gelegenheit bekommst du vielleicht nie wieder und falls doch, kannst du dich jetzt einmal daran gewöhnen,* dachte ich.

Malick stand schon bis zu den Hüften im Wasser, im hellen Mondlicht glänzte seine samtschwarze Haut wie Ebenholz. Wie schön er aussah, mich erregten sein wohlgeformter, muskulöser Körper und die langen schwarzen Rastas, die ihm ins Gesicht und über die Schultern fielen ...

Langsam schälte ich mich aus meinen Kleidern und gesellte mich verführerisch zu ihm. Wir badeten im kalten Meer, unter freiem Himmel im fahlen Mondschein, unter dem funkelnden Sternenhimmel, so wie uns Gott erschaffen hatte. Adam und Eva wären wahrscheinlich neidisch geworden. In diesem Moment wusste ich, dass der Abend gut werden würde, aber letztendlich übertraf er meine kühnsten Erwartungen.

Ausflug ins Nachbardorf

Das Aufstehen am Sonntagmorgen fiel mir dementsprechend schwer. Viel geschlafen hatte ich nicht, ich war wie elektrisiert.

Der gestrige Abend kam mir wieder in den Sinn. Es prickelte sofort wieder in meinem Bauch, sodass ich schnell hellwach wurde und vor lauter Freude, trotz Schlafmangel, begeistert aus dem Bett hüpfte.

Max und ich hatten beschlossen, früh aufzubrechen und den ganzen Weg nach Kafountine zu Fuß am Strand zu laufen. Dieser Weg, so sagte mir Max, sei sehr weit und deshalb wollten wir los, solange es noch angenehm kühl war. Obwohl ich müde war, freute ich mich total auf unseren Ausflug und endlich wieder einmal quatschen zu können, wie einem der Schnabel gewachsen war.

Fatou war auch schon wach und hatte extra Wasser gekocht, damit wir vor dem Abmarsch einen Kaffee trinken konnten. Am liebsten hätte sie uns noch etwas Essen mitgegeben, doch sie hatte kein Brot, dafür war es zu früh, es war schließlich Sonntag. Es schien ihr überhaupt nicht recht zu sein, dass sie uns mit leerem Magen gehen lassen musste. Wir beruhigten sie und versicherten ihr, der Kaffee sei ausreichend und wir hätten ja Früchte dabei.

Max war natürlich neugierig, ich hatte viel zu erzählen und genug Zeit, ihm alles ausführlich zu berichten.

Es war einfach wundervoll an diesem Strand, auch bei Tag, hier fühlte ich mich zu Hause. Heute ließ ich die Katze aus dem Sack und deutete an, dass ich mir ernsthaft Gedanken machte, hier zu leben.

«Wegen Malick?», hakte Max sofort nach.

«Nein, diese Überlegung habe ich schon seit einiger Zeit», fuhr ich fort.

«Ja, ich kann dich richtig gut verstehen», meinte Max.

Ich spürte, dass es ihm ähnlich ging, doch er hatte in der Schweiz Frau und Kind.

Obwohl ich auch nicht ganz frei war, blendeten wir es gerade aus. Die Schweiz war äonenweit weg und das Meer zum Greifen nah. Meine Idee musste ich ja nicht in diesem Augenblick umsetzen. Es war einfach ein unglaublich verrückter, spannender und sehr abenteuerlicher Gedanke, den ich weiterverfolgen wollte. Wir sprachen über alles, was wir hier erlebten, und das war wirklich viel. Ich suchte Muscheln oder eigentlich musste ich die gar nicht suchen, sondern mich nur danach bücken und eine um die andere aufheben. Der Strand war an manchen Stellen mit den schönsten Stücken übersät.

Langsam bekam ich Hunger, doch es lag noch ein weites Stück Fußmarsch vor uns. Trotzdem ließen wir uns sehr viel Zeit. Zwischendurch legten wir eine Pause ein, aßen Früchte und schauten übers Meer.

«Was für ein Glück, hier zu leben», kam ich ins Schwärmen.

Ich hatte ein ganz anderes Bild von Afrika gehabt. Es war völlig unzutreffend. Das Gegenteil von dem, was ich erlebt hatte. Sogar mein Moskitonetz hatte ich immer noch nicht aufgehängt. Salif hatte mir erklärt, dass gar keine Malariazeit sei, es wäre den Biestern in dieser Jahreszeit zu kalt. Bei dem Wort kalt musste ich lachen. Wusste hier überhaupt jemand, was kalt wirklich bedeutete?

Endlich kamen wir in Kafountine an, doch vom Strand bis in den Dorfkern zog es sich noch ziemlich in die Länge. Damit hatte ich tatsächlich nicht gerechnet, denn in Abene war es vom Strand bis ins Dorf ein größerer Katzensprung. Ich war echt k. o., als wir endlich im Dorf ankamen und brauchte jetzt wirklich dringend etwas zu essen und viel frisches Wasser.

Sofort gesellte sich auch ein Guide an unsere Seite, der uns alles zeigen und sogar gleich den Tag für uns gestalten wollte.

Wir lehnten dankend ab und fragten, ob es weit bis zum Markt sei und wo das nächste Restaurant sei, den Rest würden wir selbst organisieren. Für das Mittagessen war es zu früh, doch er brachte uns zu einer Frau, die eine Frühstücksbar führte, in der es Tee, Kaffee und Sandwiches gab. Endlich sitzen, in Ruhe einen Tee trinken und ein Sandwich verdrücken - genau das, was ich brauchte. Mohamed, so hieß unser selbsternannter Guide, setzte sich dazu und begann, uns ein wenig auszufragen. Ich war vom langen Laufen und der Hitze erledigt, langsam spürte ich, dass ich zu wenig geschlafen hatte und nickte lediglich mit dem Kopf. Ich wollte gerade gar nicht reden.

Doch Mohamed fand das nicht höflich und fragte mich «Madame, warum sprechen Sie nicht?»

Max antwortete an meiner Stelle und erklärte, dass ich müde sei, wir kämen gerade von Abene. Das verstand er dann sofort und freute sich, dass wir extra nach Kafountine gekommen waren, er würde uns wirklich sehr gerne alles zeigen. Er begann schon, den Preis zu verhandeln, den er gerne für die Begleitung wollte, aber Max schüttelte nur den Kopf. «Nein, nein, das ist sehr nett, doch wir finden uns sicher auch allein zurecht.» Auch wenn Mohamed nicht unser Guide wurde, so trafen wir an fast jeder Ecke jemand, der uns dies und das zeigen wollte. Schmunzelnd ließen wir uns auf die afrikanische Gastfreundschaft ein und fanden uns alleweil auch ohne Hilfe zurecht.

Alles in allem hatten wir einen schönen Tag und schlenderten gemütlich durch das Dorf. Der Dorfkern schien um einiges größer und kompakter zu sein als in Abene. Es hatte viel mehr Boutiquen, Schneider- und Kunst-Ateliers, auch der Markt war größer, es gab hier mehr Stände, mit Schmuck und Perlen, Schuhen, Stoffen, Früchten und trotzdem kam es mir enger und hektischer vor. Oder vielleicht gerade deshalb. Die geteerte Hauptstraße sah ziemlich ramponiert aus, mit ihren vom Wasser ausgehöhlten Löchern.

Mango-, Orangen-, Mandarinen-, und Zitronenbäume und all die vielen Shops säumten die Straße.

Wir plauderten mit den Menschen mal da, mal dort, spazierten von Shop zu Shop, verweilten, kauften oder gingen weiter. Die Verkäufer wollten uns natürlich in jeder Boutique etwas verkaufen und man hätte wirklich überall Einkaufen können, so viele schöne Sachen, Kleider, bunte Tücher, Masken und Instrumente hielten sie feil. Mit der Zeit wurde aber klar, dass sich die Waren der meisten Shops ähnelten.

Max wollte Musik, ich Schmuck und Stoffe. Irgendwann am Nachmittag machten sich Hunger und Durst bemerkbar. Die Sonne brannte heiß vom Himmel, also begaben wir uns auf die Suche nach einem kühlen Restaurant, auch davon gab es einige hier. Ich hatte Lust auf Mafé - Reis mit Erdnusssauce und Fleisch - oder Poulet. Max schloss sich mir an. Wir fanden schnell etwas Passendes.

Während wir aßen und uns ausruhten, wollte Max wissen, ob ich wieder zu Fuß zurückgehen wollte, dann müssten wir uns bald auf den Rückweg machen.

«Nein, nur das nicht!» Das wäre eine absolute Zumutung für mich, den Weg zurückzulaufen. Ich wusste ja nun, wie weit es bis zum Camp war. Ich hatte überhaupt keine Lust mehr, irgendwohin zu laufen, dafür war ich nun zu faul, also beschlossen wir, nach dem Essen mit einem Taxi zurückzufahren.

Wir hatten so einen aufregenden, aber anstrengenden Tag, ich war müde von all den neuen Eindrücken und freute mich wieder auf das Camp, eine Dusche und darauf, im Anschluss noch einen Ataya am Feuer zu trinken. Es war bereits dunkel, als wir ankamen. Der Chauffeur kam auch aus Abene und hatte uns Gott sei Dank bis fast vor die Tür gefahren. Ich war heilfroh.

Ich freute mich zwar auf eine Dusche, fühlte mich jedoch so erledigt, dass ich am liebsten einfach ins Bett gegangen wäre ... doch einen Ataya wollte ich mir nicht entgehen lassen, der würde mich sicher wieder wecken. Also ging ich zuerst ans Feuer, in der Hoffnung, dass jemand mit Ataya auf mich wartete.

Ich hatte Glück, das halbe Camp saß am Feuer und freute sich, mich zu sehen. Natürlich wollten alle wissen, wie es in Kafountine gewesen war, was wir gekauft und erlebt hätten. Ich musste sogleich meine Stoffe zeigen, die ich gefunden hatte.

«Wie viel hast du bezahlt?», war sofort das Thema. Als ich den Preis nannte, fing ich mir einen gehörigen Dämpfer ein. Das wäre viel zu teuer, ich hätte mich ja völlig über den Tisch ziehen lassen. Die typisch bissigen Bemerkungen der preisbewussten Europäer. Es nervte mich - immer sofort nachrechnen und dann dumme Sprüche von sich geben.

Damit hatte ich nun wirklich nicht gerechnet, und es verdarb mir für einen kurzen Moment die Freude. Schließlich fühlte ich mich überhaupt nicht über den Tisch gezogen. Glücklicherweise hielt meine miese Laune nicht lange an, denn ich hatte unglaublich tolle Sachen eingekauft, einen einzigartigen Tag verbracht und über die Preise konnte man hier stundenlang diskutieren, doch dafür war ich ja nicht hierhergekommen. Nun war ich wieder hellwach, brachte beschwingt meine Schätze ins Zimmer, schnappte mein Waschzeug und machte mich fröhlich auf den Weg zur Dusche. *Sollen die doch denken und glauben, was sie wollen.* Man kann auch an allem etwas auszusetzen haben.

Das kalte Wasser tat gut und spülte die negativen Gedanken, die nicht meine waren, sich jedoch schon einnisten wollten, weg.

Ich hatte doch einfach Glück, ich hatte ein ungewöhnliches Wochenende erlebt und mir war nicht danach, mir den Abend von solchen Aussagen verderben lassen. Erfrischt von der Dusche ging ich in mein Zimmer und zog gleich das nigelnagelneue Batikkleid an, das ich ‹überteuert› gekauft hatte, putzte mich mit den neuen Sachen richtig heraus und kehrte stolz zum Feuer zurück. Niemand verlor mehr ein Wort über meine Einkäufe, nur, dass sie mich darauf hatten aufmerksam machen wollen und das Zahlen zu hoher Preise nicht gut wäre. Warum das nicht gut war, war mir in diesem Moment noch nicht bewusst.

Na ja, was hier einen hohen oder tiefen Preis darstellte, konnte ich überhaupt nicht abschätzen, da mir die gängigen Preise nicht bekannt waren. Immerhin war es gut, zu wissen, dass wenigstens die anderen ‹Weißen› Bescheid wussten. Ich zwinkerte Max zu, der unterdessen auch ans Feuer gekommen war und ein wenig mitgehört hatte. Er sagte nicht allzu viel dazu. Was sollte er sagen? Gekauft ist gekauft.

«Das nächste Mal begleite ich dich nach Kafountine», sagte Salif hilfsbereit und setzte sich zu mir. «Ihr habt wirklich zu viel bezahlt.»

«Ja, ist ja jetzt gut.» Ich winkte ab.

Ein nächstes Mal wird es sowieso nicht geben, denn bald reise ich ab. Bei diesem Gedanken wurde mir schlagartig klar, dass mir tatsächlich nur noch ein paar Tage bis zu meiner Abreise blieben und diese Überlegung tat mir gar nicht gut. Noch weniger als die Diskussion über die zu hohen Preise. Mir wurde fast schlecht, und ich schob diesen Gedanken sofort weit weg.

«Das ist nicht schlimm», meinte Salif wohlwollend, der meinen Gedankensprung nicht bemerkt hatte. Ich erklärte ihm, dass ich bald abreisen würde und mich deshalb gerade nicht sehr gut fühlte.

«Ah bon», sagte er daraufhin, mehr kam ihm anscheinend nicht in den Sinn. «Non, Monika, bleib hier.»

Ja, das wäre es ... Hierbleiben, warum eigentlich nicht, was hinderte mich daran? Aber auch diesen Gedanken schob ich wieder weg, immerhin hatte ich noch eine Woche. Also, jetzt nur nicht Trübsal blasen.

Wie sagten die Senegalesen immer?

Inshallah, wenn Gott will. Genau!

Meine Laune besserte sich wieder und ich nahm mir vor, wirklich jede Minute zu genießen.

Am Montagmorgen, richtig früh, klopfte es an meiner Tür. Ich war wach, da ich mich für den Strand fertig machte. Doch wer könnte um diese Zeit schon etwas von mir wollen? Leicht verschlafen öffnete ich die Tür ...

Malick?! Welch eine wundervolle Überraschung, damit hatte ich nun wirklich nicht gerechnet.

«Sorry, habe ich dich geweckt?», begrüßte er mich ein wenig zurückhaltend. «Ich möchte mit dir an den Strand.»

Er wusste unterdessen, dass ich sehr gerne ans Meer ging, egal, um welche Tages- oder Nachtzeit.

«Nein, du hast mich nicht geweckt, ich wollte gerade aufbrechen», sagte ich fröhlich und freute mich wie verrückt, dass er um diese Zeit extra den langen Weg vom Dorf auf sich genommen hatte, nur um mit mir den Morgen am Meer zu verbringen.

«Willst du wieder mit mir schwimmen gehen?», scherzte ich, bevor wir uns auf den Weg machten.

Schnell zog ich meine Jeansjacke an und wickelte mein neues, farbiges und sehr teures Tuch, das ich gekauft hatte, um meine Schultern. Ich hatte mir angewöhnt, einen Plastiksack mitzunehmen, für den Fall, dass ich schöne Muscheln fand. Dann schloss ich die Tür ab und wir gingen los.

Malick wollte wissen, wie es mir in Kafountine gefallen hatte, und ich erzählte ihm von unserem langen Marsch und zeigte ihm gleich mein überteuertes Tuch, das ich gekauft hatte. Malick lachte sich krumm, als ich ihm die bezahlte Summe nannte.

«Ja, dafür hättest du drei oder mehr Tücher bekommen.»

«Ah bon.» Mir gefiel dieses ‹Ah bon›. Es sagte alles und nichts.

«Ich zeige dir, wie man hier Preise verhandelt», verkündete er geschäftsmäßig.

«Ah bon. Ich fliege nächste Woche zurück in die Schweiz», erklärte ich ihm.

Bei diesem Satz wurde mir richtig flau im Magen, ich konnte die Tatsache nicht mehr ignorieren. Ich wartete gespannt auf die Reaktion von Malick. Dem hatte es wohl auch die Sprache verschlagen, denn er schaute nachdenklich aufs Meer hinaus.

Ich sagte nichts mehr und wir spazierten wortlos am Meer entlang Richtung Dorf. Ich zog meine Schuhe aus, stapfte barfuß durch den Sand und ich genoss es, wenn die Wellen meine Füße mit kaltem Wasser überspülten. Malick trug wieder meine Sandalen und meinen Rucksack, so marschierten wir still nebeneinander her. Über uns flogen kreischende Möwen, die von der Flut angespülte tote Fische fürs Frühstück anpeilten. Von weitem sah man die Fischerboote, die vom nächtlichen Fang zurückkehrten. Hungrige, streunende Hunde, die wohl auf Beutezug waren, rannten neben uns her. Hin und wieder krabbelte ein Krebs auf Futtersuche aus seinem Sandloch heraus und verbuddelte sich sofort wieder, wenn er was gefangen hatte. Auch ich bekam langsam Hunger.

Kurze Zeit später erreichten wir das Dorf.

«Wohin gehen wir eigentlich?», fragte ich Malick. «Um zehn Uhr muss ich wieder zurück sein, dann fängt das Tanzen an, und das will ich auf keinen Fall versäumen», fügte ich hinzu. Ich beabsichtigte in der letzten Woche, die mir noch blieb, nichts zu verpassen. Ich wollte mit Malick zusammen sein, aber auch die Tanzstunden mitmachen.

«Ja, kein Problem», beruhigte er mich. «Ich werde dir zeigen, wo ich wohne und mit dir frühstücken.»

Super, ich freute mich, im Camp würden sie mich vermissen, wenn ich nicht zum Frühstück erschien. Doch wie schön wäre es, zu wissen, wo Malick wohnte, obwohl ... Was nützte es mir?

Wir mussten noch ein Stück der rotkiesigen Hauptstraße, die zum Dorf führte, entlanggehen, bevor wir links auf einen schmalen, sandigen Weg einbogen.

Ein Holzzaun grenzte den Weg an beiden Seiten ab. Dahinter standen mit Früchten beladene Orangen-, Mandarinen- und Zitronenbäume. Vor dem Zaun thronten hohe Palmen und einige Papaya-Bäume.

«Das ist aber weit», wandte ich ein, immer bedacht auf den Rückweg.

«Nein, gleich dort hinten, siehst du es?», beruhigte mich Malick. «Siehst du die Hütte, dort vorne?»

Ja, die sah ich, konnte mir jedoch noch nichts vorstellen. *Er wird ja wohl nicht in dieser winzigen Bambushütte wohnen,* dachte ich belustigt.

«Das ist das Schneideratelier von Hamed, unserem Nachbar. Sein Haus liegt gleich dahinten, neben unserem», erklärte mir Malick.

«Aha.»

Doch auch dieses Haus konnte ich nicht sehen. Dafür war ich von diesem kleinen Schneider-Atelier entzückt, schade, dass ich es nicht schon früher entdeckt hatte.

Nach einer Kurve kamen wir endlich an ein Türchen, das in einen leicht verwilderten Garten führte. Wir gingen hinein und tatsächlich zuhinterst, versteckt zwischen Sträuchern, Bäumen und Palmen, befand sich ein rundes, ockerfarbenes Haus.

«Da wohnst du also, nicht schlecht, richtig idyllisch.» Es gefiel mir total und erschien mir beim ersten Hinsehen ziemlich groß. Auch hier war der Garten mit Orangen-, Zitronen-, Mangobäumen bepflanzt und ein stattlicher Cashewbaum stand direkt neben dem Haus. Malick wohnte mit zwei Freunden zusammen, die jedoch gerade irgendwo im Dorf waren. Er wollte mir das ganze Anwesen zeigen, leider war ich wie auf Nadeln, denn ich hatte langsam schon wieder den langen Rückweg im Hinterkopf. Wir hatten ja auch noch vor, zu frühstücken. Also zeigte er mir ganz kurz das Haus, bevor wir, ohne alles gesehen zu haben, das Grundstück aus Zeitnot wieder verließen.

«Essen wir nicht hier?»

«Nein, wir besuchen einen Freund, der hat ein kleines Café, gleich da vorne.»

Ich hoffte, dass wir nicht allzu weit laufen mussten, denn ich hatte mittlerweile verstanden, was ‹gleich dort› und ‹da vorne› in Afrika wirklich bedeuteten.

Deshalb sagte ich nur: «Hoffentlich.»

Wir lachten beide.

Auf dem Weg ins Café begegneten wir Hamed, der gerade im Begriff war, sein Atelier zu öffnen, um mit der Arbeit beginnen zu können. Malick stellte uns kurz vor, leider blieb keine Zeit für einen Schwatz, zu gerne wäre ich länger geblieben, aber die Minuten rasten.

«Bis zum nächsten Mal», verabschiedete sich Hamed von uns, und ich antwortete: «Inshallah.»

Das Café befand sich direkt an der Hauptstraße. Es war mir noch nie aufgefallen, für mich sah es eher wie ein Shop aus. Als wir eintraten, begrüßte mich der Besitzer mit den Worten: «Ich kenne dich, du bist ja schon ab und zu mit deinen Freundinnen hier vorbeispaziert.» Und ja, jetzt, wo er das sagte, erinnerte ich mich an ihn. Er saß meistens rauchend vor seinem Laden, der nun also gleichzeitig als Café diente, und wollte immer, dass wir in seinen Shop kamen, um einzukaufen.

Malick machte mich mit Karim, so hieß sein Freund, bekannt. Ein stolzer, hochgewachsener, schöner Senegalese, mit langen Rastas, die er offen zur Schau stellte. Er trug schwarze Jeans und ein ebenso dunkles T-Shirt. Eine Silberkette und ein Lederband, an dem ein Amulett hing, schmückten seinen Hals. Karim begrüßte mich herzlich und freute sich, dass ich jetzt doch noch in seinen Shop gefunden hatte.

Malick bestellte zwei Gläser Tee und etwas zu essen. Es gab Sandwiches mit Omelett oder Sandwiches mit gehacktem Ei und Mayonnaise. Auf dem Feuer kochte Tee.

Ich hatte Lust auf ein Sandwich mit Omelett. Während Karim die Omeletts zubereitete, schaute ich mich ein wenig in seinem Laden um. Er hatte die üblichen Waren, die die meisten Händler in ihren Shops verkauften. Stoffe, Taschen, Schmuck, Masken, Kleider, Blusen, Hosen aus afrikanischem Stoff.

Bald war das Frühstück bereit. Ah, das tat gut. Auch der Tee schmeckte ausgezeichnet.

«Das ist Kinkéliba», sagte Karim. «Magst du ihn?»

Und wie, er war wirklich köstlich.

«Und er ist sehr gesund. Das sind Blätter und Zweige vom Kinkélibabaum», klärten sie mich auf.

Nachdem ich mich sattgegessen hatte, wollte ich sofort aufbrechen, wir hatten noch einen weiten Weg bis zum Camp vor uns. Bevor wir gingen, musste ich zahlen und merkte auf einmal, dass ich überhaupt kein Geld dabeihatte. Ich hatte nicht damit gerechnet, dass ich heute Morgen schon ins Dorf gehen und dort frühstücken würde.

Es sei kein Problem, sagte Karim. Ich könnte das Geld später vorbeibringen und gleich meine Freundinnen mitbringen. Er würde sie gerne kennenlernen. Ja, das glaubte ich ihm. Die meisten waren schon abgereist und ich wusste nicht, ob ich noch einmal ins Dorf kam. Ich beschloss, das Geld Malick mitzugeben, damit er die Rechnung begleichen konnte. Doch jetzt musste ich gehen, um nicht zu spät zu kommen. Ich wusste, dass es Papis nicht passte, wenn jemand nicht pünktlich war, ich musste mich beeilen.

Malick zeigte mir eine Abkürzung, und ich hörte von weitem schon die Trommeln, also ging es bald los.

Malick ließ mich den restlichen Weg allein gehen. Es war mir recht. Ich wollte nicht, dass jeder wusste, dass ich mit ihm unterwegs war und das Geld konnte ich ihm auch noch am nächsten Tag geben. Schnell hüpfte ich in mein Zimmer, zog mich um und war schon schweißgebadet, bevor es überhaupt losging.

Familienbesuch

Die letzten Tage wurden wirklich intensiv. Täglich reiste eine Teilnehmerin nach der anderen ab, auch einige Musiker kehrten nach Dakar zurück und es gab beinahe jeden Abend eine Verabschiedungsparty. Ich schlief kaum länger als fünf Stunden pro Nacht. Die Stimmung wurde zwar etwas ruhiger, das Tanzen jedoch nicht. Je weniger Leute mittanzten, desto intensiver wurde es, so schien es mir zumindest. Papis hatte eine unglaubliche Energie und jetzt, als die Gruppe von Tag zu Tag kleiner wurde, hatte er noch mehr Kapazitäten, um Fehler zu korrigieren. Ich hatte in diesen Wochen wirklich viel gelernt, doch nun wurde es feingeschliffen. Er ließ bis zum letzten Tag nicht locker. Und wenn es zu viel wurde, konnte man sich nicht mehr in der Menge verstecken.

Am Donnerstag fragte mich Malick, ob ich mit ihm seine Familie in der Stadt besuchen wolle. Dafür hatte ich eigentlich überhaupt keine Zeit mehr, denn ich wollte das Tanzen nicht verpassen und am Dienstag reiste ich ab. Am liebsten hätte ich gar nicht mehr daran gedacht, nun war es tatsächlich fast soweit. Gerne hätte ich die Familie von Malick kennengelernt. Nur die Zeit raste. Und ob Papis damit einverstanden war, wusste ich auch nicht. Ich konnte doch das Camp nicht einfach für einige Tage verlassen?

Andererseits ... Warum nicht? Was machte ich mir kurz vor meiner Abreise noch für komische Sorgen?

Papis war mein Tanzlehrer, nicht mein Vater. Außerdem kannte er Malick und auch seine Familie.

Wir beschlossen, am Freitagnachmittag abzureisen und am Sonntag zurückzukommen. Genaugenommen hatte Malick alles schon so geplant. Tatsächlich reiste ich am Freitag mit ihm im Buschtaxi nach Ziguinchor, einem Ort, dessen Namen ich lange nicht aussprechen konnte, zu seiner Familie ...

Was für eine intensive, abenteuerliche, aber auch anstrengende Fahrt. Der Kleinbus war voller Menschen und auf dem Dach schaukelte das Gepäck. In jedem Dorf gab es mindestens einen bis mehrere Stopps, an denen die Leute ausstiegen oder weitere dazukamen. Wir fuhren an reifen Orangen- und Zitronenbäumen vorbei, durch Dörfer, auf einer mit Löchern übersäten Straße, wichen Hunden, Ziegen und Kühen aus, die gemächlich über den Asphalt trotteten oder es sich gar auf der Fahrbahn gemütlich machten. Es war mein erstes Mal, dass ich in einem Buschtaxi reiste. Die Sonne brannte aufs Autodach, es war eng und stickig. Kinder und Frauen kamen uns mit Früchten, Wasser, Nüssen und Stoffen entgegen. Alle wollten ihre Ware verkaufen. «Toubab», begrüßten sie mich. «Kaufen, kaufen, ich mache dir einen guten Preis», schnatterten sie an den offenen Fensterscheiben.

Ich hatte schon genug und wollte nicht noch mehr kaufen, doch Wasser und etwas zu essen für die Weiterfahrt musste sein.

So war es dunkel, als wir endlich in Ziguinchor ankamen. Am Bushof, ‹Garage› genannt, mussten wir uns ein Taxi nehmen, das uns bis zum Hof seiner Eltern fuhr.

Niemand wusste, dass wir kamen, es sollte wohl eine Überraschung sein.

Ein Mann und eine Frau saßen auf einer Holzbank auf der Veranda, als wir auf dem Hof ankamen.

«Das sind meine Eltern», stellte mir Malick seine Mutter und seinen Vater vor. Sie waren in der Tat erstaunt, als sie mich sahen. Zurückhaltend, doch sehr gastfreundlich wurde ich begrüßt. Sie boten mir einen Platz an, während Malick mein Gepäck im Haus verstaute. Ob ich hungrig sei, wurde ich mit einer Geste gefragt, denn sie sprachen kein Französisch und ihre Sprache verstand ich nicht. Ich schüttelte den Kopf. Ich wollte sie auch nicht bemühen, mir etwas zu essen zu besorgen, und ich hatte wirklich keinen Hunger mehr.

Weil es hier gegen neunzehn Uhr dunkel wurde, bekam ich immer das Gefühl, es wäre mitten in der Nacht. Deshalb staunte ich, als sich noch einige andere Menschen zu uns setzten. Neugierig musterten sie mich.

Malick, der inzwischen wieder aus dem Haus gekommen war, stellte mir seine ältere Schwester und drei seiner Brüder vor.

«Wir haben alle dieselbe Mutter und denselben Vater», vertraute er mir stolz an, und sagte auch sofort, dass er noch mehr Schwestern und Brüder habe, alle von denselben Eltern.

«Okay.» Ich nahm es zur Kenntnis. Denn ich hatte keine Ahnung, weshalb er mir das erzählte, doch es schien ihm wichtig zu sein. Was er damit genau meinte, erfuhr ich erst viel später.

Es war schön hier. Malicks Familie war sehr nett, und trotzdem kam ich mir komisch vor, ich fühlte mich fast ein wenig unwohl. Ich kannte niemanden außer Malick, für mich waren die Menschen hier fremd. Mit den Eltern konnte ich nicht reden, obwohl die Schwester, deren Namen ich immer wieder vergaß, notdürftig übersetzte.

Für die Nacht bekam ich das Zimmer der Schwester. Was mir nicht so recht war, ich wollte wissen, wo sie denn schliefe? Bei der jüngeren Schwester, erklärte sie mir. Malick quartierte sich bei seinen Brüdern ein, die sein Zimmer übernommen hatten, als er auszog.

Als ich im Bett lag, in einem fast leeren, großen, fremden Raum, überkam mich wieder dieses bekannte Gefühl, das ich auch bei meiner Ankunft in Afrika gehabt hatte. Ich glaubte, diesen Ort zu kennen, hier schon einmal gewesen zu sein. Sogar der Geruch fühlte sich vertraut an.

Das Wochenende gestaltete sich unglaublich intensiv. Wir besuchten einige Verwandte von Malick, und es berührte mich, wie herzlich sie zu mir waren. Überall gab es Essen, alle kannten bald meinen Namen, nur ich konnte mir so gut wie keinen merken. So lernte ich die Familie oder wenigstens einen Teil davon kennen. Nicht jeder sprach Französisch, was viel Anlass für Gelächter bot. Wir schwatzten und gestikulierten mit Händen und Füßen, und die jüngeren Geschwister wollten mir sogar ihre Sprache beibringen. Was alle total zum Lachen brachte, als ich diese Worte auszusprechen versuchte. Ich fühlte mich bald nicht mehr fremd und bedauerte es, abreisen zu müssen. Ich wusste ja auch nicht, ob ich ihnen jemals wieder begegnete, was mich traurig stimmte.

Doch am Sonntagnachmittag teilte mir Malick mit, dass wir erst am Montagmorgen nach Abene zurückfuhren. Irgendwie freute ich mich, so blieben mir ein paar weitere Stunden. Nur viel ändern tat es auch nicht. Zuhause musste ich packen. Mir wurde schwer ums Herz, am Dienstag war mein Abflug und nun war ich eingebettet in eine riesige Familie mit unglaublich herzlichen Menschen. Ich konnte mir gar nicht vorstellen, dass man so eine große Familie haben konnte. Aber ich hatte sie alle ins Herz geschlossen und sie mich, das spürte ich. Was hatte das alles zu bedeuten? Das sollte ich alles am Dienstag hinter mir lassen?

Der Montagmorgen machte das Ganze nicht leichter. Es wurde Mittag, bis wir endlich zurückkreisten. Von jedem wurde ich mit der linken Hand, die auch die Herzhand war, verabschiedet, was so viel hieß, dass man sich wiedersah. Tief in meinem Herzen wusste ich, dass ich diesen Menschen erneut begegnen wollte. Nur die bevorstehende Abreise machte mir Sorgen. Ich fühlte mich, als ob ich aus etwas herausgerissen werden würde.

Am späteren Montagnachmittag trafen wir im Camp ein. Ich war von all dem, was ich in diesen Tagen bei Malicks Familie erlebt hatte, sehr aufgewühlt. Und hier wirkte es wie ausgestorben. Keine Trommeln, keine Menschen, außer Mady, den beiden Köchinnen, Salif, und zwei Brüder von Papis. Sie betreuten das Camp, bis in einigen Monaten der nächste Workshop stattfand. Die anderen waren abgereist und ich hatte mich nicht einmal verabschiedet. Sogar Papis hatte nicht auf mich warten können, auch er war schon nach Dakar gefahren. Er hinterließ mir jedoch eine Nachricht, hoffte, dass ich gut in die Schweiz zurückkehrte und übergab meine Begleitung zum Flughafen nach Gambia an: Malick.

2. Kapitel Herzschmerz

Abreise, zurück in die Schweiz

Mein Herz wurde Stunde um Stunde schwerer und schwerer. Ich wollte noch so viel machen, doch mir blieb kaum Zeit, meine Koffer zu packen und ein letztes Mal ans Meer zu gehen. Am Abend gab es eine kleine Extra-Abschiedsparty für mich. Trotz des Abschiedsschmerzes wurde noch einmal kräftig gefeiert, getanzt und getrommelt, bis tief in die Nacht hinein.

Malick übernachtete gleich hier im Musikerhaus, Platz gab es ja genug. So konnten wir am Dienstagmorgen in aller Ruhe nach dem Frühstück losfahren, in Richtung Flughafen. Ich hatte die Minuten selten so genossen wie jetzt. Doch ich hatte einen Entschluss gefasst: Ich würde wiederkommen!

In melancholischer Stimmung verabschiedete ich mich an diesem Morgen von denen, die noch hier waren. Es war ein berührender Abschied, alle ziemlich den Tränen nahe.

Malick und Salif trugen an diesem wundervollen sonnigen Tag mein Gepäck, und begleiteten mich am Strand entlang ins Dorf. Ein letztes Mal sog ich die frische, salzige Atlantikluft tief in meine Lungen, verabschiedete mich von den Meereswellen, den Möwen, den Fischern und mein Herz wurde noch schwerer.

Um die trübe Stimmung ein wenig aufzupeppen, meinten meine beiden Begleiter schmunzelnd: «Monika, bleib hier, du gehörst hierher.»

Still saugte ich diese Worte ein. Ich wusste, sie hatten recht.

Im Dorf angekommen mussten wir auf ein Auto warten, das mich und Malick bis an die Grenze fahren sollte, von dort aus brauchten wir ein Taxi, das uns an den Flughafen nach Banjul in Gambia brachte. Salif wartete mit uns, bis wir losfuhren, dann verabschiedete er sich von mir.

«Ba bennen Yoon, Monika», sagte er, während er mir die linke Hand zum Abschied reichte.

«Ba bennen Yoon, Inshallah», erwiderte ich und mir kamen die Tränen.

Malick und ich hatten Glück und bekamen die letzten Plätze in einem Auto, zwar nur bis nach Dianna, doch das passte ausgezeichnet und lenkte uns vom Abschiedsschmerz ab.

Das Nachbardorf lag fast um die Ecke und von dort aus hatten wir sehr gute Chancen, rasch ein anderes Taxi bis an die Grenze zu bekommen. Mir ging das alles viel zu schnell. Ich hoffte naiverweise tatsächlich auf einen Taxi-Streik, aber das Glück hatte ich nicht.

Nun saßen wir mit meiner ganzen Bagage in Dianna und Malick, der sich für mein Weiterkommen verantwortlich fühlte, war eifrig damit beschäftigt, eine Mitfahrgelegenheit nach Djouloulou oder direkt bis Seleti, den Abfahrtsort von Senegal nach Gambia, zu bekommen. Von dort aus mussten wir wieder weiterschauen.

Doch im Moment schien hier in Dianna weit und breit kein Auto in Sicht. Dafür seien wir zu spät dran, meinte der Mann, der die Transporte organisierte.

Malick passte das gar nicht, denn wir hatten ja noch einen längeren Weg vor uns. Ich freute mich. Meinen Flug zu verpassen, käme mir gerade recht. Ich jubilierte innerlich. Allerdings startete das Flugzeug in der Nacht und wir hatten wirklich mehr als genug Zeit. Von hier aus dauerte es bis zum Flughafen nur noch zwei bis drei Stunden, das wusste ich von meiner Anreise. Also, nur keine Aufregung, es war gerade mal Mittag. Ob ich nun hier oder am Flughafen warten musste, das war egal, dann lieber hier.

Es wurde heißer und heißer, und die wenigen Autos, die vorbeifuhren, kamen von Kafountine und waren alle schon besetzt oder fuhren zurück nach Abene. Malick organisierte mir einen Schattenplatz unter einem Mangobaum. Ich saß dort nicht allein, es war der Platz vor einer Boutique und ein jüngerer Mann, Malick kannte ihn, kochte Ataya.

Eigentlich war es ein ganz normaler Tag, beinahe wie immer. Nur tanzte ich heute nicht und würde auch nicht mehr hier übernachten. Trauer stieg in mir auf.

Hühner gackerten um uns herum und Malick verjagte nervende Fliegen. Die Stunden verging mit Ataya trinken und dem Plaudern mit den anderen Wartenden. Fragen über Fragen stellten sie mir. Woher kommst du? Wohin gehst du?

Ich beantwortete sie alle, es nervte mich nicht mehr, dass ich ausgefragt wurde. Ich genoss es sogar. Ich sah das Interesse und die freundliche Neugier der Leute hier. Und wir hatten Zeit.

Von irgendwoher tönte der Muezzin, also musste es vierzehn Uhr sein. Ich hatte gar nicht bemerkt, wie spät es war. Die Männer bereiteten sich auf das Gebet vor, wuschen Hände, Gesicht, Füße und breiteten ihre Teppiche gleich dort aus, wo sie gerade noch gestanden oder gesessen hatten. Einige zogen sich in ihre Häuser zurück, andere gingen in die Moschee. Als das Gebet beendet war, gab es Mittagessen. Im Hinterhof der Boutique hatte die Frau des Besitzers gekocht und ein leckeres Mafé gezaubert. Sie schickte ein kleines Mädchen, um Malick und mich zu holen, damit wir auch an der Mahlzeit teilhaben konnten. Sie breitete eine große Bastmatte auf dem Boden aus und stellte die Schüssel in die Mitte. Es hockten sich viele Leute um die Schüssel, doch das Essen reichte für alle. Ich freute mich, ein letztes Mal dieses köstliche Menu aus Reis, Fleisch und Gemüse an einer Erdnusssauce kosten zu dürfen.

Danach gab es kühles Wasser und eine Gruppe Hühner eilte herbei, um die Reiskörner, die während der Mahlzeit auf den Boden gefallen waren, aufzupicken. Die Kinder räumten die Schüssel und die Löffel ab. Langsam wurde es ruhiger, die Sonne brannte gnadenlos herunter. Jeder, der konnte, machte es sich nun im Schatten oder im kühlen Haus bequem. Auch ich. Ich legte mich auf die Matte, die am Boden lag und hielt ein Schläfchen.

«Dass du jetzt schlafen kannst?», stellte Malick fast vorwurfsvoll fest. Er wurde zusehends nervöser, es war kein einziges Taxi in Sicht. «Es wäre gut, wenn wir nun endlich loskönnten.»

Auf einmal hatte er es richtig eilig.

Wir hatten Glück, das nächste Fahrzeug, das aus Ziguinchor kam, war ein Sept-Places - ein Auto, welches sieben Leute transportieren konnte. Der Chauffeur wollte seine Fahrgäste in Kafountine ausladen, sein Taxi neu füllen und trotz der Hitze noch einmal zurück nach Ziguinchor fahren. Mit uns hätte er schon zwei, fünf weitere brauchte er noch. Um diese Zeit hatte er tatsächlich gute Chancen, sein Taxi schnell voll zu bekommen. Wenn wir weiterwollten, durften wir uns diese Gelegenheit nicht entgehen lassen, egal, wie lange wir warten müssten. Das wusste auch Malick.

Obwohl es ihm überhaupt nicht passte, hier noch lange herumzusitzen. Doch jetzt würden wir niemanden mehr finden. Entweder waren die Taxis unterwegs oder die Chauffeure hielten Siesta.

Nach etwa einer Stunde kam er jedoch schon aus Kafountine zurück und wir konnten einsteigen. Nachdem mein Gepäck sicher auf dem Autodach verstaut worden war, ging es los.

Schweren Herzens stieg ich ins Auto, das uns nach Djouloulou brachte, damit wir von dort ein weiteres Buschtaxi oder ein Sept-Places für die Weiterfahrt nach Gambia bekommen konnten. Auf einmal ging alles sehr schnell, viel zu schnell und die Hoffnung auf einen Streik schwand von Minute zu Minute.

Ab Banjul, der Hauptstadt Gambias, zum Flughafen brauchten wir noch ein separates Taxi. Aus dem Radio des Taxis tönte ein Lied, das wieder eine unbeschreibliche Sehnsucht in mir auslöste.

Ich wollte wissen, von wem das Lied war.

«Von Thione Seck», erklärte mir der Chauffeur und er hätte es auf Musikkassette. Er war sehr erstaunt, als ich ihn fragte, ob ich sie ihm abkaufen dürfe ... Aber ich musste sie einfach haben. Als Erinnerung an diesen Augenblick. Er gab sie mir und ich bezahlte mit meinen letzten Dalasi das Taxi und die Kassette. Und war glücklich über den Kauf.

Am Flughafen verlief alles reibungslos. Ich wollte die Koffer, die mit all den liebevollen Geschenken so schwer wie mein Herz waren, so schnell wie möglich einchecken, damit ich die verbleibende Zeit mit Malick verbringen konnte.

Ich war aufgewühlt. Ich wollte hierbleiben. Da saß ich nun ... verliebt in einen Mann, in einem fernen Land, und wusste nicht, ob und wann ich ihn jemals wiedersehen würde ... Wir wussten es beide nicht.

«Inshallah», sagte ich zu Malick, seine Augen leuchteten und meine Gedanken kreisten.

In der Schweiz warteten eine Wohnung, ein Job, meine Familie und meine Freunde auf mich.

Abschied ins Ungewisse ...

Auch Malick sollte langsam gehen, um noch ein einigermaßen zahlbares Taxi zu bekommen. In der Nacht reisen war schwierig und teuer ...

Wir waren beide schweigsam. Es war hier nicht üblich, sich öffentlich zu küssen, doch als mein Flug aufgerufen wurde, umarmten wir uns innig und er schenkte mir zum Abschied ein Lederband mit einem Amulett.

«Ich möchte, dass du es immer trägst. Das bringt dir Glück und soll dich stets an mich erinnern.» Er band es mir um den Hals.

Ich bedankte mich und ging aufgewühlt, ohne große Worte und ohne mich noch einmal umzuschauen, mit Tränen in den Augen durch die Passkontrolle.

Das Flugzeug erhob sich pünktlich in die Luft.

Zurück in der Schweiz

Müde schaute ich am nächsten Morgen zum Fenster hinaus. Wir befanden uns bereits im Landeanflug auf den Flughafen Zürich Kloten. Es passte wie die Faust aufs Auge. Von der bunten Vielfalt zurück zu grauen Gebäuden und Straßen.

Ich hatte nicht gut geschlafen, zu viel ging mir durch den Kopf. Die Märzsonne schien glitzernd auf die metallenen Flügel und den Asphaltboden, der immer näherkam, bis wir aufsetzten. Ich war zu Hause. Trotzdem konnte ich mich nicht freuen. Mechanisch stieg ich aus dem Flugzeug und sofort spürte ich wieder die Schweizer Pünktlichkeit.

Ich war in diesen vier Wochen langsamer geworden und strahlender. Obwohl es mir gerade sehr schwerfiel, hier zu sein, lächelte ich den Menschen zu, was teilweise ein peinlich berührtes Wegschauen zur Folge hatte. *Es hat sich also während meiner Abwesenheit nicht so viel geändert*, grinste ich vor mich hin. Gestern noch von strahlenden Menschen umgeben, heute allein im grauen Alltag zurück.

Mein Gepäck holte ich auch allein, da gab es keinen neugierigen Abdoulaye, der mir zu Hilfe eilte. Wehmütig musste ich bei diesem Gedanken lachen.

Ich wollte mich schlaumachen, wann ich einen Zug nehmen konnte, da sah ich Nina freudestrahlend in der Ankunftshalle stehen. Na, diese Überraschung war ihr gelungen.

Ich freute mich so sehr, sie zu sehen, und natürlich war ich auch froh, dass sie mir mit dem schweren Gepäck half, das ich sonst umständlich mit dem Zug nach Hause hätte transportieren müssen.

Zuhause angekommen wartete sogar noch eine andere Freundin. Es war schön, dass es auch hier Menschen gab, die sich freuten, mich zu sehen. Ich wollte alles, was ich erlebt hatte, sofort mitteilen und fing begeistert an, den mitgebrachten Ataya samt Geschirr auszupacken und anzurichten. Ich wurde immer aufgedrehter.

Die ersten Tage in der Schweiz verliefen eher schwierig. Meine Gedanken waren in Afrika. Ich litt unter einem Kulturschock. Obwohl es Frühling geworden war, konnte mich nichts richtig begeistern. Die Zeit war nicht so einfach für mich. Meine Familie verstand nicht, wovon ich redete. Sie reagierten auf meine Zukunftspläne eher skeptisch. Ferien, ja. Aber dort leben? Ich arbeitete viel, um mich abzulenken, malte und hörte afrikanische Musik.

Was wollte ich wirklich? Bleiben oder zurück nach Senegal? Hier, zu Hause, hatte ich zwar alles äußerlich und oberflächlich, aber tief in mir drin fehlte etwas. Es war eine Sehnsucht, die immer und immer wieder anklopfte und die in Afrika gestillt worden war.

Aus diesem Grund festigte sich mein Entschluss. Ich wollte zurück. Zurück in die Sonne, in die Wärme, ans Meer, zu Malick, zu dem Ort meiner Träume ...

Ich merkte auch, wie viele Zweifel und Widerstände ich hatte. Es war ein wagemutiger Schritt, den ich da vorhatte. In Afrika leben?

Ich stand an einer Weggabelung, schwankte zwischen Entschluss und Zweifeln. Die Zeit verging mir zu langsam. Ich vermisste Senegal sehr. Malick rückte ein bisschen in den Hintergrund. Wir telefonierten weniger. Ich wollte mich nicht festlegen. Auch keine Zukunftspläne am Telefon mit Malick schmieden. Sogar von Heirat sprach er einmal. Darauf ging ich gar nicht ein, dafür kannte ich ihn viel zu wenig. Und ich musste nicht heiraten, um mit jemandem zusammen zu sein. Und ob ich wirklich mit ihm leben wollte, ich wusste es nicht ...

Ich hatte mich wieder an die Schweiz gewöhnt, den Kulturschock verarbeitet und hatte einen guten Job. Also könnte ich auch hierbleiben. Eine zweite, womöglich endgültige Reise hatte ich schon von September auf Januar verschoben.

Es gab ohnehin noch einige Formalitäten zu erledigen. Ich brauchte einen neuen Pass, ein weiteres Visum und vieles mehr.

Und Malick das alles immer wieder zu erklären, war am Telefon zu anstrengend. Manchmal hatten wir schlechte bis gar keine Verbindung oder er musste lange beim Telecentre anstehen, da die wenigsten ein Telefon besaßen und Handys gab es in Afrika auch noch keine.

So brach der Kontakt so gut wie ab. Es war die Angst vor der Veränderung, die mich überfiel. Und ich beschloss, zur Sicherheit mein Atelier zu behalten. Vieles hatte ich schon verkauft und aufgelöst. Doch ich war auch ein Sicherheitsmensch und falls alle Stricke reißen sollten ... Der Gedanke, noch eine Rückversicherung zu haben, beruhigte mich und so konnte ich meine Reise nach Senegal weiter vorbereiten.

3. Kapitel Sehnsucht

... zurück nach Afrika

Wieder in Afrika

Nach einem einwöchigen Zwischenstopp in Dakar, ich besuchte eine Freundin, die dort bei Bekannten lebte, begab ich mich nun auf den Weg in mein heißgeliebtes Dorf Abene im Süden Senegals. Ich reiste erneut in die wundervolle Casamance, den Ort, an dem alles begonnen hatte.

Ein langer Weg lag vor mir. Ich fühlte mich ganz kribbelig vor lauter Aufregung, wieder in Afrika zu sein. Das versetzte mich derart in Euphorie, dass ich Luftsprünge hätte machen können.

Gleichzeitig machte es mich nervös. Bald würde ich Malick wiedersehen. Seit dem letzten Mal war viel Zeit vergangen und er wusste nicht, dass ich kam. Unser Kontakt hatte sich auf ein paar spärliche Telefonanrufe reduziert.

Ich war froh, endlich aus Dakar herauszukommen. Diese Stadt, so kunterbunt, spannend und verrückt, war für mich definitiv zu laut, zu hektisch, zu eng, einfach zu anstrengend. Die Casamance hingegen war grün und irgendwie gemütlicher und es duftete nach Weite.

Abdou, ein Bruder von Papis, holte mich in Dakar ab. Er hatte angeboten, mich zu begleiten. Da seine Familie, die er lange nicht mehr gesehen hatte, in Ziguinchor lebte, ergänzte sich das ausgezeichnet. Schließlich musste ich dort auch hin.

Ich kannte Abdou nicht sonderlich gut, doch Papis hatte mir seinen Kontakt vermittelt. Und er wirkte sehr sympathisch und sah vertrauenswürdig aus.

Froh, nicht allein reisen zu müssen, denn ich wusste den Weg nicht, nur, dass es ziemlich lange und anstrengend werden konnte, freute ich mich deshalb auf Abdou als ortskundigen Reisebegleiter. Er holte mich in aller Herrgottsfrüh vor dem Haus meiner

Freundin ab, noch vor dem ersten Morgengebet, und es war stock-dunkel.

«Ist das nicht sehr übertrieben?», wollte ich verschlafen von Abdou wissen.

«Je früher, desto besser. Du wirst schon sehen», entgegnete Abdou, der auch müde aussah. Ich fühlte mich zerknittert, denn wir hatten am Vorabend Abschied gefeiert und es war viel zu spät geworden.

«Komm, wir müssen gehen», drängte Abdou. «Das Taxi, das uns zum Busbahnhof bringt, wartet schon.»

Zusammen mit dem Chauffeur verstaute Abdou unser Gepäck im Kofferraum, während ich mich von meiner Freundin und ihren Bekannten verabschiedete.

Als ich ins Taxi einstieg, wurde ich ein wenig wehmütig und sagte zu ihr: «Gell, du kommst mich bald besuchen?»

Obwohl ich mich so sehr freute, dass es endlich weiterging, fühlte ich mich doch unsicher, denn ich wusste ja nicht, was mich erwarten würde.

Am Care Routière, dem Busbahnhof von Dakar, herrschte schon in diesen frühen Morgenstunden ein wildes Durcheinander. So kam es mir zumindest vor, als wir dort ankamen. Gepäckstücke wurden ein- und aufgeladen, entweder im Kofferraum verstaut oder aufs Autodach gehievt. Es wimmelte von Menschen - Frauen mit ihren Babys auf dem Rücken und müde Kinder, die verschlafen am Rockzipfel ihrer Mütter hingen, jüngere Frauen, ältere Frauen, ältere Männer, jüngere Männer, eilige Geschäftsmänner, Händler und Händlerinnen mit ihren Waren.

Doch etwas hatten sie gemeinsam: Sie waren schön angezogen, standen oder saßen anmutig auf Hockern und warteten geduldig auf einen Platz in einem Sept-Places oder Buschtaxi.

Ich staunte, dass so viele Menschen zu so früher Morgenstunde verreisen wollten. *Wo müssen die schon alle hin?*

Offensichtlich hatte ich meine Frage laut ausgesprochen, denn Abdou antwortete: «Ich habe es dir doch gesagt. Der Morgen ist die angenehmste Zeit zum Reisen, bevor es im Laufe des Tages immer heißer wird. Warte es nur ab.»

Die Sept-Places und Buschtaxis sind begehrt und fahren in alle Richtungen von Senegal wie Mbour, St. Louis, Tambakounda, Kaolack, sogar bis nach Gambia, Guinee Bissau und Guinee Conakry.

Was für mich wie ein heilloses Durcheinander aussah, schließlich kam ich aus der ‹ordentlichen› Schweiz, war ein richtig gut durchorganisiertes System von Autos und Bussen, das ganz klar bestimmte, wo und in welchem Sektor ein- und ausgestiegen wurde.

Abdou kannte sich hier wirklich gut aus, auch unser Taxi-Chauffeur wusste sofort, wohin er uns in dieser riesigen Bus- und Autostation fahren musste. Jede Destination besaß ihren eigenen Bereich, von dem aus es weiterging.

Abdou bekam im Handumdrehen zwei Tickets in einem Sept-Places nach Ziguinchor. Der Chauffeur des Autos war ein großer, schlanker Senegalese mittleren Alters. Auch er schön gekleidet, mit einem dunkelblauen Boubou mit weißen Borden an den Säumen. Er sah wirklich sehr gut aus, überhaupt machte er einen guten Eindruck. Es beruhigte mich, einen seriösen Chauffeur zu haben, wenn ich mir so die Zustände der Autos ansah.

«Bonjour madame, ça va?»

«Bonjour, oui, ça va bien», grüßte ich freundlich zurück.

Nach einigem Hin und Her mit meinen großen Koffern beschlossen die Männer, sie aufs Dach zu hieven. Es befanden sich schon mehrere Gepäckstücke oben und ich sah interessiert zu, wie auch meine Siebensachen dort verstaut wurden.

Im Sept-Places gab es noch zwei freie Plätze und da die Autos immer erst losfuhren, wenn sie voll besetzt waren, blieb uns ein wenig Zeit für ein Frühstück. Ich freute mich, denn ich musste heute so früh los, dass ich nicht einmal mehr zum Kaffeetrinken gekommen war.

Abdou zeigte sich hilfreich und bot an, Kaffee zu organisieren. Ich gab ihm einige CFA mit und bevor er im Gewühl verschwinden konnte, rief ich ihm nach, ob er noch Sandwiches mitbringen könne.

Während Abdou sich ums Frühstück kümmerte, kam ich mit dem Chauffeur ein wenig ins Plaudern. In einem guten Französisch wollte er wissen, woher ich kam und was ich hier machte, und ob Abdou mein Ehemann sei. Ich verneinte beim Ehemann, verdrehte innerlich die Augen und musste grinsen. Schon die ganze Woche lang war ich x-mal nach meinem Mann gefragt worden und hatte auch gleich mehrere Heiratsanträge bekommen.

Ohne darauf zu reagieren, fuhr ich fort und sagte ihm, dass ich aus der Schweiz kam.

Warum ich denn in die Casamance reisen wolle, fragte er weiter, ich solle doch hier im Norden bleiben.

«Was soll ich denn im Norden?»

«Die Casamance ist gefährlich», flüsterte er mir zu.

«Ah ja?» Ich schaute ihn erstaunt und fragend an.

Stirnrunzelnd blickte er mich an. «Tu sais pas?»

«Nein, was sollte ich denn wissen?», fragte ich neugierig.

«Du weißt es wirklich nicht?

Bist du das erste Mal hier?», wiederholte er die Frage noch einmal.

«In Dakar ja, aber ich reise zum zweiten Mal in die Casamance», gab ich ihm zu verstehen. «Und übrigens wohnt mein Mann in der Casamance.»

«Ah, du bist verheiratet?» Das gefiel ihm und schien ihn zu beruhigen.

Bei mir jedoch schlich sich eine leichte Unruhe ein, und ich wollte wissen, warum denn die Casamance gefährlich sein sollte.

Zögernd sagte er: «Dort gibt es Geister. Hat dir das dein Mann nicht gesagt?»

Er blickte mich fragend, fast entrüstet an. Bevor er weiterreden konnte, kam Abdou mit dem Frühstück wieder.

Auch ein neuer Fahrgast kam dazu und der Chauffeur musste sich nun um diesen kümmern. Abdou gab mir das restliche Geld zurück und ich verstaute es im Rucksack, den ich zwischen meine Beine stellte. Schon drückte er mir einen Becher und ein Sandwich mit Ei und Mayonnaise in die Hände. Ich nahm genussvoll einen Schluck heißen Kaffee.

«Was ist das denn, Zuckerwasserkaffee?» Ich, die nie Kaffee mit Zucker trank, bekam fast einen Zuckerschock, so süß schmeckte das Gebräu.

Abdou lachte sich halb tot. «Ah bon?», war seine erstaunte Reaktion. «Magst du das nicht?»

«Es geht so, ich muss mich wahrscheinlich einfach daran gewöhnen,» erwiderte ich.

Mir war schließlich von Anfang an aufgefallen, dass hier so gut wie alles sehr, sehr süß genossen wurde. Also nichts wie rein mit der überzuckerten Flüssigkeit.

Dafür schmeckte das Ei-Sandwich hervorragend. Ich verschlang es freudig mit großem Appetit.

Vor lauter süßem Kaffee vergaß ich die Geister, die es angeblich in der Casamance geben sollte.

Während Abdou und ich frühstückten, kam eine Frau dazu, die die letzte Lücke im Sept-Places füllte.

«Dann können wir ja jetzt los,» freute ich mich. Doch der zweitletzte Fahrgast brachte eine Ziege mit, die nun noch auf das Autodach gebunden werden musste.

«Ah ja, die muss da drauf?» Das ging doch gar nicht. Dachte ich zumindest ... Und wie das ging! Noch bevor ich meine moralischen Bedenken laut ausgesprochen hatte, landete die Ziege schon schwuppdiwupp auf dem Dach. An den Beinen zusammengebunden, eingepfercht zwischen Gepäckstücken.

Mein Gewissen meldete sich sofort:

«Das darf man doch nicht machen», meinte ich belehrend.

Nur interessierte meine Meinung niemanden. Das würde hier so gemacht, versicherte mir Abdou, als er meinen entsetzten Blick sah. «Monika, c`est comme ça ici.»

Ob es mir und meiner Moral nun passte oder nicht, wenn ich mitwollte, musste ich jetzt einsteigen. Ich saß in der mittleren Reihe in der Mitte, links neben mir saß Abdou und auf der rechten Seite hatte ein Mann mit zwei lebenden Hühnern Platz genommen. Beide Hühner waren an den Beinen zusammengebunden und bis endlich jeder auf seinem Sitz saß, hielt er sie kopfüber in seiner Hand. Sie waren sehr ruhig und ich war mir nicht ganz sicher, ob sie wirklich noch lebten.

«Sie schlafen», sagte der Mann, dem mein fragender Blick nicht entgangen war.

In einem Sept-Places werden die Plätze nach Kauf der Billette zugeteilt. Wer zuerst sein Ticket kauft, bekommt den besten neben dem Chauffeur. Dann gibt es drei Sitze in der mittleren Reihe, die je nach Größe der Menschen noch mehr oder weniger zumutbar sind. Da die meisten Senegalesen ziemlich großgewachsen sind, kann es auf den hinteren drei Plätzen ganz schön eng werden.

Die rundliche, sehr elegant gekleidete Dame, die sich verspätet hatte, bekam nun wirklich genau diesen, für ihre Figur allerschlechtesten Platz.

Sie benahm sich sehr umständlich und man merkte, dass es ihr hinten und vorn nicht passte. Und obwohl sie die Regeln kannte, die kannte sogar ich, beschwerte sie sich beim Chauffeur.

Sie wollte wissen, weshalb sie so einen schlechten Platz bekam und dass es nicht sehr respektvoll von ihm wäre, sie ausgerechnet hier sitzen zu lassen. Auch den beiden Fahrgästen neben der Dame schien die momentane Situation nicht zu behagen. Wahrscheinlich fühlten sie sich von ihrer weiblichen Fülle eingeengt.

Der Chauffeur stand ein wenig hilflos da, denn für diese lange Reise gab es wirklich keinen ungünstigeren Platz.

Doch er konnte nicht viel machen und sagte sehr bestimmt: «Madame, sie kennen die Regeln.»

Klar wusste sie das, wollte es jedoch nicht akzeptieren und stieg umständlich wieder aus.

Hektik entstand unter den Mitreisenden, denn natürlich wollten wir alle endlich los.

Der Chauffeur, dem die ganze Situation immer unangenehmer wurde, schnalzte einige Male mit der Zunge, doch um Zeit zu sparen, wandte er sich höflich an den Fahrgast neben ihm und schlug diesem vor, mit der Lady den Sitz zu tauschen. Dem merkte man sofort an, dass es ihm überhaupt nicht passte, aber auch ihm leuchtete ein: Wenn wir hier nicht Wurzeln schlagen wollten, musste er nachgeben.

Bei dem ganzen Theater kam mir die Ziege in den Sinn, die da oben auf dem Dach angebunden lag. Nur das schien außer mir niemanden sonderlich zu interessieren und erstaunlicherweise blieben sogar die Hühner ruhig. Insgeheim hoffte ich, dass wir wirklich endlich losfahren würden. Eigentlich wäre es ja ein klarer Fall, für mich zumindest. Sie sollte vorne sitzen und er hinten.

Nein, zuerst wurde verhandelt. Was genau gesprochen wurde, verstand ich nicht, da alle in einer Sprache redeten, die ich nicht kannte. Die Mitreisenden beteiligten sich jedoch rege an der Diskussion und immer wieder schnalzte jemand mit der Zunge. Ich schaute zu Abdou, der auch intervenierte.

Ob aus Höflichkeit und Respekt, oder aus Zeitgründen, auf jeden Fall gab der Mann überraschend schnell nach und überließ der fülligen Dame seinen Platz.

Gott sei Dank, dachte ich. Obwohl mich das Ganze anfing zu amüsieren.

Die Frau schien sichtlich erleichtert, bedankte und segnete den Mann und uns alle ausgiebig. Auch der Chauffeur sprach ein kurzes Gebet, bevor die Reise endgültig losging. Nun gab es kein Zurück mehr.

Es war noch dunkel, als wir losfuhren. Die Hektik legte sich, jeder hatte nun seinen Platz, und es wurde leise im Auto. Die Stille war wohltuend. Jeder schien müde zu sein, schließlich waren wir früh auf den Beinen gewesen. Der Einzige, der topfit, munter und voll konzentriert war, war unser Chauffeur.

Für mich war es das erste Mal, dass ich mit einem Sept-Places von Dakar in die Casamance reiste. Vor lauter Aufregung und Ungewissheit kam die Nervosität zurück. Was mich wohl erwarten würde?

Malick wusste nicht, dass ich kam. Was nicht hieß, dass ich mich nicht auf ihn freute. Ich hatte einfach gemischte Gefühle: Erst einmal war ich glücklich, in Afrika zu sein. Das wilde Meer und die rote Erde zogen mich magisch an. Wenn nachts die Trommeln von irgendwoher ertönten und sich mit meinem Herzschlag verbanden. Das war meine Sehnsucht, deswegen kam ich zurück. Ich glaube, Malick spürte das.

Mein Blick wanderte aus dem Fenster. Der Tag begann, langsam zu erwachen und mit ihm die Stadt. In den engen, sandigen Gassen, durch die wir fuhren, entwickelte sich geschäftiges Treiben. Die Marktstände, die gerade noch leer dastanden, wurden mit farbigen Stoffen und wunderschönen Batiktüchern gefüllt, andere mit Gemüse, Schuhen, Sonnenbrillen und T-Shirts. Die Stadt wurde immer lebendiger.

Junge Männer, Mädchen und Buben standen an den Straßenrändern und kaum fuhr ein Auto langsamer oder musste für einen Moment stoppen, rannten sie auf die Autos zu und drückten ihre Ware gegen die Fensterscheiben. «Kaufen, kaufen», riefen sie. Sie verkauften Telefonkarten, Sonnenbrillen, eigentlich fast alles, was es an den Ständen auch zu kaufen gab. Ich würde sagen, es war ein gefährlicher Job, den die Kids hatten. Denn jedes Mal mussten sie die viel befahrene Straßen überqueren.

Wir fuhren an schlanken, hochgewachsenen Palmen vorbei, raus aus der emsigen Großstadt, die nun voller Leben war. Inzwischen hatte der Chauffeur das Radio eingeschaltet. Ich fragte mich warum. Denn statt guter Musik wurde bei dem Sender ziemlich viel geredet und immer wieder gab es einen Singsang, den ich nicht verstand. Zu meinem Erstaunen murmelten die Mittreisenden sehr versunken nach, was sie im Radio hörten. Ich schaute zu Abdou hinüber, weil ich ihn fragen wollte, was da alle machten, doch auch er war ganz woanders.

Als ich bemerkte, dass es wieder ‹normal› wurde, fragte ich ihn, was sie denn gemacht hätten.

«Beten», erklärte er. «Freitag ist der höchste muslimische Feiertag der Woche. Also beten wir den ganzen Tag, wenn die Möglichkeit besteht.»

Es waren Koranverse, die in Arabisch rezitiert wurden. Mich faszinierte es, wie alle so tief in diese Gebete eintauchten.

«Bei uns gibt es das nicht,» sagte ich zu Abdou.

«Ah bon, ihr betet nicht?», fragte er.

«Doch, einige Menschen beten, jedoch nicht so offensichtlich wie hier.»

Er konnte sich wahrscheinlich gar nicht vorstellen, so etwas Wichtiges nicht zu tun. Abdou erzählte, dass das heute den ganzen Tag so weitergehen würde. Jetzt sagte ich nur noch: «Ah bon.» Dann wurde es wieder still.

Wir kamen an stämmigen, stolzen, kraftstrotzenden Baobabs, die in der Zwischenzeit zu meinen Lieblingsbäumen gehörten, vorbei. Über dem Atlantik tauchte langsam eine rubinrote Sonne auf und färbte das Meer in rosarotes und goldglitzerndes Licht.

«Wow!»

Mir fehlten die Worte. Ich war so von der unbeschreiblichen, einzigartigen Schönheit dieser Morgenstimmung beeindruckt. Sie ging mir durch Mark und Bein, und ich sog es in meinen ganzen Körper ein.

Die Stadt hatten wir nun endgültig hinter uns gelassen. Der Verkehr hielt sich in Grenzen und die Straßen befanden sich in einem wirklich sehr guten Zustand.

Der Chauffeur gab Gas und wir kamen gut und zügig voran. Zum Glück waren die Kontrollposten, noch nicht besetzt. Vielleicht beteten sie gerade oder bereiteten sich darauf vor.

Im Radio wurde weiter gebetet und ich konnte mich ungestört dem einzigartigen Schauspiel der aufgehenden Sonne widmen. Mit der Sonne kam auch die Hitze, schnell wurde es im Auto heiß und stickig, sogar die beiden Hühner, die sich bis dahin ruhig verhalten hatten, wurden nun unruhig. Vielleicht brauchten sie auch einfach mal etwas zu futtern? Oje, die arme Ziege auf dem Dach. Sie tat mir leid, doch das behielt ich für mich. Bald war klar, weshalb das Geflügel so hektisch rumgackerte. Sie mussten mal und taten das im Auto. Wo sonst? Reden konnten sie ja nicht und der Chauffeur hätte sicher nicht angehalten. Auch ich wäre gerne zur Toilette gegangen, doch das war jetzt offensichtlich nicht möglich.

Der Mann, dem die Tiere gehörten, hatte sicherheitshalber ein Tuch über seine Oberschenkel ausgebreitet, auf dem seine Hühner ihr Geschäft verrichteten. Also schien er auf solche Situationen vorbereitet zu sein. Ich staunte, denn ich kannte das ja alles nicht. Bei uns fuhren weder Hühner noch Ziegen im Auto mit. Mich amüsierte die Fahrt.

Der Chauffeur öffnete das Fenster, um ein wenig frischen Wind ins Auto zu lassen. Er meinte es wirklich gut und die kühle Luft war wohltuend, doch es zog fürchterlich und wehte gleichzeitig Staub und Sand durch das offene Fenster. Auch daran waren die Reisenden gewöhnt und hielten sich Taschentücher vor das Gesicht, um Mund, Nase und Augen zu schützen. Es entstand Unruhe. Der Wind, die Hühner, das Radio, alles schien durcheinanderzuwirbeln. Als der Chauffeur das Fenster wieder schloss, wurde es sofort friedlicher und eine angenehme Kühle hatte sich im Auto ausgebreitet.

Wir fuhren immer weiter Richtung Süden am Meer entlang. Ich fühlte mich total wohl und konnte von dem Ausblick nicht genug bekommen. Mir fiel gar nicht auf, dass wir etwas langsamer fuhren, bis Abdou mich aus meiner Versunkenheit stupste und sagte, ich solle meine Papiere griffbereit halten.

Schon wieder ein Kontrollposten? Mir wurde jedes Mal leicht mulmig zumute. Wieso wusste ich eigentlich nicht einmal.

Während der Chauffeur sein Gefährt an die Seite lenkte, holte er seine Wagenpapiere hervor, die oben auf der Sonnenblende lagen.

Den Posten besetzten zwei uniformierte Männer, von denen einer auf uns zumarschierte. Der anderer bereitete sich gerade auf das Gebet vor und auf einem kleinen Metallofen köchelte im Ataya-Kännchen der Tee vor sich hin.

«Salamalekum», schnarrte er.

«Malekum Salam», grüßten alle brav, auch ich.

Der Beamte nahm die entgegengestreckten Papiere des Chauffeurs und überflog sie mit ernstwirkendem Blick, ließ ein Auge jedoch öfter ins Wageninnere schweifen. Kurz darauf gab er die Papiere zurück, nickte und winkte uns durch.

«Das ging ja schnell», sagte ich zu Abdou.

«Ja, wir hatten Glück, wahrscheinlich wollte er auch gleich beten.»

Ich wäre froh über einen Halt gewesen, da ich dringend aufs Klo musste, und schien nicht die Einzige zu sein.

«An der Grenze», gab der Fahrer zu verstehen und fuhr weiter.

«Welche Grenze?», wollte ich wissen.

«Du kennst dich hier nicht aus», lachte der Chauffeur, und erläuterte mir, dass wir bald an der gambischen Grenze ankommen würden, um dort auf die Fähre zu gehen, und danach wieder in Senegal einreisen zu können.

«Aha, nein, ich kenne mich nicht aus», gab ich ihm zu verstehen, denn ich hatte noch immer nicht ganz verstanden, warum wir auf die Fähre mussten.

Ich wusste nur, dass ich schon einmal in Gambia an der Grenze zu Senegal gestanden hatte, da war es allerdings Nacht gewesen, aber an Wasser und eine Fähre konnte ich mich nicht erinnern. Und damals war ich ja auch in Gambia gelandet.

«Alles ist gut», beruhigte mich Abdou, der meine Aufregung bemerkt hatte. «Es ist ganz einfach. Es ist eine andere Route. Senegal ist riesig und Gambia liegt mitten drin.»

Dieses Mal reisen wir von Senegal über Gambia nach Senegal, und beim letzten Mal war die Reise von Gambia nach Senegal gegangen.

Na ja, so richtig checkte ich es immer noch nicht, und war froh um meinen fachkundigen Reisebegleiter.

«Müssen wir auch wieder das Auto wechseln?»

«Du willst alles ganz genau wissen», mischte sich ein Mitreisender ein. «Das ist gut, frag, du sollst alles wissen und kennenlernen.» Er grinste und die anderen schienen sich ebenfalls zu amüsieren.

«Nein», sagte Abdou. »Dieses Mal reisen wir von Senegal nach Senegal, aber diese Route führt durch Gambia, deshalb.»

«Deshalb was?»

«Mach's nicht kompliziert, Monika», meinte Abdou und wollte wissen, ob ich ein Visum für Gambia hätte.

«Ja, ich habe mir eines in der Schweiz erstellen lassen.»

«Gut», meinte Abdou. «Dann müssen wir uns nicht darum kümmern.»

Er erklärte mir, dass man hier auch vor Ort ein Transitvisum machen könnte, was mich als Weiße eventuell teuer zu stehen käme. Ich musste lachen, denn sowas Ähnliches hatte mir Malick schon am Telefon gesagt.

«Deshalb habe ich es ja in der Schweiz gemacht», gab ich ihm lachend zur Antwort.

«Gibt es für ein Visum keinen Einheitspreis? Der Preis beim Sept-Places ist ja auch einheitlich?», wollte ich von Abdou wissen.

«Wenn du Glück hast, bekommst du einen guten Preis, wenn du Pech hast, einen hohen. C'est la vie ici, Monika», bekam ich als Auskunft.

Aha, so ist das hier also.

Wir langten bei der Fähre an und wir waren nicht die Einzigen. Es wimmelte nur so von Menschen und Autos, und sogar noch einige schwer beladene Lastwagen standen in Warteposition. Alle wollten auf die Fähre über den Gambia River.

Ich schaute mich neugierig um. Der Chauffeur suchte einen Parkplatz, auf dem er warten konnte, bis wir an der Reihe waren.

So wie es aussah, gab es auch hier ein System, das ich jedoch nicht durchschaute.

Dafür durften wir jetzt endlich aussteigen. Bevor wir aber das Auto verließen, sammelte der Chauffeur das Geld für die Überfahrt mit der Fähre ein, um die Tickets zu besorgen.

So, nun hatten wir alle genügend Zeit, uns die Füße zu vertreten und ich durfte endlich aufs Klo. Viel länger hätte ich es nicht mehr ausgehalten. «Weißt du, wo die Toiletten sind?», wandte ich mich an Abdou.

«Ja, komm. Ich zeige sie dir. Nimm deinen Rucksack mit, wir werden nicht gleich wieder zum Auto zurückkommen.»

«Und mein Gepäck?»

«Mach dir keine Sorgen, das bleibt auf dem Dach.»

Oje, und die Ziege? Doch ich sah, wie ihr Besitzer sie mit der Hilfe des Chauffeurs runterholte.

Gott sei Dank, denn es war glühend heiß geworden. Die Mittagssonne knallte gnadenlos auf die Erde und aufs Autodach.

Ein sehr spezieller Ort, dachte ich, als wir uns auf den Weg zur Toilette machten. Überall lag Abfall herum, nicht gerade appetitlich.

Es duftete nach leckerem Essen und stank gleichzeitig nach Pisse. Es wurde gekocht, gebetet, Frauen in schönen farbigen Kleidern mit Babys auf dem Rücken boten Früchte an, die sie graziös und anmutig, in kleineren oder größeren Schalen auf ihrem Kopf transportierten.

Kinder verkauften verschiedene selbstgemachte Jus, Bissap, Ingwersaft, Jus de Bouy (aus der Frucht des Baobabs hergestellt) und alles mit richtig viel Zucker gemischt.

Aber es gab auch eisgekühlte Cola, Sprite, Fanta, Schweppes.

Händler mit den wunderschönsten Batiken boten ihre Ware feil. An den Ständen gab es leckeres Essen wie Reis mit Fisch oder Huhn, Couscous mit Fleisch und Gemüse, dazu verschiedene schmackhafte Saucen, aus Erdnusspaste oder Zwiebeln mit Zitrone. Ich bekam noch mehr Hunger und mir lief, trotz des Schmutzes überall, das Wasser im Mund zusammen.

Ich ging einfach daran vorbei. Immer schön in Richtung Toilette, das hatte jetzt Priorität. Wo die sich befanden, konnte ich bald riechen. Doch mir blieb, wenn ich nicht in die Hosen machen wollte, nichts anderes übrig, als mich diesem Gestank ohne Überlegung hinzugeben. Es war echt eine Zumutung und ich beeilte mich, denn ich hatte vor, dieses ‹charmante› Örtchen so schnell wie möglich wieder zu verlassen. Am besten nahm ich es mit einer kühnen Portion Abenteuergeist.

Danach kehrte ich mit Abdou zum Auto zurück. Der Mann fütterte gerade seine Ziege, gab ihr Wasser, und auch die Hühner wurden versorgt.

So, und jetzt wollte ich etwas essen. Abdou führte mich zu einer Marktbude, an der eine schöne, gutgekleidete Frau stand, in einer wohlriechenden Sauce rührte und eine Portion nach der anderen anrichtete. Sie hatte viel zu tun, es war Essenszeit, doch sie hatte genug helfende Hände, die sie unterstützten. Schnell hielt ich ein schmackhaftes Mafé auf einem Plastikteller in meinen Fingern. Abdou nahm das gleiche Menü, ich bezahlte beides und wir suchten uns einen schattigen Ort zum Essen. Einen Schattenplatz zu finden, der halbwegs sauber war, stellte sich als Herausforderung heraus. Ich wollte mich ans Ufer des Gambia Rivers setzen und mein Mahl in Ruhe einnehmen.

Der Platz, den wir fanden, war leicht schattig, doch eine grünschleimige, eklig riechende Brühe aus Wasser, Abfall und Essensresten waberte am Ufer herum.

«Ich kann hier nicht bleiben, das geht nicht.» Ich entschuldigte mich bei Abdou für mein Getue, doch das führte einfach zu weit. Ich wollte wenigstens mein Essen in einer mehr oder weniger sauberen Umgebung einnehmen.

Abdou verstand mich voll und ganz. Auch ihn schien es zu stören, was mich sehr beruhigte. Denn ich dachte schon, ich wäre zickig.

Ihn nervten die herrschenden Zustände, fast ein wenig entschuldigend meinte er aber, dass es halt ein Übergangsort sei.

Ich nickte und wollte nicht motzen, schließlich wusste ich ja, dass wir diesen Ort bald wieder verlassen würden. Nur beim Essen hätte ich es gerne sauberer gehabt. Ich merkte, dass ich hier nicht beides haben konnte - Schatten *und* Sauberkeit. Und so setzten wir uns an einen Platz, der halbwegs reinlich aussah. Die Sonne brannte und mir lief der Schweiß übers Gesicht. Nicht nur von der Sonne auch von der Schärfe des Gerichtes. Die Köchin hatte es mit den Gewürzen sehr gut gemeint.

Als ich aufgegessen hatte, wollte ich meinen Teller der Schweiz gemäß entsorgen. Ich fragte Abdou, wo ein Abfalleimer sei.

Er schaute mich fragend an und fing an zu lachen. «Schau dich doch mal um, Monika», gab er mir amüsiert zur Antwort.

Ich blickte mich um, sah aber nichts dergleichen und musste auch lachen, aber nicht vor Freude ...

«Okay», sagte ich nur. Doch ich konnte meinen Plastikteller kaum hier einfach liegen lassen, oder?

Ein Junge kam mit einer Kühlbox in der Hand vorbei, in der er frisches, kühles Wasser und Jus transportierte. Ich kaufte ihm Wasser und zwei Jus du Bissap ab.

Das Wasser war in kleinen Portionen in Plastikbeuteln abgefüllt. Es wurde in eine Ecke ein Loch gebissen, dann das Wasser getrunken und der leere Beutel landete einfach auf dem Boden. Mit einer Mischung aus Abneigung, Amüsiertheit und Besserwisserei über diese Umweltsünde bekam ich fast Gewissensbisse.

Ich saß da mit meinem Plastikzeug und wusste gerade nicht weiter.

Abdou verstand das überhaupt nicht.

«Lass es liegen, und wenn es dich beruhigt: Am Abend, wenn die Grenze schließt und die Fähren Feierabend machen, wird ein bisschen aufgeräumt.»

Ob mich das beruhigte oder nicht, was blieb mir anderes übrig, als es wirklich einfach liegen zu lassen oder in meinen Rucksack einzupacken? Beides schien mir nicht die Lösung zu sein, trotzdem musste ich mich entscheiden. Also ließ ich es liegen, wie jeder hier. Ich fühlte mich jedoch nicht wohl dabei.

Die großen Literflaschen und auch die Jus-Fläschchen wurden von den Kindern eingesammelt, die konnten sie wiederverwenden. Für den nächsten Tag gewaschen und neu aufgefüllt. Streunende Hunde und Aasgeier fanden hier Futter, einige Hühner pickten die Reiskörner, die beim Essen auf den Boden fielen, auf.

Was wollte ich da machen? Hier galten andere Regeln. Andere Länder, andere Sitten. Ob mir das nun passte oder nicht ...

Abdou machte sich zum Gebet bereit. Ich blieb sitzen und schaute ihm zu, er war nicht der Einzige. Wo ich auch hinschaute, wurden Gebetsteppiche ausgebreitet und zu Allah gebetet. Ein eigenartiger Ort, lebendig, bunt und schmutzig, doch das übersah ich elegant ... Ich hatte alles, was ich brauchte. Nur das mit dem verstreuten, teilweise unnötigen Plastikmüll ging mir nicht aus dem Kopf.

Nachdem Abdou das Gebet beendet hatte, wollten wir uns noch einmal die Beine vertreten, bevor wir im engen Auto weiterfuhren. Wir schlenderten über den Markt. «Toubab», tönte es immer wieder (die Bezeichnung für einen weißen Menschen).

«Hello Toubab, you need water?» Oder eine CD, eine Sonnenbrille, Schuhe, Möbel, alles wollten sie mir verkaufen, sogar Bleichcreme. Der Nachmittag wurde amüsant und heiß und das einzige, was ich wirklich kaufte, war literweise Wasser.

Irgendwann hatte ich dann aber doch die Nase voll. Denn das andauernde «Toubab, kauf dies und das und das auch gleich noch», ging mir allmählich auf die Nerven. Ich wollte weiter und hatte es jetzt gesehen.

Zwei Fähren waren in ständigem Einsatz und ich fragte mich, wann wir endlich an die Reihe kamen. Mir kam es vor, als warteten wir hier nun schon seit einer Ewigkeit. Ich wurde unruhig und fing an zu drängeln, was leider nicht viel half.

«Bald», meinte Abdou gelassen. Es schien ihm nichts auszumachen, hier herumzusitzen und zu warten. Wir hatten ja keine andere Wahl. Ob ich mich aufregte oder nicht, schneller ging es sowieso nicht. Also beruhigte ich mich wieder.

Ich war es nicht gewohnt, auf Verkehrsmittel zu warten. Ich kam aus einem Land, in dem fast alles wie am Schnürchen klappte. Ich schämte mich, dass ich so genervt war. Ich wollte hier leben, und jammerte jetzt schon herum.

Ich sah die Fähre kommen und gehen, es wurde ein- und ausgeladen, und wir warteten.

«Wir sind die nächsten», holte mich Abdou aus meiner Trance.

Ich blickte auf und sah, wie sich der Chauffeur und die anderen Fahrgäste bei unserem Auto versammelten. Ich wurde wieder hellwach, denn nun ging es plötzlich vorwärts, schneller, als ich gerade noch gedacht hatte.

Die Fähre legte an. Was für eine kniffllige Angelegenheit, sie perfekt mit dem Land zu verbinden, sodass Autos, Lastwagen, Menschen und Tiere aussteigen konnten und wieder festen Boden unter die Füße bekamen, ohne nass zu werden. Unglaublich, wie treffsicher die Fahrzeuge aus der kleinen Fähre herausnavigiert wurden, sogar die großen, schweren Lastwagen. Und ich staunte noch viel mehr darüber, was in so einem Kahn alles reinpasste.

Als auch der letzte Mensch draußen war, kamen wir an die Reihe. Das gleiche Schauspiel nun von neuem, mit dem Unterschied, dass es jetzt rein ging, statt raus.

Zuerst fuhren die Fahrzeuge hinein, danach Tiere und Menschen, Fahrräder, Schubkarren vollbepackt mit Waren. Ich zwängte mich an den stehenden Autos und Lastwagen vorbei und hoffte, dass wir bei diesem Gewicht nicht sanken.

Als ich mit Abdou einen Platz auf dem oberen Deck gefunden hatte, schaute ich erst einmal, wie weit wir vom nächsten Ufer entfernt waren. Irgendwie erschien mir das Ganze sehr abenteuerlich. Abdou bemerkte meine Unsicherheit. «Was ist, Monika? Du hast doch nicht etwa Angst?», fragte er, mich leicht belächelnd.

«Also ich finde es schon ein wenig riskant. Was, wenn die Fähre kippt?», gab ich meine Bedenken zu. «Gut, ich kann immerhin schwimmen.» Und im gleichen Atemzug wollte ich wissen, ob es im Fluss Krokodile gab.

«Ja, wahrscheinlich gibt es welche, aber ich habe noch nie eines gesehen», antwortete Abdou nachdenklich.

«Danke, du machst mir Mut», grinste ich ihn an und wir mussten lachen.

Ich hatte das Gefühl, die Fähre wäre nun voll genug, doch es stiegen immer mehr Menschen ein und es wurde enger und enger. *Wenn das nur gut geht,* hoffte ich. Ich war sicher die Einzige, die so dachte, denn die anderen Fahrgäste strahlten und freuten sich. Ich wollte von Abdou wissen, warum wir Gambia nicht umfahren konnten.

«Das könnte man schon, doch das würde mehrere Stunden bis zu einem Tag länger dauern.»

«Okay.» Ich nickte nur.

«Ja, das ist einfach der kürzere Weg und auch der angenehmere, den nehmen alle, die mit dem Auto in den Süden reisen wollen.»

«Warum denn angenehmer?»

«Weil es im Landesinneren viel heißer ist», erklärte mir Abdou.

«Es gibt noch ein Schiff und Flugzeuge, das wären die anderen Möglichkeiten. Aber für die meisten ist das zu teuer.»

Vor lauter Reden bemerkte ich gar nicht, dass die Fähre ablegte. Aha, es ging los. Aufregend ...

Die Angst wich und ich hatte den wundervollsten Ausblick über den Gambia River. Krokodile sah ich keine und die Zeit verging im Handumdrehen, schon legten wir wieder an.

«Das ging ja schnell.»

«Ja, was hast du denn gedacht?», antwortete Abdou erstaunt. «Das ist nur eine kurze Strecke, die gehen die Menschen hier Tag täglich.»

Das gleiche Prozedere begann von vorn. Alles wurde wieder ausgeladen, was fast länger dauerte als die Überfahrt.

Abdou hielt nach unserem Auto und dem Chauffeur Ausschau. Denn nun ging es zügig weiter über die Grenze, wieder nach Senegal. Doch dafür mussten wir wieder vollzählig im Auto sitzen und die Ziege wieder aufs Dach. Sie tat mir jetzt schon leid.

Obwohl ich die Fahrt auf dem Fluss genossen hatte, freute ich mich, wieder festen Boden unter den Füßen zu haben. Die Ziege wurde aufgeladen und wir nahmen alle samt den Hühnern im Wagen Platz.

Im Auto forderte mich Abdou auf, schon mal die Papiere bereitzuhalten, da wir diese sicher zeigen mussten.

«Sie sind sehr streng hier», erklärte er mir.

Es dauerte etwa hundert Meter bis zum Grenz- und Kontrollposten. Der Chauffeur stoppte das Auto.

«Was machen wir jetzt?», wollte ich von Abdou wissen.

«Wir sind am Zoll», sagte er.

«Aha, schon?»

Die Zöllner bekamen einiges zu tun, denn wir waren ja nicht die Einzigen, die die Fähre verlassen hatten. Die Kolonne war ziemlich lang, und wir mussten erneut warten, bis wir an die Reihe kamen.

Die Sonne stach aufs Dach und heizte das Wageninnere noch mehr auf, als ob es nicht schon heiß genug war. Die offenen Fenster brachten auch keine Erfrischung. Oje, die arme Ziege ...

Doch nun kamen wir dran. Der Zollbeamte schaute in den Wagen und nahm trotz der Warteschlange unser Fahrzeug genau unter die Lupe. Er ließ sich zum Durchlesen der Papiere ausgiebig Zeit, obwohl ja nicht unbedingt viel in einem Ausweis steht. Nie sagte er ein Wort dazu.

Ich kam als Letzte an die Reihe.

«Madame, passport, please.» Mit diesen knappen Worten wandte er sich an mich.

Ich reichte ihm das Dokument und er fing an, darin herumzublättern und zu blättern ... und zu blättern. Von vorne nach hinten und von hinten wieder nach vorne.

Keiner sagte ein Wort und mir war es schon fast peinlich, dass wegen mir alles noch länger dauerte. Ob etwas nicht in Ordnung sei, traute ich mich nach einer gefühlten Ewigkeit zu fragen.

«No, no, everything good», gab er gelassen zur Antwort. «Was willst du in Senegal, bleib doch in Gambia. Oder hast du einen Ehemann in Senegal?», lauteten wirklich seine Fragen.

«Ja!», entgegnete ich sofort, denn ich wollte mich nicht auf eine Diskussion einlassen.

Einen Ehemann vorweisen zu können, das war schon mal gut, denn ohne einen solchen schien eine Frau fast bedeutungslos zu sein. Und es wirkte.

«Very good», sagte er, während er mir freudestrahlend meinen Ausweis überreichte.

Hui, war ich erleichtert. Als wir wieder auf senegalesischem Boden angekommen waren, brach schallendes Gelächter im Auto aus.

Tatsächlich gratulierten mir erst einmal alle, sogar der Chauffeur, zu meiner guten Wahl, einen senegalesischen Ehemann zu haben (obwohl ich den ja noch gar nicht hatte, aber das mussten sie ja nicht so genau wissen). Ich fragte sie, was denn so lustig sei, ich würde auch gerne lachen.

Die schöne, füllige Dame auf dem vorderen Sitz meinte belustigt: «Der konnte wahrscheinlich nicht einmal lesen, deshalb hat er den Pass auch so lange angeschaut. Um ein wenig Eindruck zu schinden.»

Darüber musste ich nun ebenfalls lachen, denn ich erinnerte mich an mein erstes Mal, als ich in Afrika angekommen war. Damals, hatten sich die Senegalesen im Auto genauso über die

Gambier lustig gemacht. Dass der Zöllner nicht lesen konnte, das glaubte ich jetzt nicht ganz. Oder doch?

Die Reise ging weiter und es herrschte trotz der Hitze eine gutgelaunte, heitere Stimmung. Der Chauffeur hatte den Gebetssender mit feurigem Mbalax, traditioneller senegalesischer Musik, ersetzt.

Die Fenster waren immer noch geöffnet. So drang jetzt während der Fahrt ein wenig Luft ins Auto. Aber außer Durchzug, der nicht sehr angenehm war, gab es keine große Abkühlung, also beschloss der Chauffeur, sie wieder zu schließen.

Einige dösten. Ich schaute mir die Landschaft an. Auf den Straßen bewegte sich nicht mehr viel. Menschen und Tiere hatten sich in den Schatten der Bäume gelegt oder in die kühlen Häuser zurückgezogen. Die Hitze machte größere Aktivitäten gerade unmöglich. Ich bewunderte unseren Chauffeur, der sich immer wieder mit einem Schluck aus seiner Wasserflasche versorgte, aber konzentriert auf die vor Hitze flimmernde Straße blickte.

So kamen wir gut und schnell weiter. Sogar an den Kontrollposten wurden wir einfach durchgewunken. Die Männer blieben lieber im Schatten sitzen und tranken Ataya. Das war das Einzige, was sie taten.

Die Landschaft veränderte sich zusehends. Sie wurde grüner und üppiger. Ja, wir kamen in die wunderschöne Casamance, der Region im Süden Senegals.

Bis nach Ziguinchor konnte es nun also nicht mehr weit sein, hoffte ich zumindest. Circa zwei Stunden, bestätigte Abdou meine Vermutung, dann sollten wir in Djouloulou ankommen. Dort gäbe es die Möglichkeit, auszusteigen und ein anderes Taxi direkt nach Kafountine und, wenn wir Glück hatten, sogar eines bis Abene zu bekommen. Was das jetzt bedeutete, wusste ich auch nicht.

«Müssen wir denn nicht mehr nach Ziguinchor?», wollte ich verwundert von Abdou wissen.

«Nein», erklärte dieser. «Das ist viel kürzer und schneller.»

Okay, er musste es ja wissen. Wir waren scheinbar nicht die Einzigen, die in Djouloulou aussteigen wollten, um nach Kafountine zu gelangen.

Als wir in Djouloulou ankamen, wurde unser Gepäck ausgeladen. Ich verabschiedete mich von der Ziege auf dem Dach und bedankte mich beim Chauffeur.

Er wünschte mir Glück in der Casamance und erklärte mir augenzwinkernd: «Tu à bien fait, tu as fait un bon choix.»

Was er wohl damit meinte?

Djouloulou, ein kleiner und im ersten Moment unscheinbarer Ort, direkt am Casamance-Fluss, bot mehrere Möglichkeiten, in verschiedene Richtungen weiterzureisen.

Dort gab es weitere Buschtaxis und Sept-Places, die nach Gambia fuhren, oder nach Ziguinchor oder in die entgegengesetzte Richtung der Casamance, nach Kafountine.

Da der Ort nah an der Grenze lag und sehr belebt und auch beliebt bei den Händlern zu sein schien, wurde hier strenger und ausgiebiger kontrolliert, vor allem auf das Gepäck hatten es die Gendarmen abgesehen. Man wusste ja nie, was aus dem naheliegenden ‹Ausland› eingeschmuggelt wurde.

Ich musste mal und war umso glücklicher, dass wir hier haltmachten, denn auch mein Magen knurrte.

Abdou erklärte mir, wo sich die Toiletten befanden, und passte währenddessen auf unser Gepäck auf. Ich erwartete schon das Allerschlimmste, was die Klos anbelangte, doch im Gegensatz zu heute Nachmittag war das, was ich vorfand, fast der reinste Luxus.

Als ich beschwingt zurückkam, fragte mich Abdou, was ich essen wolle, er würde mir etwas besorgen. Ich schaute mich neugierig um. Hier gab es einige Stände, von Abwaschmitteln über Seifen, Schuhen bis zur Zigarette.

Ich bekam Lust, mich selbst ein wenig umzuschauen. Er nickte nur und antwortete, er würde hierbleiben, denn das Gepäck könnte man nicht ohne Aufsicht stehen lassen.

Neugierig ging ich los und schlenderte ein wenig über den Markt. Es duftete angenehm nach geräuchertem Fisch. Einer dieser Stände zog mich jedoch magisch an. Es roch nicht nach Essen, es war etwas anderes und ich vergaß für einen Moment meinen Hunger. Ich trat näher und blieb erstaunt an diesem Marktstand stehen.

Eine ältere Frau mit einem farbigen Tuch, das sie elegant um den Kopf geflochten hatte, stand dahinter und kaute auf einem Holzstück.

«Toubab, ça va?» Sie blickte mich fragend an.

«Ja, es geht gut», gab ich zur Antwort. «Es riecht hier so gut, was ist das?»

Es erinnerte mich an Räucherduft. Einige größere und kleinere Einmachgläser, gefüllt mit etwas Braunem, standen auf einem Holztisch. Auch hatte sie Hölzer und Wurzeln in Häufchen auf diesem Tisch liegen, bunte Glasperlen und Kaurimuscheln lagen feinsäuberlich in selbstgeflochtenen Körben. Fläschchen, mit verschiedenen helleren und dunkleren Flüssigkeiten gefüllt, weckten meine Neugier, und ich spürte, dass sie mich sehr aufmerksam aus ihren wachen, dunkelbraunen Augen von oben bis unten musterte. Ich ließ mir nichts anmerken und wollte nach einem dieser Fläschchen greifen, doch ich kam gar nicht dazu. «Nicht anfassen», kam es schnell aus ihrem Mund. Und sie murmelte etwas wie: «das wäre gegen die bösen Geister.»

Ups, dachte ich, und wurde erst recht neugierig.

«Das ist geheim», sagte sie und hielt mir dafür eines ihrer wundervoll duftenden Einmachgläser unter die Nase, damit ich daran roch.

Eigentlich interessierte mich das ‹Geheime› jetzt umso mehr.

Mir kam in den Sinn, dass unser Chauffeur auch etwas von Geistern gesagt hatte.

«Was ist das?» Ich hätte gerne Näheres gewusst.

Doch sie ging gar nicht darauf ein. Stattdessen fragte sie mich: «Magst du es?»

Damit meinte sie den Inhalt des Glases, das sie mir immer noch unter die Nase hielt. Und wie ich diesen Duft mochte, er duftete außergewöhnlich gut.

Sie wurde gesprächiger und erklärte: «Das ist Tschurai, kennst du das?»

Nein, das sagte mir überhaupt nichts. Ob das auch gegen die bösen Geister sei, fragte ich und probierte, sie aus der Reserve zu locken. Sie tat jedoch nichts dergleichen.

Sie sprach nicht sonderlich gut Französisch, aber sie verstand, was sie verstehen wollte. Sie bestätigte mir, dass es zum Räuchern gedacht sei und es Glück bringe.

Mit einem vielsagenden Blick schaute sie mir tief in die Augen und sagte:

«Die Männer mögen das, wenn die Frauen das machen, willst du?» Bevor ich irgendetwas antworten konnte, drückte sie mir auch schon ein Glas in die Finger. «Dix Mille CFA», kam es wie aus der Pistole geschossen und sie streckte mir ihre andere Hand entgegen.

Ich war baff. Eigentlich wollte ich ja etwas zu essen kaufen, kam mir jetzt in den Sinn, und nun hatte ich ein Glas mit einem wohlriechenden Inhalt, das mir Glück bringen sollte und von dem sie behauptete, die Männer würden es mögen.

Gut, Glück konnte man ja immer gebrauchen, doch was es mit den Männern auf sich hatte, war mir noch nicht ganz klar. Außerdem erschienen mir fünfundzwanzig Schweizer Franken ziemlich teuer, also erklärte ich ihr, dass ich es aber gar nicht kaufen wolle.

«Toubab, das brauchst du!» Ich mache dir einen guten Preis», tönten ihre eindringlichen Worte in meine Ohren.

Ob ich das wirklich brauche? Sie ging runter auf achttausend CFA. Vor lauter Verhandeln, und auch weil mich diese verheißungsvolle Bude voll in Bann zog, vergaß ich fast die Zeit. Auf einmal stand Abdou hinter mir.

«Ah, endlich. Da steckst du also, hast du etwas gegessen?», fragte er mich und fügte sofort hinzu: «Wir müssen gehen, ich habe einen Sept-Places gefunden, der uns bis nach Abene fährt.» Er sah, dass ich etwas in der Hand hielt und sagte anerkennend: «Oh, du hast Tschurai gekauft?»

Aha, er kannte es.

«Nein, ich hab's noch nicht gekauft», antwortete ich.

«Dein Ehemann?» Die Dame vom Stand schaute mich vielsagend an. Ich erwiderte nichts und musste lachen.

«Sie will achttausend CFA dafür. Soll ich es kaufen?», wollte ich von Abdou wissen.

Er schaute sie an, dann redeten sie in irgendeiner Sprache, die ich nicht verstand. Das ging eine Weile, bis Abdou mir sagte: «Gib ihr fünftausend CFA.»

Ich merkte, dass ich keine Zeit mehr hatte, lange zu überlegen und wenn ich es wollte, sollte ich ihr diese fünftausend jetzt geben. Also kramte ich das Geld aus meinem Rucksack und streckte ihr einen Zehntausender--Schein entgegen.

«Hast du es nicht kleiner?»

«Ich habe kein Wechselgeld», sagte sie jetzt mehr zu Abdou gewandt.

Der schaute mich wieder an und fragte. «Hast du kein Kleingeld, wir haben keine Zeit mehr, um Geld zu wechseln.»

Die Marktfrau zögerte nicht lange und drückte mir ein zweites Glas in die Hand. «nimm», sagte sie. «Jetzt hast du ein gutes Geschäft gemacht.

Ha, ja, ja sie aber auch, dachte ich, als ich mit Abdou zum Auto zurückging.

Das Gepäck war schon verstaut und das Auto wartete nur noch auf uns ...

Ich stieg mit einem schlechten Gewissen ein und sagte brav «Salamalekum», was mir sofort einen anerkennenden Pluspunkt einbrachte und ich wurde mit «Malekum Salam» zurückgegrüßt.

Der Chauffeur startete sein Auto und die Reise ging weiter.

So, jetzt wollte ich einmal genau schauen, was ich eigentlich erworben hatte, und nahm eines der Gläser aus meinem Rucksack heraus.

Eine Frau, die neben mir saß, meinte verschmitzt lächelnd: «Toubab, hast du Tschurai gekauft? Das ist sehr gut, das hast du sehr gut gemacht. Da freut sich dein Mann.»

Damit meinte sie wohl Abdou, denn sie schaute ihn mit einem bedeutungsvollen, nickenden Blick an. Darauf antwortete ich nicht, denn ich wollte mir eine Erklärung über Ehemänner ersparen.

Abdou schien sich zu amüsieren und sagte verheißungsvoll: «Malick wird es mögen.»

Tschurai

Was ich da wohl Wundersames gefunden hatte? Das musste ja etwas ganz Geheimnisvolles sein. Ui, hatte ich da etwa ein Wundermittel gekauft?

«Was ist denn daran so besonders?», wollte ich von Abdou wissen.

«Das wird dir Malick erzählen», erwiderte er. «Aber du brauchst noch ein Tschurai-Topf dazu», erklärte Abdou.

Wow, das grenzte ja schon fast an ein geheimes Männerverführ-Ritual.

Jetzt freute ich mich umso mehr über meinen Kauf, es duftete so herrlich aus meinem Rucksack heraus, nur hatte ich immer noch nichts gegessen und mein Magen knurrte.

Abdou hatte Beignets (wie Berliner ohne Füllung und kleiner) gekauft und bot mir welche an. Mmmhh, sie schmeckten vorzüglich und stillten meinen Hunger ein bisschen.

Wie lange es denn noch dauern würde, bis wir endlich in Abene wären, wollte ich ungeduldig von Abdou wissen. «Bald», bekam ich als Antwort.

Die Leute im Auto begannen, mich neugierig auszufragen.

«Toubab, où vas-tu?», fragte die Frau, die neben mir saß, und ich erklärte ihr: «Ich heiße Monika und nicht Toubab.» Mich störte dieses Wort, obwohl es einfach Weiße bedeutet.

«Monika, ein schöner Name», antwortete sie. Das Eis war gebrochen.

«Woher kommst du?», erkundigte sich ein anderer.

Und so verging die Weiterfahrt dank der Fragestunde ziemlich rasch.

Da zwei von den Mitreisenden auch bis nach Abene fahren mussten, wollten sie natürlich von mir wissen, wo ich denn wohnen würde. Vielleicht kannten sie diese Person. Doch ich wollte eigentlich nicht sagen, was ich vorhatte und wo ich logierte und ehrlich gesagt, wusste ich es ja noch nicht einmal so ganz genau ... Ich merkte, wie die Nervosität in mir hochkroch. Mein Gott, bald würde ich Malick treffen. Ein komisches Gefühl, nach so langer Zeit. Jetzt rückte alles in unmittelbare Nähe.

«Sie wohnt bei Papis im Camp. Monika ist eine seiner Schülerinnen», kam es von Abdou. Somit nahm die Diskussion eine andere Richtung an, denn Papis kannten die meisten im Dorf.

«Ah, du tanzt?», wurde ich anerkennend gefragt.

Ja, das gefiel den Senegalesen und ich hatte schon wieder einen Pluspunkt. Was mich natürlich sehr freute, und ich war Abdou dankbar, dass er das Gespräch in eine andere Richtung lenkte.

«Bist du das erste Mal hier?», ging der Smalltalk weiter.

«Nein, schon das zweite Mal, denn es gefällt mir hier sehr gut.» Doch dass ich hier sogar leben wollte, verriet ich ihnen nicht. Wir stoppten.

«Was ist los?»

«Wir sind in Dianna angekommen», sagte der Mann neben mir. «Ich wohne hier.» Er verabschiedete sich sehr freundlich und wünschte mir für meine Ferien hier viel Glück.

Ich bedankte mich schmunzelnd. Wenn der wüsste.

Der Sept-Places leerte sich, zwei weitere Fahrgäste stiegen hier aus, obwohl sie eigentlich nach Kafountine mussten. Sie würden hier sicher ein weiteres Taxi bekommen, dass sie nach Kafountine brachte. Ich kannte Dianna (noch) nicht so gut, doch ich erinnerte mich an mein erstes Mal, als ich mit Malick hier gesessen und auf ein Taxi gewartet hatte, das mich zum Flughafen nach Gambia bringen sollte ... Damals war mir richtig wehmütig ums Herz gewesen, schließlich musste ich in die Schweiz zurückreisen. Und nun war ich tatsächlich wieder hier, doch dieses Mal machte mein Herz einen Freudensprung. Uff, war ich aufgeregt!

Während die Männer das Gepäck aus dem Auto hievten und da und dort noch einen Schwatz hielten, schaute ich gedankenversunken dem regen Treiben auf der Straße zu, sah, dass die Sonne langsam am Horizont verschwand und dem Abend sein goldrotes Licht verlieh.

Es wurde sofort kühler, vom Meer wehte eine angenehme, salzige Brise, die nach dem hitzigen Tag eine Wohltat darstellte. Ich holte meine Jeansjacke aus dem Rucksack.

Die Umgebung wurde wieder lebendiger, die Menschen kamen ausgeruht aus ihren Häusern. Ziegen, Hunde und Hühner tummelten sich auf den Straßen. Kinder spielten und johlten, die größeren Kids boten geröstete Erdnüsse, abgefüllt in kleine Plastikbeutelchen, feine Bananen, Orangen und Mandarinen zum Verkauf an.

Ich fühlte mich zu Hause und bald würde ich Malick wiedersehen. Mir wurde warm ums Herz und eine wohlige Freude breitete sich aus.

Ein angenehmer Duft wehte durch das offene Autofenster, und ich merkte, dass ich Hunger bekam.

Ich sah eine Frau, die Fataya zubereitete, leckere Teigtaschen gefüllt mit Fisch oder Fleisch, dazu scharfe Sauce. Mir lief das Wasser im Mund zusammen. Ich winkte ihr aus dem Auto heraus zu. Ich hätte gerne ein paar, rief ich ihr zu. Sie sah mich sofort. Doch bevor ich welche kaufte, fragte ich Abdou, was diese Fataya denn kosteten.

«Einhundert CFA für vier Stück», sagte er mir. «Hast du Kleingeld?» Er zog fragend die Augenbrauen in die Höhe.

Hm, jetzt ging das wieder los. Ich schaute in meinem Portemonnaie nach, und fand einen zerknüllten Tausender.

«Geht der?», fragte ich ihn. «Ich würde gleich welche für fünfhundert CFA kaufen und dann noch eine Flasche Wasser dazu.»

Abdou nahm den Tausender, stieg aus und marschierte zu der Frau mit den Fataya. Ich sah, wie sie gestikulierten. Er nickte mir zu. Das war also in Ordnung. Während sie die Fataya frisch im Öl frittierte, kaufte Abdou in einer Boutique eine Flasche frisches, kühles Wasser. Hier war es kein Problem den Tausender zu wechseln, und so konnte er mit dem Rest gleich die Fataya bezahlen.

Die Frau wickelte die noch heißen Teigtaschen in Zeitungspapier und gab sie einem der übermütig herumrennenden Kinder, um sie mir zu bringen. Ich bedankte mich bei dem Mädchen, das keck zu mir sagte: «Toubab Cadeaux.»

Sie wollte ein Geschenk von mir, was sollte ich ihr geben?

Also packte ich ein Fataya aus und überreichte es ihr. Inzwischen war auch Abdou mit zwei Bechern Café Touba in der Hand wieder da. «Hast du nichts Süßes?»

«Nein, habe ich nicht.»

«Auch kein Kleingeld?»

«Nein, auch kein Kleingeld, und Geld gebe ich ihr sowieso nicht», erwiderte ich.

«Jetzt hat sie ja ein Fataya, ist doch okay, oder?», wollte ich von ihm wissen. «Darauf war ich ja nicht vorbereitet.»

Die Kleine schien mit ihrem Fataya zufrieden zu sein, denn sie rannte schon wieder davon, um zu spielen.

Für uns ging es weiter.

Wir ließen Dianna hinter uns. In der Zwischenzeit war es stockfinster geworden. Die Sterne glitzerten am Himmel, die Luft roch nach Rauch, Feuer und gebratenem Fisch.

«Müssen wir eigentlich bis ins Camp laufen?», fragte ich Abdou.

Das war noch ein ziemlich langer Weg, soweit ich mich erinnern konnte. Ich war müde und hatte keine Lust, mit dem schweren Gepäck in der Dunkelheit so weit zu gehen. Erinnerungen stiegen in mir auf.

Der Chauffeur, der wahrscheinlich unser Gespräch gehört hatte, wollte wissen, wohin wir denn genau müssten? Abdou erklärte es ihm, darauf sagte der Chauffeur, dass er uns da problemlos hinfahren könnte, es läge sozusagen auf seinem Heimweg. Mann, war ich froh!

Endlich in Abene

Als wir im Dorf ankamen, schaute ich neugierig aus dem Fenster. Vielleicht erkannte ich ja jemanden? Insgeheim hoffte ich, Malick zu sehen. Nur es war viel zu dunkel, sodass ich überhaupt nichts erkennen konnte.

Jetzt mussten wir natürlich zuerst noch die in Dianna eingestiegenen Fahrgäste ausladen. Doch wir hatten wirklich einen sehr kulanten Chauffeur. Er fuhr alle bis fast vor die Haustür, immer mit dem Satz: «Das liegt ja auf meinem Nachhauseweg.»

Wir waren die Letzten, die er heimfuhr. Erinnerungen über Erinnerungen tauchten auf. Ich war tatsächlich da! Mein Herz jubelte ...

Dieses Mal kamen wir beim Hintereingang des Camps an. Der Chauffeur hatte den Weg durch den Busch genommen. Dafür gab ich ihm ein gutes Trinkgeld, obwohl ich das nicht hätte machen müssen. Doch ich war so überglücklich, ich hätte ihn fast umarmt, unterließ es jedoch. Er freute sich über meine Euphorie und auch über das Trinkgeld. Er und Abdou luden die schweren Koffer aus dem Kofferraum.

«Soll ich helfen, sie rein zu tragen?», wollte er wissen.

Nein, es wäre alles gut, bedankte sich Abdou bei ihm.

Er wünschte mir schöne Ferien, und falls ich ein Taxi bräuchte, könne ich mich jeder Zeit sehr gerne an ihn wenden. Er erklärte

Abdou den Weg zu seinem Haus, das sich wirklich ganz in unserer Nähe befand.

Dann verabschiedete er sich und fuhr auch heim. Ich freute mich über dieses Angebot, man wusste ja nie. Und wenn man schon wusste, wo er wohnte, konnte man ihn jederzeit aufsuchen und sich den langen Weg ins Dorf ersparen.

Im Camp angekommen

«Ist überhaupt jemand da?», wollte ich von Abdou wissen, der gerade das Tor des Hintereingangs geöffnet hatte und nun mit meinen beiden schweren Koffern vorausging. Es war stockdunkel. Außer einem Feuer sah ich nicht viel in der Nacht, es wirkte fast ein bisschen unheimlich. Niemand war da, wartete und begrüßte uns? Doch da sah ich Mady auf uns zueilen.

«Monika!», rief er schon von weitem. «Du bist da!» Er konnte es wohl kaum fassen, er freute sich aus ganzem Herzen.

«Ja, jetzt bin ich wieder da und du bist auch immer noch da», sagte ich und freute mich, ihn zu sehen.

Mady wohnte hier und half Abdou beim Gepäcktragen. Ich wollte wissen, ob ich wieder dasselbe Häuschen wie letztes Mal bekäme, doch er verneinte. «Dieses Mal bekommst du ein größeres, mit einer Dusche.»

Aha, das freute mich natürlich. Ich folgte ihm zu ‹meinem› Hüttchen.

«Hier hörst du nachts das Meer rauschen.» Er wusste, dass ich das Meer liebte. Das hatte er nicht vergessen und extra für mich dieses Zimmer vorbereitet. Mir fehlten die Worte.

Eine kleine Treppe führte zur gedeckten Veranda. Eine Petroleumlampe verbreitete ihr schummriges Licht und beleuchtete so meinen Weg zum Haus. Die beiden Männer stellten meine Siebensachen ab und Mady schloss die Tür auf.

Sehr viel sah man trotz der Lampe nicht, doch ich folgte Mady und Abdou mit einer Taschenlampe in den dunklen Raum.

Mady sang die ganze Zeit «Monika ist wieder da, Monika, Monika», während er mit Abdou das Gepäck von draußen holte. Er schien sichtlich glücklich über meine Anwesenheit zu sein.

Ich musste lachen und mir kamen fast die Tränen, so berührt war ich, als er sagte: «Ich habe dich so vermisst.»

Mady nahm die Petroleumlampe und stellte sie auf einen kleinen Tisch, neben dem zwei Stühle standen. Er drehte die Flamme der Lampe höher, was dem Zimmer einen hellen Schimmer verlieh und jetzt sah ich auch, wo sich die versprochene Dusche befand.

Abdou machte sich währenddessen auf den Weg zur Küche, um zu sehen, was die Köchin gekocht hatte. Sie wusste, dass wir heute kommen würden, und hatte sicher etwas mehr Essen als sonst zubereitet.

«Wo sind die anderen?», wollte ich von Mady wissen.

«Die kommen erst noch, jetzt bin ich da», sagte er einfach. Als ob es das Wichtigste wäre, aber es stimmte ja.

Das Zimmer sah schön hergerichtet aus. So viel ich erkennen konnte, schmückte ein blaues oder violettes Batiktuch als Bettüberwurf die Matratze auf dem Bett. Zwei Kissen aus demselben Batikstoff lagen obendrauf und eine weiße Kerze befand sich auf der gemauerten Bettablage, die als Nachttisch und Ablagefläche diente.

Ich ließ erst einmal alles stehen und liegen, und machte es mir auf der Veranda gemütlich. Ich genoss die Ruhe. Ahhh, wie gut das tat, nach diesem anstrengenden Tag. Es war so wunderbar still.

Mady setzte sich neben mich. «Brauchst du etwas?»

«Einfach meine Ruhe», sagte ich glücklich.

«Hast du keinen Hunger?», fragte er weiter.

Ja, Hunger hatte ich schon, und wie. Auch Duschen würde ich gern, doch jetzt wollte ich nur sitzen und aufs Essen warten, das mir Abdou aus der Küche holte.

Ich genoss es, in den unendlichen Sternenhimmel zu starren und dem Meeresrauschen zuzuhören. Ja, von hier aus vernahm man es wirklich noch besser. Ich stellte mir vor, wie es sein würde, wenn ich beim Einschlafen dem Meer lauschen konnte. Die nächste Glückswelle überflutete mich.

Ob Malick schon wusste, dass ich hier war? Ich könnte ihn ja gleich am nächsten Morgen besuchen gehen, überlegte ich. Während ich vor mich hin dachte und weitere Pläne schmiedete, kam das Essen und zwar höchstpersönlich von den beiden Köchinnen, Fatou und Ami, serviert. Auch sie freuten sich sehr, dass ich wieder da war, und begrüßten mich herzlich. Nachdem Ami die Bastmatte auf den Boden gelegt und die Schüssel daraufgestellt hatte, platzierte Mady noch eine Kerze daneben, damit wir ein bisschen was sahen. Dann wurde gefuttert und viel geredet. Alle waren neugierig, was ich gemacht und erlebt hatte, während ich in der Schweiz gewesen war. Und natürlich wollte ich auch wissen, was bei ihnen in meiner Abwesenheit passiert war. Es wurde ein lustiger und sehr herzlicher Abend. Vor lauter Reden musste ich aufpassen, dass ich mich nicht an einer Fischgräte verschluckte.

Für den Moment geriet Malick in Vergessenheit. Ich war hier, am Meer, an dem Ort meiner Träume.

Spät in der Nacht verschwanden alle in ihren Betten und ich saß allein auf der kleinen Terrasse. Ich lauschte dem Leben, dem Meer, den Grillen, der Finsternis, dem Wind ... und fühlte mich geborgen. Ich saß und saß und irgendwann verschwand auch ich hundemüde in meinem Zimmer, schloss die Tür hinter mir und schlüpfte glücklich und wohlig in mein Bett in Afrika.

Wiedersehen mit Malick

Ich erwachte früh. Trotz der Müdigkeit und der weiten Reise hatte ich schlecht geschlafen und blieb deshalb noch ein wenig liegen. Mir ging vieles durch den Kopf, auch Malick. Ich freute mich darauf, seinen überraschten Blick zu sehen, wenn ich nach so langer Zeit vor ihm stand. Ob er mich vermisst hatte? Wollte er mich überhaupt sehen? Nach der langen Abwesenheit? Fragen über Fragen tanzten in meinem Kopf.

Ich lebte ein anderes Leben in der Schweiz als hier in Afrika und ihm alles immer zu erklären, wie und was bei mir gerade so passierte, war mir ehrlich gesagt zu anstrengend gewesen, auch fehlte mir ein ausreichender französischer Wortschatz.

Ich musste mehr Französisch lernen, und jetzt hatte ich ja Gelegenheit dazu. Oder besser: Ich kam gar nicht mehr drum herum.

Es war nicht jeder mit meinem Plan einverstanden gewesen, zurück nach Westafrika zu gehen. «Alles nur Hirngespinste», meinten manche.

Hirngespinst oder Traum? Es war mein Herzenswunsch. Was wirklich auf mich zukommen würde, wusste ich nicht. Doch wenn ich in der Schweiz geblieben wäre, wüsste ich es auch nicht. Um es herauszufinden, musste ich zurück nach Afrika.

Abrupt wurde ich aus meinen Gedanken gerissen, denn es klopfte an der Tür.

«Monika bist du schon wach?», tönte es von draußen.

«Ja», antwortete ich.

«Hast du Hunger?»

«Ja!»

Es war Mady, der das wissen wollte, und er fügte gleich hinzu, dass er nun ins Dorf ginge, um Brot einzukaufen.

«Ja, ist gut», rief ich nach draußen und musste lachen. Er kam extra hierher, um mir das mitzuteilen, das passte zu ihm.

Ich hörte seine sich entfernenden Schritte und mir kam die Idee, aufzustehen und ans Meer zu laufen. Die frische, salzige

Meeresluft würde mir sicher guttun und mich auf andere Gedanken bringen. Allein die Idee, jetzt am Strand zu spazieren und die Freude darüber, dass ich das Meer so gut wie vor meiner Nase hatte, begeisterte mich und die Schwere der anstrengenden Reise löste sich von meinem Körper.

Ich öffnete den Fensterladen und spähte hinaus, prachtvollster Sonnenschein und eine Sinfonie Vogelgezwitscher begrüßten mich. Ich zog mich an, doch bevor ich losging, musste ich noch dringend auf die Toilette. Auf dem Weg zum Klo begegnete ich Abdou, der auch schon auf den Beinen war.

«Guten Morgen, Monika, du bist wach? Hast du gut geschlafen?», begrüßte er mich verwundert.

«Bonjour, oui, oui», sagte ich nur und wollte schleunigst weiter.

Ich wusste, dass es ein bisschen unhöflich war, doch ich musste dringend und dann wollte ich gleich an den Strand. Mit einer Handbewegung deutete ich aufs Klo. Die Toilette befand sich knapp unterhalb meines neuen Häuschens und als ich zurückkam, sah ich Abdou auf der Bank vor meinem Zimmer sitzen. Ich ging an ihm vorbei in mein Zimmer, weil ich noch meine Jacke brauchte, und wollte dann direkt an den Strand.

«Geht es dir gut, hast du gut geschlafen?»

«Sehr gut und du?» Ich nahm meine Jacke und meinen Fotoapparat und schloss die Tür hinter mir zu.

«Ich habe auch gut geschlafen», gab er mir zur Antwort und begann, mir Fragen zu stellen.

Ich wollte nicht weiter darauf eingehen und sagte ihm deshalb: «Ich muss gehen.»

«Ah bon, tu pars déjà?», fragte er ganz erstaunt. «Wohin gehst du so früh?»

«An den Strand.»

«Allein?»

«Ja.»

«Ich komme mit.»

Genau das hatte ich befürchtet und genau das wollte ich nicht. «Nein, ich gehe allein.»

«Du kannst nicht allein an den Strand», protestierte er.

«Warum nicht?», fragte ich überrascht. «Ich kenne den Weg dorthin.»

Eine Diskussion entstand, auf die ich keinen Bock hatte. Ich wollte nur ans Meer und zwar ohne Begleitung. Abdou kam mit allerlei Argumenten, was mir alles zustoßen könnte und schließlich habe er doch die Verantwortung für mich. Und wie gefährlich es für eine weiße Frau allein am Strand sei.

«Hör zu, Abdou», sagte ich in einem unmissverständlichen Ton. «Ich gehe jetzt, allein, und übernehme die Verantwortung für mich selbst.»

Ich spürte sofort, dass es ihm nicht in den Kram passte, doch er merkte, dass mein Entschluss gefasst war, und schwieg beleidigt.

Endlich! Ich wollte meinen ersten Morgen in Afrika nicht mit Diskussionen verbringen und schon gar nicht darüber streiten, ob ich allein an den Strand durfte oder nicht.

Ein sanfter, aber sehr kühler Morgenwind strich über mein Gesicht, während ich über den sandigen Weg in Richtung Meer marschierte. Es fühlte sich so gut an, ohne Aufpasser unterwegs zu sein, leicht und frei. Wer sollte mich schon so früh am Morgen am Strand überfallen wollen? Ich musste bei diesem Gedanken echt grinsen. Und überhaupt, warum sollte das jemand tun? Je mehr ich mich dem Ozean näherte, desto intensiver hörte ich das Rauschen der Wellen und schon von weitem erblickte ich den Atlantik, wild und endlos lag er vor mir.

Eine Glückswelle überrollte mich. Ich stand mutterseelenallein am Strand und vor mir Sand, Muscheln und das unendliche Meer. Die Flut hatte Treibholz und ein paar tote Fische an Land gespült. Die Fische dienten als Futter für die Möwen und die streunenden Hunde, die sich gierig auf ihr Frühstück stürzten. Nach einigen Schritten setzte ich mich auf einen angeschwemmten Baumstamm und schaute überwältigt den Wellen zu, wie sie auf mich zurollten und gingen, wiederkamen und erneut gingen und wie sie sich um meine nackten Füße kräuselten. Die beste Morgenmeditation, und ab sofort stand mir das auch noch täglich zur Verfügung. Ich konnte mein Glück nicht fassen. Vor lauter Freude vergaß ich die Zeit, denn auf einmal stand Mady neben mir.

«Monika, tu es toujours là?»

Ich musste sehr versunken gewesen sein, denn ich erschrak, als er meine Schultern berührte. Ich hatte ihn gar nicht kommen hören. Er schien froh zu sein, mich zu sehen. Ob er wohl auch dachte, dass mir etwas zustoßen könnte?

«Komm, das Frühstück ist bereit.»

«Bist du extra deswegen gekommen?»

«Ja, du bist nicht zurückgekommen», entgegnete er schon fast vorwurfsvoll. «Und Abdou sagte, du wolltest allein an den Strand.»

Ja, ja, alle meinten es nur gut mit mir, und etwas allein zu unternehmen, das gab es hier einfach nicht. Doch ich war es gewohnt, es machte mir nichts aus.

Aber es war gut, dass Mady mich geholt hatte. Die frische Meeresluft hatte mich hungrig gemacht und ich freute mich auf das Frühstück.

Als wir ins Camp zurückkehrten, stand schon alles auf meinem kleinen Bambustisch vor meinem Zimmer. Mady und Abdou leisteten mir Gesellschaft und wollten natürlich unbedingt wissen, wie es am Strand war und ob ich allein dort gewesen sei.

«Ja, ja, ich war die Einzige am Strand, außer den Möwen und den Hunden. Ich habe einfach nur den Wellen zugesehen», beruhigte ich sie.

Nach dem leckeren Frühstück wollte ich den Tisch abräumen, dann duschen gehen und danach eigentlich ins Dorf und Malick überraschen.

Zum Abräumen kam ich allerdings nicht, das übernahm Mady mit den Worten: «Du musst dich ausruhen, Monika, du bist in den Ferien.»

Doch genau das wollte ich nicht. Ich beabsichtigte nicht, wie eine Touristin bedient zu werden, und ich war nicht hier, um Ferien zu machen. Ich plante, hier zu leben, aber gut, das wusste Mady ja nicht.

Den Eimer zum Duschen hatte Mady auch schon mit Wasser gefüllt und auf der Veranda bereitgestellt. Als ich jedoch sah, in welchem Zustand die Dusche in meinem Zimmer war, konnte ich das Wasser erst einmal gut gebrauchen, um sie gründlich zu putzen.

Jetzt, da es hell war, sah ich erst, wie unordentlich es im Camp war. Man merkte Papis` Abwesenheit.

«Da hast du aber viel zu tun», sagte ich gespielt vorwurfsvoll zu Mady.

Der blickte mich schuldbewusst an und jammerte: «Ja, ja, und ich bin ganz allein, niemand hilft mir.»

Ich hatte es nicht so gemeint, und beruhigte ihn wieder. Es sähe doch prima aus. Glücklich über meine Worte fügte er hinzu, dass bevor Papis und die Toubabs anreisten, sein Cousin käme, um ihm zu helfen, und dann würde es hier richtig schön aussehen.

Ja, Papis legte sehr viel Wert auf Ordnung. Man merkte, dass er seit langem in der Schweiz lebte. Das färbte ab. Deshalb musste alles in einem makellosen Zustand sein, wenn er kam. Ich verstand also das schlechte Gewissen von Mady, doch er hatte ja noch ein paar Wochen Zeit, bis alle eintrafen.

«Und ich räume ab jetzt den Tisch ab», sagte ich zu ihm. «Du hast genug zu tun.»

«Ah, tu es très gentille, Monika», meinte er anerkennend.

Ja so bin ich eben - nett, dachte ich lachend. Ich setzte mein Vorhaben gleich in die Tat um, indem ich ihm das Geschirr abnahm und es in die Küche trug. Obwohl mich die Köchinnen gestern schon gesehen hatten, freuten sie sich erneut über mich, und es war wie immer lustig in der Küche.

«Ich gehe jetzt duschen und komme später wieder», sagte ich zu den Frauen.

Sie schmunzelten nur. «Ja, ja, geh nur, und nachher triffst du Malick», hörte ich sie hinter meinem Rücken tuscheln.

Lachend verließ ich die Küche und machte mich gut gelaunt auf den Weg. Vergnügt riefen sie mir nach: «Bald wirst du heiraten!»

Soweit hatte ich allerdings noch nicht gedacht ... Aber, wer weiß?

Nach dem Duschen wollte ich meine Koffer auspacken und mein Zimmer herrichten. Man merkte wirklich, dass es länger nicht benutzt worden war, obwohl Mady es gut gemeint hatte. Das Bett war mit einem sauberen, bunten Batiktuch bezogen, aber ich hatte nun mal eine andere Vorstellung von Ordnung und Sauberkeit. Und ich wollte es unbedingt nach meinem Geschmack einrichten, schließlich würde ich einige Zeit hier wohnen.

Abdou und Mady hatten es sich auf meiner Terrasse gemütlich gemacht, kochten Ataya und rauchten einen Joint. Salif saß bei ihnen. Er musste angekommen sein, während ich geduscht hatte, denn ich hatte ihn heute Morgen noch nirgends gesehen und so, wie ich ihn kannte, hätte er mich sicher begrüßt. Mich überraschte seine Anwesenheit, mit ihm hatte ich nun wirklich nicht gerechnet.

Er freute sich, mich zu sehen, bemerkte aber gleichzeitig meinen erstaunten Blick und meinte lachend: «Du willst ja sicher tanzen, wir können sofort anfangen.»

«Bist du deshalb hier?», wollte ich verwundert von ihm wissen.

«Aber sicher», freute er sich.

Ja, ich wollte tatsächlich tanzen, nur dass Salif extra deswegen gekommen war, na ja, ich wusste nicht recht.

«Papis hat mich geschickt», gab er zu und fügte auch gleich hinzu, dass am Montag noch einige Trommler aus Ziguinchor anreisten, so könnten wir schon mit Üben anfangen.

«Dann bist du die Beste, wenn die anderen ankommen», strahlte er mich an.

Ich hatte keine Lust, näher darauf einzugehen. Schließlich hatte ich ein paar andere Pläne, für heute sowieso, und morgen würden wir weiterschauen. Auch wollte ich nicht, das Salif wieder alles bestimmte, nur weil Papis noch nicht da war.

Wortlos ging ich in mein Zimmer, um mich an die Arbeit zu machen. Ich hatte auch noch einige Sachen zum Waschen gefunden und beschloss, das gleich zu erledigen. Mady rief durch die offene Tür, ob er mir helfen solle, doch ich verneinte.

Nachdem ich das Zimmer auf Vordermann gebracht hatte, außer der Dusche, die konnte ich benutzen, um meine Koffer darin zu verstauen, hob ich den kleinen Haufen Wäsche vom Boden auf und ging damit zum Brunnen.

«Du willst waschen?», kam es erstaunt von Mady. «Ruh dich doch erst mal aus, Ami kann das erledigen.»

Ami, die jüngere der beiden Köchinnen, hatte sicher anderes zu tun, als sich um meinen Kram zu kümmern.

Ich sagte Mady, dass ich ab jetzt selbst waschen würde.

«Ja, aber das ist anstrengend und bald wird es wieder heiß.»

Er meinte es wieder gut mit mir. Doch irgendwann musste ich lernen, solche Alltagsdinge selbst zu tun. Hitze und Anstrengung hin oder her. Und ich hatte ja Zeit.

Trotzdem wollte Mady mir unbedingt helfen, und so zog er mir das Wasser aus dem Brunnen. Darüber war ich wirklich sehr froh.

Ami kam aus der Küche geeilt, als sie sah, was ich vorhatte, und scherzte auf Wolof: «Toubab, yangi foot?»

Ich verstand kein Wort. «Was?», fragte ich nach.

Sie lachte noch mehr. «Waschen.»

Ich nickte nur, denn schon bildeten sich die ersten Schweißtropfen auf meiner Stirn. Natürlich wollte ich mir nichts anmerken lassen.

Sie schaute mir eine Weile neugierig zu, wie ich mich abmühte, dann sagte sie lachend: «Ich helfe dir, sonst wirst du ja nie fertig.» Resolut nahm sie mir die Kleider aus den Händen.

«So, ich zeige dir jetzt einmal, wie das geht.» Ja, es war wirklich nicht zu unterschätzen, diese Wäschewascherei. Mein Körper war überhaupt nicht an so etwas gewöhnt. Mir fehlten die Kraft und

Kondition für diese Arbeit, doch genau deshalb wollte ich es lernen.

Dankbar übergab ich ihr die Sachen. Allerdings mit der Absicht, das bald selbst machen zu können, schaute ich ihr aufmerksam zu. Bei ihr sah es so leicht aus, dass ich nur staunen konnte. Was ich jetzt noch tun konnte, war, ihr beim Aufhängen behilflich zu sein. Das klappte auch bei Ungeübten.

Nachher wollte ich nochmal duschen, denn das Waschen und Putzen hatte mich ins Schwitzen gebracht.

Nach der ganzen Prozedur machte sich Ami auf den Weg in die Küche. Sie musste zusammen mit Fatou das Mittagessen vorbereiten. Ich nahm eine kurze, erfrischende Dusche und wollte mich vor dem Essen für eine halbe Stunde hinlegen.

Abdou, Salif und Mady saßen immer noch plaudernd auf meiner Veranda und ließen sich den Ataya schmecken.

«Kaay toog», sagte Salif zu mir, als ich in mein Zimmer verschwinden wollte.

Ich verstand nicht, was er meinte, doch seiner Handbewegung nach zu urteilen, meinte er wahrscheinlich, dass ich mich setzen sollte. Er nickte zufrieden, als ich mich auf dem leeren Stuhl niederließ. Also hatte ich richtig geraten.

Wow, schon wieder ein neues Wort gelernt, ich freute mich und wiederholte die neu gelernten Worte gleich mehrere Male, um sie ja nicht mehr zu vergessen. Dann erklärte ich ihm aber gleich, dass ich mich doch lieber hinlegen wollte.

Er schmunzelte: «Ja, ja, schon wieder volles Programm. Jetzt hast du erst mal einen Ataya nötig.» Er bot mir ein Gläschen an.

Ich nahm es dankbar, merkte, wie ich, kaum hier angekommen, immer noch im Schweizer Speed funktionierte, und musste lachen ... Ich konnte es einfach nicht ganz lassen. Ertappt beschloss ich, für heute nichts mehr zu tun außer zu genießen, rumzuhängen und mich zu freuen, dass ich hier war.

Also blieb ich sitzen und schlürfte den Ataya.

Jetzt spürte ich meine Erschöpfung noch mehr. Meine Beine fühlten sich schwer an und die Füße taten mir weh. Immerhin hatte ich ja eine lange Reise hinter mir. Ich überlegte, ob ich vielleicht sogar den Besuch bei Malick verschieben und mir einfach ein ruhiges und gemütliches Wochenende gönnen sollte. Jetzt hatte ich so lange gewartet, ihn zu sehen, da konnte ich auch noch bis Montag durchhalten. Doch bei diesem Gedanken wurde ich schon wieder unruhig und erklärte Abdou, dass ich gerne nach dem Essen ins Dorf gehen wolle, um Malick zu besuchen.

«Sicher nicht», entrüstete sich dieser. «Es ist viel zu heiß und bis ins Dorf ist es ein langer Weg. Das weißt du doch, Monika. Erst am Abend, wenn es wieder etwas kühler geworden ist. Entspann dich jetzt einfach.»

Ich musste lachen. Er hatte ja wirklich recht. Wahrscheinlich wäre ich die Einzige im Dorf, denn bei dieser Hitze zogen sich die Leute ins Innere der Häuser zurück. Selbst auf der schattigen Veranda bemerkte man die aufkommende Mittagsglut.

Ich döste in meinem Stuhl. Meine Glieder wurden schwerer und schwerer, ich nahm die Vögel wahr, die vergnügt irgendwo in den Bäumen ihre Lieder zwitscherten, das rhythmische Trommeln von Salifs Fingern auf ein Djembe, das er extra mitgebracht hatte. Und von weitem hörte ich Geschirr klappern, das Geräusch kam wahrscheinlich aus der Küche. Bald würde es Essen geben, ich bekam Hunger. Von Zeit zu Zeit reichte mir jemand Ataya. Ich brauchte mich nicht einmal mehr zu bewegen, nur noch den Tee austrinken. Irgendwann erhoben sich die jungen Männer, um sich fürs Gebet vorzubereiten. Es musste vierzehn Uhr geworden sein. Danach würde es Essen geben.

Ami brachte die Bastmatte auf die Veranda, die ich, während sie die Schüsseln aus der Küche holte, auf dem Boden ausrollte.

Zur Feier des Tages gab es Thjeb bu Djenn, Reis mit Fisch und Gemüse, mein Lieblingsessen, und die Frauen hatten es extra für mich als Willkommensgeschenk gekocht. Das hatten sie also nicht vergessen.

Es schmeckte köstlich und ich merkte, wie sehr ich es vermisst hatte. Alle langten kräftig zu, sodass die Schüssel im Nu leer gegessen war. Nach dem feinen Essen half ich den Frauen ein wenig in der Küche. Einfach nur herumsitzen wollte ich nicht, obwohl sie mir immer wieder sagten, ich solle mich ausruhen. «Ja, ich helfe noch beim Abwasch und lege mich dann sofort in die Hängematte», beruhigte ich sie schmunzelnd.

«Ich hatte mich ja schon den halben Morgen ausgeruht und man kann sich doch nicht den ganzen Tag ausruhen, oder?»

Nach dem Abwasch und als die Küche mehr oder weniger aufgeräumt aussah, zogen sich auch die beiden Frauen zurück, um Siesta zu halten. Die Hitze ließ nichts anderes zu.

Ich holte ein Buch aus meinem Koffer und legte mich in die Hängematte unter dem Mangobaum. Sogar zum Lesen war es zu heiß, also ließ ich es sein und träumte vor mich hin.

Plötzlich stand Mady neben mir und sagte ganz begeistert: «Jetzt wird Wolof gelernt, Monika. Das musst du können.»

Ja, das stimmte und ich freute mich darauf, irgendwann Wolof zu sprechen.

Die Sonne brannte vom Himmel, ich war froh um diesen lauschigen Schattenplatz, doch das Lernen strengte mich an. Es ist keine Sprache, die man mal so nebenbei lernt. Und bei dieser Hitze zu denken, stellte sich als gar nicht so einfach heraus. Ich brauchte ein Heft. Ich musste mir die Wörter notieren, sie sehen, damit sie sich eines Tages in meinen Kopf einprägten.

Ich wollte gerade aufstehen, um mein Tagebuch aus meinem Zimmer zu holen, als Mady erstaunt sagte: «Was willst du denn aufschreiben?»

«Die Wörter. Damit ich sie lernen kann», entgegnete ich.

«Ah ja?» Er nickte fragend mit dem Kopf. «Ich kann nicht schreiben.»

«Aber lesen?», wollte ich wissen.

Er schüttelte den Kopf. «Nein, Monika. Ich habe immer gearbeitet, und habe keine Zeit für die Schule gehabt.»

Ich konnte mir gar nicht vorstellen, wie es war, nicht zur Schule gehen zu müssen. Aber er machte seinen Job als Gärtner wirklich gut und er war hier sicher nicht der Einzige, der nicht lesen und schreiben gelernt hatte.

Ich mochte Mady. Er war stets hilfsbereit, manchmal sogar ein wenig übereifrig, doch wenn es mich nervte, konnte ich es ihm sagen, und er war freundlich, immer fröhlich und respektvoll. Er hatte etwas ganz Unschuldiges an sich, fast wie ein Kind.

Doch er habe die Koranschule besucht, erklärte er mir stolz. Davon hatte ich wiederum keine Ahnung. Vielleicht war das etwas Ähnliches, wie bei uns die Sonntagsschule oder der Religionsunterricht? Ich ging nicht näher darauf ein.

Nachdem ich mit Papier und Bleistift zurückkam, legte ich mich wieder in die Hängematte. Auf dem Boden stand ein kleiner Messingofen, gefüllt mit Kohle, um das Feuer zu machen und den obligatorischen Ataya zuzubereiten.

Mady, der auf einem niedrigen Holzhocker saß, fächerte mit einem Plastikdeckel immer wieder Luft in den Ofen, damit sich die Briketts entzünden konnten. Und er erklärte mir jede Handbewegung auf Wolof. Ich verstand natürlich kein Wort. Einiges konnte ich mir zusammenreimen. Doch ich wollte erst einmal Wörter und Sätze lernen, die ich anwenden und brauchen konnte, wie zum Beispiel: «Es ist heiß, oder kalt oder kochen, essen, sitzen ...» Mady begriff und ich schrieb fleißig mit. Ich musste oft lachen, so eine ganz andere Sprache hatte ich noch nie gelernt. Für mich waren die Worte die reinsten Zungenbrecher.

«Aber Monika, das ist einfach, das ist einfach», behauptete er.

«Das ist überhaupt nicht einfach», rechtfertigte ich mich schon fast. *Na warte, das sollst du büßen*, dachte ich und kramte das fieseste und schwierigste schweizerdeutsche Wort hervor, dass es überhaupt gab.

«Chuchichäschtli», sagte ich mit einem zuckersüßen Grinsen im Gesicht.

«Was?», wollte er überrascht wissen, damit hatte er natürlich ganz und gar nicht gerechnet.

«Ha, Mady, das ist ganz einfach», sagte ich lachend, als ich sein verdutztes Gesicht sah, und erklärte: «Das heißt in meiner Sprache Küchenschrank ...»

Wir mussten so lachen und verbrachten einen unglaublich lustigen Nachmittag.

Irgendwann setzten sich auch Salif und Abdou zu uns und sie freuten sich, dass ich Wolof lernen wollte. Natürlich mussten sie bei meiner Aussprache ebenfalls lachen, und so blieb auch ihnen das Chuchichäschtli nicht erspart.

Ich fragte mich aber schon, ob ich dieses Wolof jemals lernen würde, geschweige denn sprechen könnte. Was mich gleich noch mehr ins Schwitzen brachte.

Der Nachmittag verging im Handumdrehen und einige Wörter blieben tatsächlich hängen, was mich natürlich stolz machte.

Vor lauter Üben dieser verrückten, neuen, unaussprechlichen Worte, dachte ich nicht ununterbrochen an Malick. Bis Abdou verkündete, dass er nach dem Siebzehn-Uhr-Gebet ins Dorf gehen würde, um Zigaretten und Brot für das Abendessen einzukaufen.

«Kommst du mit?», wollte er wissen.

Vielleicht treffe ich bei dieser Gelegenheit Malick, überlegte ich und wurde schon wieder nervös.

Trotzdem war ich einverstanden, denn ein wenig Bewegung konnte mir nicht schaden. Und wer weiß ...? Plötzlich ratterte es heftig in meinem Kopf.

«Ich würde mich gern noch frisch machen, bevor wir gehen», sagte ich aufgeregt zu Abdou.

«Sicher, wir beten erst. Du hast genug Zeit.»

Während die anderen sich fürs Gebet vorbereiteten, konnte ich mich in Ruhe meiner Körperpflege widmen und mir etwas Schickes anziehen. Nur was?

Ich legte alles, was ich an Kleidern und Schmuck mitgenommen hatte, auf das Bett. Meine Garderobe bestand hauptsächlich aus

Schwarz, damit konnte man nicht viel falsch machen. So war es auch nicht sehr schwer, etwas herauszusuchen. Für heute Abend wollte ich jedoch richtig gut aussehen und entschied, das schöne, farbige Tuch, das ich beim letzten Mal in Kafountine auf dem Markt gekauft hatte, um meine Haare zu binden.

Nach dem Duschen wieder im Zimmer probierte ich gleich, das Tuch elegant um mein Haupt zu wickeln. Ja, das sah gut aus, stellte ich erfreut fest, als ich in den kleinen Handspiegel schaute, den ich mitgenommen hatte. Um sicherzugehen, dass wirklich alles saß, ging ich noch einmal zur Dusche. Dort befand sich ein viel größerer Spiegel, in dem ich mich von Kopf bis Fuß betrachten konnte.

Auf dem Weg dorthin begegnete ich Fatou.

«Tu es belle», rief sie begeistert aus.

Doch so ginge das nicht mit dem Tuch, und sie nahm es mir wieder runter. Sie begann, es mir nach traditioneller afrikanischer Art um meine Haare zu flechten.

«Voilà, c`est plus joli», sagte sie zufrieden, als sie ihr Kunstwerk auf meinem Kopf betrachtete. «Jetzt, siehst du wie eine afrikanische Frau aus, das gefällt Malick.»

Ich ging nochmal zum Spiegel. *Hilfe, das sieht ja fürchterlich aus,* stellte ich mit Schrecken fest. Was sollte ich tun? Sie hatte sich so viel Mühe gegeben. Nur diese große Schleife, die ich nun auf meinem Kopf trug, passte überhaupt nicht zu mir. Ich kam mir total fremd vor.

Aber ich wollte sie auch nicht beleidigen. Ich haderte, so konnte ich unmöglich ins Dorf, ich war doch ohnehin schon nervös. Also entschuldigte ich mich und erklärte ihr, dass es mir nicht gefallen würde.

«Ah bon», entgegnete sie nur. «Was ist denn nicht gut?»

«Es ist einfach nicht mein Stil», gestand ich.

«Ah bon,» sagte sie.

Ich wusste nicht genau, wie sie es meinte und ob ich sie beleidigte, als ich das Tuch wieder vom Kopf nahm. Doch ich fühlte mich so bedeutend wohler. Klar wollte ich Malick gefallen, aber ich war nun mal keine afrikanische Frau. Auch nicht mit einer schön drapierten Schleife auf meinem Haupt.

«Bist du soweit?», wurde ich von Mady gerufen. «Wir wollen gehen.»

Er kam also auch mit. Ich war froh, aus dieser für mich peinlichen Situation herauszukommen, doch jetzt musste ich mir das Ding noch einmal um den Kopf wickeln. Fatou verließ die Dusche und wünschte mir augenzwinkernd Glück. Sie schien wirklich nicht beleidigt zu sein.

«Merci», bedankte ich mich erleichtert.

Jetzt musste ich mich beeilen und überlegte, während ich mir das Tuch erneut um den Kopf wickelte, was ich noch mitnehmen musste, ob ich den Rucksack packen sollte oder nur meine kleine, mit Kaurimuscheln bestickte Handtasche.

Nachdem das Tuch mehr oder weniger saß, ging ich schleunigst zurück auf mein Zimmer. Ich hatte mich für die Kauri-Handtasche entschieden und packte eilig Geld, Taschenlampe und Pass ein, und zog meine Schuhe an ...

Parfüm!, kam mir plötzlich in den Sinn, aber war das nicht zu aufdringlich? Ein wenig konnte nicht schaden. Mit vorfreudig klopfendem Herzen besprühte ich mich mit einem Spritzer meines Lieblingsdufts. Dann schnappte ich meine Jeansjacke und ging nervös nach draußen.

«Kommst du?!», wurde ich nochmal gerufen.

Ich schloss die Tür hinter mir und ging zur Feuerstelle. Dort warteten Abdou, Mady und Salif bereits auf mich.

«Wow! Tu es belle», kam es begeistert aus ihren Mündern. «Und dieses schöne Tuch auf deinem Kopf...»

Natürlich freute ich mich riesig über die Komplimente, wurde jedoch sofort noch kribbeliger.

Wir nahmen den Weg durch den Busch, obwohl ich lieber am Meer entlanggelaufen wäre. Aber der Buschweg war wesentlich kürzer. Dank der vielen Bäume war er auch schattiger und angenehm kühl.

Der Fußmarsch tat mir gut. Ich genoss die wilde, afrikanische Natur, diese verschiedenartigen Vogelstimmen liebte ich. Es beruhigte mich.

Plötzlich, wie aus dem Nichts, sprang ein Affe von einer Palme auf den sandigen Weg hinunter, blieb für einen kurzen Moment stehen und verschwand schnell wieder im Dickicht des Dschungels.

Ich erschrak fürchterlich. Ich hatte noch nie so einen großen Affen in freier Wildbahn gesehen. Er sah aus wie ein Pavian.

«Die sind doch gefährlich», sagte ich, als ich mich vom ersten Schrecken erholt hatte.

«Nein, nein», beruhigte mich Mady. «Die sind viel zu scheu. Die tun dir nichts.»

Das erleichterte mich und ich fragte mich, ob ich eigentlich gegen Tollwut geimpft war. So ein komischer Gedanke, was mir so alles in den Sinn kam, mitten im Dschungel. Da musste ich ja selbst lachen.

«Warum lachst du?» Abdou schaute mich erstaunt an.

«Nichts, ich freue mich einfach, einmal einen freien Pavian gesehen zu haben.»

Ob es noch weit sei, lenkte ich ab.

«Nein, da vorne, und da ist auch die Boutique von Malick. Das ist doch dein Ziel?», kam es schelmisch von Abdou. «Da gehen wir nun vorbei.»

Bei diesem Satz begann mein Herz zu rasen. Das ging mir jetzt zu schnell.

Der Weg, den wir genommen hatten, führte direkt auf die große Straße, in Richtung Dorfkern. An beiden Seiten der rotkiesigen Hauptstraße tummelten sich Boutiquen, gemütliche Restaurants und eine Bar mit einem Künstlershop, in dem es verschiedene Stoffe, Muschelschmuck, Djembes, originelle Sandbilder, Masken und sonst noch Allerlei zu kaufen gab.

Junge Männer saßen vor dem Shop und warteten auf Kundschaft. Ich kannte diese Bar, denn ich hatte sie schon einmal mit Malick besucht, als wir uns frisch kennengelernt hatten.

Als sie mich sahen, rief einer der Burschen auf Englisch: «Toubab, come in, take a look.»

«Later», rief ich zurück.

Meine drei Begleiter grüßten im Vorbeigehen. Weiter vorn befand sich ein Telecentre, vor dem ebenfalls junge Männer saßen und sich die Zeit mit Ataya vertrieben. Vielleicht war es das Telecentre, von dem mich Malick von Zeit zu Zeit angerufen hatte.

«Salamalekum», grüßten wir.

«Malekum Salam.»

Nur noch wenige Meter bis zu Malicks Shop. Mein Herz begann wild zu klopfen. Vor lauter Aufregung und Nervosität wäre ich am liebsten wieder umgekehrt. Doch das ging jetzt nicht mehr.

Seine Boutique lag unter freiem Himmel. Kleider wie Hosen, Hemden, Röcke, baumelten an einer Schnur, die er zwischen zwei Bäume gespannt hatte. Schmuck und Stoffe hingen schön arrangiert an einer handgemachten Bambuswand. Djembes und Figuren aus Holz schmückten den roten sandigen Boden.

Auf einem kleinen handgeschnitzten Holzhocker saß ein junger Mann und trommelte. Nur Malick sah ich nirgends.

Der Mann wurde auf mich aufmerksam, stand auf, kam auf mich zu und sagte: «Bonjour, ça va?» Plötzlich weiteten sich seine Augen und ein Lächeln zuckte über sein Gesicht. «Monika?»

«Ja?», erwiderte ich verunsichert.

Ich kannte ihn flüchtig. Soweit ich wusste, war er ein Verwandter von Malick und er half ihm in seiner Boutique.

«Wo ist Malick?»

«Ausgegangen», meinte dieser, immer noch überrascht, mich zu sehen. Mit mir hatte er wohl nicht gerechnet.

Wann er dann zurückkommen würde, wollte ich wissen.

«Später», sagte er und fragte mich, bevor ich antworten konnte: «Kennst du mich nicht mehr?»

«Doch, doch», beteuerte ich. «Aber dein Name ist mir leider entfallen, sorry.»

«Keba, mein Name ist Keba. Hörst du? Ja nicht mehr vergessen», beschwor er mich.

Ich nickte nur und schwankte zwischen Erleichterung und Enttäuschung über Malicks Abwesenheit.

«Wo ist er denn hin?»

«Zum Dorfplatz. Du kannst hier warten, bis er wiederkommt», bot mir Keba an und forderte mich auf, Platz zu nehmen. Da ich nicht allein war und wir sowieso auch weiter bis zum Dorfplatz mussten, um unsere Einkäufe zu tätigen, verneinte ich mit den Worten: «Ich komme ein anderes Mal wieder und vielleicht treffen wir Malick ja irgendwo auf dem Weg an.»

Ich verabschiedete mich von ihm und ging auf die andere Straßenseite, auf der Abdou, Mady und Salif auf mich warteten. Oder warten hätten sollen, denn nun waren sie weg. Genervt schaute ich mich um, und fragte mich, wohin die drei so schnell verschwunden sein konnten.

«Suchst du Abdou?», hörte ich eine Frauenstimme rufen.

Ich drehte mich um und sah eine junge Frau auf mich zukommen.

«Monika?»

Wer war sie? Ich erkannte sie nicht sofort.

Sie fragte mich ganz enttäuscht: «Erkennst du mich nicht?»

Ich überlegte angestrengt. Ja, das Gesicht kam mir bekannt vor. «Hilf mir», bat ich sie.

«Ich bin es, Hady, die Schwester von Malick.»

Das wunderte mich jetzt. Ich dachte, die Schwestern von Malick wohnten alle in Ziguinchor. Gut, ich war ja länger nicht hier gewesen, da hatte sich in der Zwischenzeit sicher einiges geändert. Ich erinnerte mich nun auch wieder, ich hatte sie schon im Dorf gesehen, dass sie Malicks Schwester war, wusste ich jedoch wirklich nicht. Egal, ich mochte Hady und freute mich, sie zu sehen und auch, dass sie mich gleich erkannt hatte.

162

«Willst du zu Malick?», wollte sie wissen.

«Eigentlich schon, er ist allerdings nicht da und jetzt suche ich Abdou, Mady und Salif.»

«Die sitzen in der Bar da vorne und warten auf dich», gab sie mir, immer noch ganz erfreut über unser Wiedersehen, zu verstehen.

«Kommst du mich bald einmal mit Malick besuchen?», wollte sie wissen. «Du weißt ja, wo ich wohne.»

Ich schüttelte den Kopf. «Nein, wo wohnst du denn?»

«Monika, weißt du denn gar nichts mehr?» Lachend machte sie eine Handbewegung: «Gleich dort hinten.»

Damit war auch das geklärt.

«Ja, sicher komme ich dich mit Malick bald besuchen, doch dafür müsste ich ihn zuerst einmal finden,» scherzte ich.

«Wohnst du im Camp bei Papis?»

«Ja, er ist jedoch noch nicht hier. Und jetzt muss ich weiter, wir müssen für das Abendessen einkaufen. Ich komme dich besuchen», rief ich ihr zu und machte mich auf den Weg zu ›meinen‹ Männern. Die hatten es sich inzwischen gemütlich gemacht, saßen plaudernd auf weißen Plastikstühlen vor einem Shop und rauchten einen Joint.

«Setz dich. Monika, richtig?», forderte mich ein junger, hochgewachsener, gutaussehender Mann auf Französisch auf, als ich näherkam.

Ich nickte und setzte mich auf einen freien Stuhl. Auch er schien mich zu kennen, nur ich kannte ihn nicht. Es fiel mir schwer, mich an ihn zu erinnern, oder ihn schon einmal gesehen zu haben. Es war schwierig, jeden zu kennen, denn für mich sahen sowieso alle ein bisschen gleich aus.

Ich wandte mich an Abdou, um ihm zu sagen, dass ich Malick nicht angetroffen habe und wir jetzt die Einkäufe machen könnten. Für mich das Zeichen weiterzugehen, also erhob ich mich.

Der junge Mann, der mir den Platz angeboten hatte, setzte sich auf den Stuhl neben mir und sagte: «Bleib doch noch.» Und wie aus heiterem Himmel schoss es aus seinem Mund: «Du bist die Frau von Malick. Jetzt weiß ich es wieder.»

Äh? Wie bitte? Diesen Typen kannte ich überhaupt nicht! Ich schaute ihn fragend an. «Wie kommst du darauf? Wer bist du und woher kennst du mich?»

«Ich kenne dich», behauptete er weiter. «Du warst mit Malick hier.»

«Das kann sein, doch deswegen bin ich ja nicht gleich seine Frau», erklärte ich ihm.

Er plauderte, ohne darauf einzugehen, weiter drauf los und meinte, Malick würde sicher gleich kommen.

Sogar Abdou war der Meinung, dass wir hierbleiben sollten. Doch das wollte ich eigentlich nicht. Ich fühlte mich ganz und gar nicht in der Stimmung, hier zu sitzen, Ataya zu trinken und zu kiffen. Ungeduldig stand ich herum und gab meinen Begleitern zu verstehen, dass ich allein zum Dorfplatz gehen würde, weit war es ja nicht mehr und der Weg mir nicht unbekannt. Und wer weiß, vielleicht traf ich dort Malick und falls nicht, wollte ich lieber zurück ins Camp, statt hier rumzuhängen.

Mady bemerkte meine Unruhe und bot an, mich zu begleiten, um mit mir die Einkäufe zu erledigen. Es freute mich, dass wenigstens auf Mady Verlass war. Doch Abdou und Salif wollten natürlich auch gut dastehen, also schlossen sie sich uns an.

Da Fatou die Zutaten fürs Abendessen brauchte, sollten wir sowieso nicht allzu spät nach Hause kommen. So machten wir uns gemeinsam auf den Weg zum Dorfplatz.

«Du kommst doch wieder?», brüllte mir der junge Mann nach.

«Ja, ja», rief ich vergnügt zurück.

Im Dorf tätigten wir unsere Einkäufe. Ich brauchte Wasser, Kerzen, Streichhölzer und etwas Süßes. Mady kaufte Maggiwürfel, die Fatou zum Würzen brauchte, Zucker und grünen Tee für den Ataya, durften natürlich nicht fehlen.

Außerdem Petroleum für die Lampen und das Wichtigste war Brot, das um diese Zeit rar zu sein schien. Wir mussten einige Boutiquen abklappern, bis wir noch welches bekamen.

Nur Malick trafen wir nirgends. Es begann schon zu dämmern, und so machten wir uns auf den Weg zurück ins Camp. Gut, dass ich die Taschenlampe eingepackt hatte. Die Nacht brach abrupt herein und ohne Licht durch den Busch zu gehen, trotz Begleitung, war für mich immer noch unheimlich. Lachend erinnerte ich mich an meinen allerersten Tag, beziehungsweise meine erste Nacht, als ich hierherkam. Wie ich mitten in der Finsternis mit Papis und Ousman, die ich damals ja nicht so gut kannte, durch den dunklen Busch stapfen musste, weil das Auto im Sand steckengeblieben war, und ich mir vor lauter Angst, dass etwas Schlimmes passieren könnte, fast in die Hose machte. Alle kannten diese Geschichte zwar, aber ich erzählte sie gleich noch einmal, denn sie war einfach lustig.

So verging die Zeit schnell und wir kamen ruckzuck im Camp an, wo Fatou ungeduldig auf ihre Maggi-Würfel und das Brot wartete.

Neugierig wollte sie auch wissen, ob ich Malick getroffen habe. Ich verneinte leicht enttäuscht.

«Dafür weiß er jetzt, dass du hier bist», tröstete sie mich. «Er wird dich besuchen kommen.»

Also musste ich nicht noch einmal ins Dorf, darüber war ich eigentlich froh, und konnte so ganz in Ruhe am nächsten Tag an den Strand gehen.

Bevor das Essen serviert wurde, wollte ich schnell in mein Zimmer, um meine Einkäufe abzustellen. Es war stockdunkel und ich sah nichts, als ich die Tür aufschließen wollte. Irgendwo musste meine Taschenlampe sein, aber ich fand sie nicht. Die konnte sich ja wohl nicht in Luft aufgelöst haben, so groß war meine Tasche nun auch wieder nicht. Und die Streichhölzer waren auch verschwunden. Hatte ich die etwa verloren? Bis mir in den Sinn kam, dass ich die Taschenlampe, kurz bevor wir von der Hauptstraße in den Busch einbogen, Abdou gegeben hatte, als ich die Streichhölzer für Salifs Zigarette aus der Tasche heraussuchte. Auch das noch, jetzt stand ich im Dunkeln und musste erst zu Abdou, um meine Taschenlampe wiederzubekommen und zu Salif für die Streichhölzer. Na ja, umständlicher ging es ja wohl nicht mehr.

In der Zwischenzeit verteilte Mady seelenruhig die Petroleumlampen, zum Glück auch eine für mich. Ich bedankte mich sehr erleichtert und schloss glücklich meine Zimmertür auf. Irgendwie war er immer im richtigen Moment zur Stelle. Ich nahm die Lampe mit ins Zimmer, stellte sie auf den Tisch und setzte mich müde auf das Bett. Die Wasserflaschen holte ich aus der Plastiktüte und reihte sie neben meinem Bett auf. Die erste schraubte ich gleich auf und trank gierig. Dann packte ich die Kerzen aus, die mir gerade ohne Streichhölzer nichts nutzten, und aß genüsslich ein Biscreme. Ich mochte diese mit Schokolade gefüllten Kekse, obwohl ich damit eigentlich bis nach dem Abendessen warten wollte. Ich brauchte jetzt einfach etwas Süßes.

Kauend erhob ich mich vom Bett und öffnete den Fensterladen, um die kühle Abendluft hereinzulassen. Stille umgab mich. Es tat so gut. Von weitem hörte ich das Meeresrauschen und das Zirpen der Grillen. *Schade, dass wir Malick nicht getroffen haben*, dachte ich innerlich seufzend. Morgen war Sonntag, da wollte ich an den Strand, und in meinem Zimmer sollte ich das Moskitonetz aufhängen, nicht, dass es wieder liegen blieb wie beim letzten Mal. Und falls Malick vorbeikam und ich genau dann am Strand war? Er würde mich finden. Jeder hier wusste immer, wo ich mich gerade aufhielt. Während ich mich mit solchen Problemen beschäftigte, holte mich Mady fürs Abendessen ab, was mich sofort auf andere Gedanken brachte. Endlich. Ich war hungrig geworden.

Sonntag

Am nächsten Tag erwachte ich früh, die Sonne blinzelte mir durch einen Spalt im Fensterladen freudig entgegen. Auch die Vögel schienen sich wie immer auf diesen neuen Tag zu freuen und zwitscherten gutgelaunt um die Wette. Das würde ein fantastischer Tag werden, das spürte ich sofort und konnte es kaum erwarten, ans Meer zu gehen. Ich hüpfte frohen Mutes aus meinem Bett und öffnete den Laden. Die Sonne schien direkt in mein Gesicht, sodass ich für einen Moment die Augen schließen musste. Es roch nach Fisch und Meer. Genüsslich sog ich meinen neuen Lieblingsduft ein und fühlte mich gleich noch viel besser. Sonntag! Heute war faulenzen angesagt.

Ich zog meine Jeansjacke an, spähte leicht verträumt nach draußen, um zu schauen, wer schon um diese Zeit außer mir wach war, sah jedoch niemanden. Wie jeden Morgen machte ich mich auf den Weg zur Toilette. Wieder zurück setzte ich mich zum Schreiben auf die Veranda. Es war noch frisch, also holte ich mir eine Decke.

Als ich die Seiten aufschlug, sah ich die Wörter, die ich am Tag zuvor aufgeschrieben hatte, als ich mich mit Mady abmühte, Wolof zu lernen.

Super, da könnte ich doch gleich weitermachen.

Dann würde ich heute schon mit einigen Wörtern Wolof auftrumpfen. Als ich jedoch die Wörter so aussprach, wie ich sie aufgeschrieben hatte, fragte ich mich, ob das stimmte. Verunsichert legte ich das Heft wieder beiseite. Ich brauchte einen fachkundigen Lehrer, denn mit der Aussprache konnte ich immer noch nichts anfangen. Es klang einfach zu seltsam. Zum Schreiben hatte ich nicht so richtig Lust, also füllte ich ein leeres Blatt mit einer Zeichnung. Ein Bild sagt bekanntlich mehr als tausend Worte ...

Vor meinem inneren Auge tauchte wieder das Gemälde auf, das, bei meinem ersten Besuch in meinem Häuschen an der runden Wand gehangen hatte und ich probierte, es nachzuzeichnen. Ich versuchte, diese gefühlsvolle Stimmung erneut einzufangen, und meine eigene Zeichnung von einem Haus unter Palmen entstand.

Was hatte ich für ein Glück. Was konnte es Schöneres geben, als an einem Ort am Meer, wo es warm war, aufzuwachen?

Während ich dasaß und malte, bekam ich Lust auf einen Kaffee, in der Küche war es jedoch ruhig. Da immer noch alle zu schlafen schienen, beschloss ich, ans Meer zu gehen. Ich ging zurück in mein Zimmer, zog mich strandtauglich an, schnappte meinen Fotoapparat, schloss die Tür hinter mir und machte mich eiligst auf den Weg. Dummerweise war das Eingangstor geschlossen und ich hatte keinen Schlüssel. Wecken wollte ich niemanden, also blieb mir nur die Möglichkeit, über den Zaun zu klettern. Nur - die Zäune waren hier alle aus Stacheldraht, damit nachts niemand ins Camp eindringen konnte.

Hm, sollte ich es riskieren? Mir kam in den Sinn, dass Max mir beim letzten Mal ein Loch im Zaun gezeigt hatte, durch das er immer gegangen war, wenn er unentdeckt an den Strand wollte.

Clever, jetzt musste ich es nur wiederfinden. Es dauerte nicht lange, bis ich es entdeckt hatte, und so wie es aussah, hatten das unterdessen auch andere bemerkt und genutzt. Das Loch war ziemlich groß geworden, ein Teil des Zauns beinahe schon weggerissen. Da kam ich spielend durch.

Ich sollte es Mady sagen, wenn ich zurückkam, damit er es reparieren konnte.

Falls Papis das sah, würde er wahrscheinlich ziemlich wütend werden. Nur wenn ich den kaputten Zaun meldete, war der Durchgang nicht mehr geheim. Vielleicht wusste Mady ja auch schon davon? Aber wenn er geflickt war, wäre es mir wohler. Auf jeden Fall freute ich mich jetzt über diesen Weg zum Strand, das war gerade das Wichtigste.

Pünktlich zum Frühstück war ich wieder zurück. Ob jemand bemerkt hatte, dass ich weg gewesen war? Gemütlich schlenderte ich zu meinem Zimmer. Bevor ich jedoch die Tür aufschloss, nahm ich den ganzen Schatz Muscheln, den ich am Strand gefunden hatte, aus meiner Jeansjacke, in die ich sie notdürftig eingewickelt hatte, weil ich in der Eile vergessen hatte, einen Plastiksack mitzunehmen. Ich legte die Fundstücke wunderschöner Muscheln auf der Veranda zum Trocknen aus und schüttelte den Sand aus der Jacke. Glücklich öffnete ich meine Zimmertür, zog meine Schuhe aus und trank erstmal einen kräftigen Schluck frisches Wasser. Ich freute mich jetzt wirklich auf einen Kaffee.

Aus der Küche hörte ich Geräusche. Ein gutes Zeichen, ich machte mich sofort auf den Weg dorthin und tatsächlich: Die Frauen bereiteten schon fleißig und gut gelaunt das Frühstück zu.

«Kommst du vom Strand?», wollte Ami neugierig wissen. «Das nächste Mal nimmst du mich mit, ich gehe nicht allein.»

«Ich nehme dich gerne mit, aber dann musst du sehr früh aufstehen», antwortete ich lachend, hier entging wirklich niemandem etwas.

«Ja, ist gut, weckst du mich, Monika?» Sie schaute mich bittend an.

«Nein, ich wecke dich nicht. Ich hole dich ab, damit wir gemeinsam gehen können und wenn du nicht wach bist, gehe ich allein.»

«Okay.» Morgen wäre sie rechtzeitig fertig, beteuerte sie. «Willst du Kaffee, Monika?»

«Ja, unbedingt, deswegen bin ich hier und Hunger habe ich auch», gab ich zur Antwort.

«Du kannst mir helfen, den Tisch zu decken, dann geht es schneller», forderte Ami mich auf.

Das machte ich gerne und zusammen trugen wir das Geschirr, Tee, Kaffeepulver, eine Thermoskanne mit heißem Wasser, Zucker, Butter und was sonst noch alles gebraucht wurde auf die Terrasse. Wie meistens fehlte nur das Brot, doch Mady und Salif hatten sich schon auf den Weg gemacht, um welches zu besorgen. Ich hoffte, sie hatten mehr Glück als gestern. Heute war Sonntag, das machte es sicher schwieriger.

Fatou sagte: «Die Boutique vorn an der Ecke hat täglich offen und so gut wie immer Brot.»

Sie meinte wohl die Boutique, vorne am Meer. Das konnte eine Weile dauern, überlegte ich, und so setzte ich mich auf der

Terrasse in die Sonne, von der ich nicht genug bekam, und machte mir meinen Kaffee aus Nescafé-Pulver, heißem Wasser und Milchpulver. Ich mochte diesen Kaffee langsam. Er war fast nicht mehr wegzudenken. Bald darauf kam Mady zurück, er hatte sich wohl beeilt.

Er setzte sich gleich zu mir und strahlte mich an. «Ich freue mich, dass du da bist.»

Ja, er freute sich wirklich, er las mir ja schon fast jeden Wunsch von den Augen ab. Auch Salif, Abdou, Ami und Fatou setzen sich zu uns und wir frühstückten in Ruhe, genussvoll, plaudernd und lachend. Niemand hatte Eile.

«Möchtest du später am Strand entlang nach Kafountine spazieren?», fragte mich Salif.

Aha, er wusste also, dass ich das gerne tat. Logisch, er hatte mich beim letzten Mal ja öfter an den Strand begleitet. Ich überlegte, aber nein, richtig Lust, so weit zu laufen, hatte ich nicht. Heute einfach nur relaxen. Am Strand war ich am Morgen gewesen.

«Ein anderes Mal gerne, heute möchte ich nur lesen, dösen und liegen», sagte ich, damit er nicht weiterfragte.

Doch Salif gab, wie immer, nicht so schnell auf und fuhr fort: «Vielleicht eine Tanzstunde?»

«Nein, auch keine Tanzstunde», wehrte ich ab.

«Aber wenn du unbedingt etwas für mich machen möchtest, dann bring mir meine Streichhölzer zurück. Die vermisse ich nämlich. Und Abdou, du hast noch meine Taschenlampe, die will ich auch wieder.»

Beides kam im Laufe des Sonntags zu mir zurück ...

Der Sonntag verlief ruhig, es wurde Zeit für das Vierzehn-Uhr-Gebet und danach gab es Essen. Ich hatte trotz des ausgiebigen Frühstücks tatsächlich Hunger. Heute gab es Mafé. Es schmeckte hervorragend, ja, Fatou war eine ausgezeichnete Köchin und ich langte kräftig zu. Zum Nachtisch standen feine Früchte und frisch zubereiteter Jus de Bissap auf dem Tisch. Ich liebte diesen Tee, nur war er leider immer zu stark gesüßt.

«Bissap ist sehr gesund, weißt du das, Monika», erklärte mir Fatou.

Ich nickte. «Ja, aber nicht mit so viel Zucker.»

«Ah bon, warum denn nicht?», fragte sie erstaunt und wollte mehr wissen. «Zu viel Zucker ist schädlich für die Zähne und sehr ungesund für den Körper», versuchte ich, ihr zu erklären und deswegen entbrannte eine Diskussion. Da ich nicht besserwisserisch wirken wollte, fragte ich sie, ob sie vielleicht den Tee einfach mit weniger oder am liebsten ganz ohne Zucker kochen könne, dann hätte jeder die Möglichkeit, nach seinem Geschmack zu süßen.»

Sie überlegte einen kurzen Moment. «Oui, merci, Monika, c`est une très bonne idée.» Sie war sofort mit meinem Vorschlag einverstanden, was mich wirklich freute.

Ich half noch ein wenig beim Abwasch und wir plauderten eine Weile darüber, weshalb zu viel Süßes ungesund sei. Ich erklärte meinen Standpunkt und dass ich es nicht mochte. Alle hier süßten mit Unmengen von Zucker, jeder nach seinem Gusto.

Ja, Gewohnheit ist Gewohnheit, und wir mussten beide lachen. Es war ein heiterer Abwasch und nachdem wir die Küche aufgeräumt hatten, wollte ich zurück in mein Zimmer.

«Wohin willst du, an den Strand?»

«Nein, ein wenig ausruhen», erwähnte ich lachend. «Ich bin müde, ich muss mich erst wieder ans Klima gewöhnen.»

Auch Ami und Fatou zogen sich in ihre Zimmer zurück.

Die Hitze flirrte, ich freute mich auf einen kühlen Raum und mein Bett, auf dem ich den zwitschernden Vögeln lauschen konnte und nichts tun musste. Malick war noch nicht gekommen, und nun war Siesta und sowieso zu heiß, um bis ins Camp zu laufen.

Es wurde später und später. Der Abend brach herein und kein Malick erschien.

Na ja, ehrlich gesagt, hatte ich mir ja auch erst Montag vorgenommen, ihn zu sehen. Da hatte das Universum anscheinend gut zugehört.

Abendessen gab es heute auf der Veranda. Obwohl ich vom bloßen Herumliegen nicht sehr hungrig war, freute ich mich aber über den leckeren Salat mit Ei, den Fatou für uns in einer großen runden Schüssel servierte. Der sah so unglaublich gut aus, dass mir schon bei seinem Anblick das Wasser im Munde zusammenlief. Nach dem Essen zündete ich eine Kerze an, während Fatou und Ami abräumten. Ich hatte keine Lust, jetzt noch in der Küche zu helfen und machte es mir auf der Veranda in meinem Stuhl bei Kerzenschein gemütlich.

Ich dachte darüber nach, was wäre, wenn ich Malick nicht antraf? Sollte ich dann abreisen? Nein! Dieses Wort, ja, dieser Aufschrei kam ganz eindeutig aus meinem Inneren. Ich würde bleiben.

Lange saß ich noch draußen, von diesem unglaublichen Sternenhimmel und dem Meer entzückt. So schnell brachten mich hier keine zehn Pferde mehr weg.

Ich musste über mich lachen. Ja, ich hatte Sehnsucht nach Malick, doch gerade spielte mein Gehirn auch mit einer anderen Möglichkeit und die konnte ich ja wirklich nicht ausschließen. Immerhin war unser Kontakt so gut wie abgebrochen gewesen. Ich hatte ihm nicht einmal gesagt, wann und ob ich wieder zurückkommen würde und wer weiß, was inzwischen alles passiert war ...

Seit gestern wusste er bestimmt, dass ich hier bin. Warum war er nicht aufgetaucht? Es war wohl auch gut, solche Gedanken zu haben. Sie gaben mir Aufschluss darüber, was ich ohne Malick machen würde. Bleiben wollte ich so oder so, das stand fest. Aber ich machte mein Hierbleiben nicht von ihm abhängig. Am Meer zu leben war schon lange ein Traum von mir.

Salif kam und setzte sich zu mir.

«Morgen tanzen wir», freute er sich.

Ja, genau, Tanzen. Das wollte ich und deswegen war ich auch hierher zurückgekommen. Es waren ja ursprünglich der Tanz und das Meer gewesen, die mich hergezogen hatten. Ich fühlte mich erleichtert, und sagte zu Salif, dass ich gerne tanzen würde, jedoch erst wenn, die Trommler kamen und Papis mit seinen Schülerinnen.

«Ja, du kannst trotzdem schon morgen beginnen. Dann hast du einen Vorsprung.»

Ich wusste, er meinte es gut, ich erinnerte mich jedoch an das letzte Mal und darauf hatte ich keinen Bock. Mit ihm länger diskutieren wollte ich auch nicht, und in der Hoffnung, ihn wieder loszuwerden, sagte ich deshalb zu ihm, dass ich jetzt schlafen gehen würde, und wir am nächsten Tag weitersehen könnten.

Natürlich gab er sich damit nicht zufrieden. «Monika, hör zu», redete er sofort, mit einem schalkhaften Grinsen weiter.

«Nein», unterbrach ich ihn mit dem gleichen schelmischen Lächeln.

«Monika, warum denn nicht?»

Wollte er es nicht einsehen und einfach ein wenig hier sein und mit mir plaudern oder gar flirten? Wer weiß, keine Ahnung. Er setzte seinen Charme jedoch gut ein, das musste man ihm lassen.

Ich schüttelte den Kopf und auf meine charmanteste Art und Weise sagte ich zuckersüß: «Ich will nicht mit dir reden.»

Dann lachten wir beide und der Fall war klar, wenigstens an diesem Abend. Er wollte trotzdem nicht aufstehen und gehen und ich eigentlich auch noch nicht ins Bett. Also saßen wir wortlos auf der Veranda und lauschten den Geräuschen der Nacht.

Von irgendwoher ertönten Trommeln, das liebte ich so sehr, und in diesem Moment wünschte ich mir, dass Malick statt Salif neben mir säße.

Mit dem Gezwitscher der Vögel erwachte ich, die neuerdings zu meinem Wecker geworden waren. Sie machten mich froh und sofort munter. Ich freute mich auf einen großartigen Tag. Ein Sonnenstrahl, der durch die Ritze des Fensterladens schien, kitzelte mich in der Nase, sodass ich niesen musste. Ich blieb noch einen Moment liegen und mir kam ein Spruch in den Sinn: Wenn einen die Nase kitzelt und man niesen muss, dann denkt jemand an ihn. Ob das stimmte, wusste ich nicht, auf jeden Fall hörte es sich vielversprechend an. *Wer wohl an mich denkt?* Mir käme da schon einer in den Sinn ...

... und erwartungsvoll hüpfte ich aus dem Bett und beschloss, ans Meer zu gehen. Ich zog mich an, öffnete die Tür und tanzte nach draußen. Mir fiel ein, dass Ami ja auch mit an den Strand kommen wollte. Ob sie schon auf war? Ja, war sie und gerade damit beschäftigt, Feuer zu machen, um Wasser für das Frühstück zu kochen. Ich lief zu ihr und fragte sie, ob sie mich zum Strand begleiten wolle.

Verschlafen schaute sie mich an und sagte schlecht gelaunt: «Nein, leider nicht. Ich muss das Frühstück vorbereiten.»

«So früh schon?», wunderte ich mich.

«Ein anderes Mal», äußerte sie knapp.

Es schien nicht so ihr Tag zu sein. Montag war nicht immer jedermanns Sache.

Ich holte meinen Fotoapparat und eine Plastiktüte für die schönen Muscheln. Und machte mich ohne sie auf den Weg. Heute voll legal durch das offene Eingangstor, das Mady vor der Arbeit im Garten geöffnet hatte.

Als er mich sah, rief er mir von weitem «Bonjour, Monika» zu, und eilte sofort zu mir.

«Gehst du wieder an den Strand? So früh?», wollte er wissen und strahlte mich an.

«Ja, ja», antwortete ich beschwingt. «So früh.»

«Wenn du zurückkommst, gibt es Frühstück. Ich gehe gleich los, um Brot zu holen.» Sein Eifer kannte keine Grenzen.

«Das könnte ich übernehmen.»

Das wollte er nicht und schüttelte entrüstet den Kopf. «Non, Monika, c`est mon travail.»

Auch gut. Also ging ich los, und niemand wollte mich jetzt zurückhalten oder begleiten? Das erstaunte mich fast ein wenig. Abdou und Salif hatte ich nicht gesehen, die wären sicher mitgekommen. Wahrscheinlich schliefen sie noch.

Ich war froh, allein am Strand anzukommen. Ich machte einen längeren Spaziergang und zog die frische, salzige Meeresluft durch meine Nase bis tief in die Lunge hinein. Die Möwen drehten ihre Runden über mir, auf der Suche nach Futter. Ich genoss diese fantastische Morgenstimmung. Die Sonne tauchte gerade aus dem Ozean auf und warf mir ihre ersten warmen Strahlen wie Küsse ins Gesicht. Was für eine Wohltat, was für ein Luxus! Ich zog meine Schuhe aus, spielte mit den Wellen, die kamen und gingen und meine Füße überspülten, und musste aufpassen, dass ich nicht auf eine spitzige Muschel trat. Die konnten messerscharf sein. Dann fand ich einige wunderschöne Exemplare, die sofort in meinem Plastikbeutel verschwanden.

Ich dachte an Malick und erinnerte mich daran, wie wir uns eines Morgens, ein paar Tage vor meiner Abreise auch so früh aufmachten, um im Dorf Kunsthaare für mich einzukaufen, die mir die Tänzerinnen dann in einem längeren Prozedere und unter Schmerzen in meine eigenen Haare eingeflochten hatten. Ich musste schmunzeln, ja, es tat höllisch weh. Sie zogen und zerrten zu zweit fast meine Haare aus der Kopfhaut, während sie mir die Kunsthaare einflochten.

Ich merkte einmal mehr nicht, wie die Zeit verging, so sehr war ich in Gedanken. Nur mein knurrender Magen verriet mir, dass ich wohl zurückgehen sollte.

Der Frühstückstisch war tatsächlich schon gedeckt, als ich wieder im Camp eintraf. Sogar frisches Brot lag auf dem Tisch. Was wollte ich mehr? Ich fühlte mich wie bei ‹Tischlein deck dich›. Es lief wie am Schnürchen. Vielleicht lag es daran, dass Papis bald mit seinen Schülerinnen anreiste. Da musste natürlich alles auf Vordermann gebracht werden, und es gab augenscheinlich noch einiges zu erledigen, wie ich bemerkt hatte.

«Heute kommt mein Cousin aus Ziguinchor und hilft mir bei der Arbeit», sagte Mady erleichtert.

Er konnte jetzt Hilfe wirklich gut gebrauchen. So wie es hier aussah, gab es noch so manches zu flicken und zu reinigen, nicht nur der Zaun. Und deshalb würde er nach dem Frühstück ins Dorf gehen, um ihn abzuholen.

«Willst du mitkommen?» fragte er.

Ich überlegte. Sollte ich? Vielleicht würde ich Malick sehen? Doch das passte mir nicht ganz, ich entschied zu warten, bis *er* kam.

«Nein, danke. Ich bleibe hier, es ist mir zu weit, bis zum Ende des Dorfes zu laufen, dorthin, wo die Sept-Places ankommen.»

Den wahren Grund verriet ich ihm natürlich nicht, das brauchte er nicht zu wissen. «Okay, du musst dich wirklich ausruhen, Monika», gab er mir fürsorglich zu verstehen. Ich war erleichtert und auch froh, dass er meine Notlüge nicht durchschaute.

Ich ging zurück in mein Zimmer, um mein Duschzeug zu holen. Die Dusche in meinem Zimmer benutzte ich nicht, hier waren jetzt meine leeren Koffer verstaut. Danach musste das Moskitonetz aufgehängt werden.

Nachdem ich all meine mehr oder weniger wichtigen morgendlichen To-do's erledigt hatte, setzte ich mich für einen Augenblick an die frische Luft und betrachtete die Muscheln, die ich gesammelt hatte. Es waren schon ziemlich viele und ich überlegte, was ich damit anstellen könnte? Eventuell Schmuck? Nur hatte ich dafür kein Werkzeug. Das würde sich sicher finden lassen. Hier im Dorf gab es jede Menge Künstler, dort würde ich sicher bekommen, was ich brauchte. Ich sollte mir erst einmal Gedanken machen, welchen Schmuck ich überhaupt herstellen wollte.

Ich war so in Gedanken versunken, dass ich Salif nicht bemerkte.

«Guten Morgen Monika, hast du gut geschlafen?»

«Ja», antwortete ich, erschrocken über sein plötzliches Auftauchen.

«Und du, hast du auch gut geschlafen?», wollte ich von ihm wissen.

«Oui, très bien», strahlte er mich an. «Bist du bereit, zu tanzen?»

Mit schrägem Kopf schaute ich ihn von meinem Stuhl aus an und sagte umwerfend freundlich: «Nein, ich tanze nicht, das habe ich dir gestern schon gesagt.»

«Aber warum denn nicht, Monika, was ist los mit dir?», fragte er in seinem gewinnenden Tonfall, dem man einfach nicht widerstehen konnte.

«Ich habe andere Pläne», gab ich charmant zurück.

«Ah ja, aber was denn?»

So ging es auch dieses Mal eine Weile hin und her, bis er sich endlich mit meinen Antworten zufriedengab, und verstand, dass ich heute nicht tanzen wollte. Wir hatten ja noch nicht einmal einen Trommler, außer Abdou, doch der ging zusammen mit Mady ins Dorf. So konnte Salif nichts mehr einwenden, denn ohne Trommeln machte das Tanzen nur halb so viel Spaß. In der Hoffnung, dass er nun ging, widmete ich mich wieder meinen Muscheln.

«Was sind deine Pläne für heute, Monika? Wollen wir an den Strand?», fragte er nach einer Weile. Er ließ nicht locker.

«Da war ich schon vor dem Frühstück, als du noch geschlafen hast.»

«Ah bon, warum hast du mich nicht geweckt.»

«Ich wollte nicht», war meine Antwort und so verging der Morgen in endlosem Geplauder.

Salif blieb sitzen, drehte sich einen Joint, irgendwann holte er den Messingofen und begann, Ataya zu kochen.

Eine heitere Ruhe breitete sich aus. Die Vögel zwitscherten im Chor, die Sonne lachte vom Himmel, es wurde wärmer und wärmer. Aus der Küche klapperte Geschirr. Ob sie schon wieder kochten, oder noch das Frühstücksgeschirr abwuschen? Ich hatte keine Ahnung. Die Zeit verging hier anders, als ich es gewohnt war. Manchmal schien sie sogar stehenzubleiben. Ich besaß keine Uhr, niemand hier hatte eine und doch klappte alles immer rechtzeitig. Irgendwann stand Salif auf, um sich für das nachmittägliche Gebet vorzubereiten. Er spürte instinktiv, dass es Zeit war und ich lernte, dass danach gegessen wurde. Das Leben hier war einfach.

Obwohl Mady und sein Cousin noch nicht aus dem Dorf zurückgekehrt waren, wurde gegessen. Wahrscheinlich war der Sept-Places nicht eingetroffen. Fatou stellte zwei Portionen zur Seite, damit sie später essen konnten.

Nach der Mahlzeit ging ich auf mein Zimmer, um mich ein wenig hinzulegen und für ein bis zwei Stunden allein zu sein und zu lesen oder einfach zu dösen und mich den Geräuschen hinzugeben. Sogar die Hitze besaß einen Klang, fand ich heraus. Ich mochte die Stunden nach dem Essen. Ich genoss es, auf dem Bett zu liegen und dem Vorhang an meiner Tür zuzusehen, wie er sich bewegte, wenn der warme Wind durch die halboffene Tür wehte und eine leichte Erfrischung mitbrachte. Manchmal träumte ich dann ...

Es klopfte an der Tür, ... träumte ich nun oder war es echt? Es klopfte erneut ... nein, ich träumte nicht.

Doch ich hätte gerne ungestört weitergeträumt und antwortete daher mit einem gereizten Unterton: «Ja?»

Ich hatte keine Lust, aufzustehen, um den Menschen hereinzulassen. «Ich schlafe», ergänzte ich, empört über diese Störung.

«Monika?», tönte es fragend von draußen.

Mir blieb fast das Herz stehen. War das etwa Malick?

«Ja», sagte ich nochmal.

Keine Antwort ...

Aufgeregt erhob ich mich vom Bett, strich mir durch meine Haare, zupfte an meinen Kleidern herum und ging nach draußen. Tatsächlich: Malick saß auf der Veranda auf einem Bambusstuhl und spielte an einer unter seiner blauen Mütze heraushängenden Rastalocke herum. Ich stand da, brachte kein Wort heraus und schaute ihn einfach an.

«Du bist da», unterbrach er ruhig meine Wortlosigkeit.

«Ja,», erwiderte ich, zu mehr war ich gerade nicht fähig. Meine Nervosität war grenzenlos.

Ich lehnte mich mit ziemlich weichen Knien an den Türrahmen und hatte das Gefühl umzukippen, wenn ich jetzt eine Bewegung machte.

Er schaute mich mit einer Mischung aus Verwunderung und Freude an: «Du bist wirklich da.»

«Ja, wer hätte das gedacht?», kam es atemlos aber erleichtert, dass ich wieder reden konnte, aus meinem Mund.

Er stand auf und kam einige Schritte auf mich zu, auch ich schritt ein wenig näher, trotz meiner weichen Knie, jedoch immer noch auf Abstand. Die Nervosität und Aufregung machten es mir nicht gerade leicht.

«Möchtest du Wasser?» Etwas Gescheiteres fiel mir nicht ein, und ohne seine Antwort abzuwarten, verschwand ich in meinem Zimmer, um die Wasserflasche zu holen, doch zuerst musste ich selbst einen Schluck trinken. *Gut, ein- und ausatmen, ...*

Dieser spontane Besuch wühlte mich mehr auf, als mir lieb war, und alles, was ich ihm sagen wollte, war einfach weg - wie weggeblasen.

Als ich wieder herauskam, hatte sich Malick erneut auf den Stuhl gesetzt.

Ich stellte die Flasche auf den Tisch und setzte mich ebenfalls.

Wenigstens spürte ich jetzt meine weichen Knie nicht mehr.

«Du bist tatsächlich da», wiederholte er immer noch ein wenig fassungslos. Ich spürte seine Freude ... Ich schaute ihn an. Er sah gut aus, wirkte entspannt, nicht so wie ich.

Auch ich freute mich, obwohl ich das Gefühl nicht los wurde, dass meine Nervosität nur allzu gut sichtbar war. Wir hockten beide schweigend da. Ich hätte so gerne die Stille durchbrochen, doch ich wusste nicht, was ich sagen sollte. So lange hatten wir uns nicht gesehen. So oft hatte ich mir unsere Begegnung in den schönsten Farben ausgemalt und jetzt saßen wir einfach wortlos auf unseren Stühlen.

Malick war nicht allein gekommen, ein Freund aus dem Dorf hatte ihn begleitet. Dieser saß nun mit Salif, Mady, Abdou und dem Cousin, die auch wieder aus dem Dorf zurück waren, schwatzend unter dem Mangobaum und bereiteten Ataya zu.

Ich überlegte immer noch, wie ich ein Gespräch beginnen könnte. Ich hätte so viel zu erzählen, aber ich hatte keine Ahnung, womit ich anfangen sollte ...

«Warum hast du nicht gesagt, dass du kommst?», unterbrach Malick meine Überlegungen. «Ich hätte dich abgeholt.»

«Ich war noch in Dakar und war nicht sicher, wie lange ich bleiben wollte», erklärte ich ihm. «Ich bin erst seit ein paar Tagen hier.»

«Was hast du denn in Dakar gemacht?»

«Eine Freundin besucht.» ... Ich erzählte ein wenig davon.

«Und jetzt bleibst du hier?»

Bevor ich antworten konnte, kam Mady mit einem Holztablett zu uns, auf dem zwei Gläschen Ataya standen. Er reichte sie uns, und wartete, bis wir den heißen Tee getrunken hatten.

Währenddessen fingen Malick und er an zu plaudern. Ich hörte gespannt zu, verstand aber kein Wort, obwohl ich doch so fleißig mit Mady Wolof lernte.

Dann sagte Mady erfreut zu mir: «Hast du gesehen? Malick ist gekommen.»

«Ja, ja», schmunzelte ich. Er saß gerade neben mir.

Er freute sich richtig mit mir und fügte hinzu: «Mein Cousin ist jetzt auch da. Ich stelle ihn dir nachher vor.» Nahm die beiden leeren Gläser wieder mit und ging zurück zu seinen Freunden.

«Hast du Zigaretten, Monika?», fragte mich Malick.

«Ja.»

«Mai ma benna», sagte Malick.

«Was?» Ich hatte kein Wort verstanden.

«Schenk mir eine, heißt das.» Er lachte, als er meinen fragenden Blick sah und fuhr fort: «Monika, du musst Wolof lernen, das habe ich dir am Flughafen schon gesagt.»

«Ja, ja, ich weiß. Ich habe es nicht vergessen», gab ich zu und wir lachten beide. Das Eis war gebrochen. Die erste Anspannung ließ nach. Ich war da und Malick war da. Ich ging fröhlichen Mutes in mein Zimmer und holte Zigaretten, die ich extra für Malick mitgebracht hatte.

Als ich rauskam, stand er vor meiner Tür, schaute mich aus seinen dunklen Augen liebevoll an und nahm mich in den Arm. «Ich bin so froh, dass du da bist, Monika, du hast mir gefehlt.» Ich schmolz in seinen Armen. Er hatte mir auch gefehlt.

4. Kapitel Leben in einer fremden Kultur

Malick kam nun täglich vorbei, holte mich ab und wir gingen zusammen an den Strand oder ins Dorf. Wir besuchten seine Freunde, und er hatte eine Menge. Alle musste ich kennenlernen. Jedem wurde ich vorgestellt, ich kannte schnell viele Leute im Dorf. Und sie mochten mich. Ab und zu kam es vor, dass einer mit mir flirtete und Malick eifersüchtig reagierte, doch das gab er natürlich nicht zu, wenn ich ihn scherzhaft darauf aufmerksam machte.

Ich freute mich, hier mit Malick zu sein, ich genoss es, in Afrika zu sein, und hätte vor lauter Glück die ganze Welt umarmen können. Zum Tanzen kam ich vorerst nicht und Salif hatte mich, seit er wusste, wie eindeutig die Situation mit Malick war, auch nie mehr danach gefragt.

Eines Tages sagte mir Malick, dass er nicht wolle, dass ich weiterhin im Camp wohne, was mich erstaunte.

«Warum denn nicht?»

«Es ist nicht gut», gab er mir nur als Antwort.

Das verstand ich jetzt überhaupt nicht und wollte eine genauere Erklärung dafür.

«Es wäre besser, wenn wir zusammenwohnen. Es wird im Dorf viel geredet.»

Damit konnte ich aber auch nicht viel anfangen. «Was wird denn geredet?», fragte ich ihn.

«Es ist komisch, dass wir nicht zusammenleben, wenn wir schon zusammen sind», erklärte mir Malick.

Ich schaute ihn mit hochgezogenen Augenbrauen an.

«Ein Mann und eine Frau müssen zusammenwohnen», beharrte er. «Jeder weiß, dass wir ein Paar sind, also müssen wir am selben Ort leben.» Das war seine Logik.

Ich wusste, dass ich nicht ewig im Camp bleiben wollte, aber gleich miteinander leben?

«Ich mache den Tanzworkshop mit, und überlege es mir», erklärte ich ihm mein Vorhaben, merkte jedoch, dass ihm das nicht so ganz in den Kram passte.

«Nein», gab er unmissverständlich zu verstehen.

«Was genau geht denn nicht?»

«Dass du den Workshop machst und dort wohnst.»

«Ich freue mich auf den Workshop und auf Papis, und die Leute aus der Schweiz zu sehen, und so lange bleibe ich im Camp.»

Auf meine Entschlossenheit reagierte Malick ziemlich eingeschnappt, was ich jedoch nicht bezwecken wollte, und so probierte ich, die angespannte Situation ein wenig aufzulockern.

«Wo würden wir denn wohnen?»

«Bei mir. Du weißt ja, wo ich wohne», schmollte er immer noch vor sich hin.

Ja, das wusste ich und es war ein wunderschöner Ort. Das runde Haus stand auf einem riesigen Grundstück. Nur das Haus selbst, so, wie ich es in Erinnerung hatte, war nicht sehr groß und wurde schon von Aliou und Abu bewohnt.

Ob die damit einverstanden wären, gab ich zu bedenken.

Ich kannte Aliou und Abu nur flüchtig. Wir hatten uns ein-, zweimal gesehen, als ich Malick kennengelernt hatte. Ich glaube, sie mochten mich, aber zusammenwohnen? Das war ja noch einmal etwas ganz anderes.

Malick spürte meine Zweifel und bemerkte, wieder lockerer geworden: «Das geht schon.»

Ob das wirklich gehen würde, das fragte ich mich ernsthaft.

«Ich weiß nicht recht», zögerte ich. «Ist das nicht zu eng?»

«Wir könnten am Abend zusammen einen Besuch bei Abu machen und mit ihm reden», schlug Malick vor.

Ja, damit war ich einverstanden. Nach dem Siebzehn-Uhr-Gebet holte er mich im Camp ab und wir schlenderten gemeinsam Hand in Hand am Strand entlang.

Die kleine Unstimmigkeit war vergessen. Malick erzählte mir Geschichten aus seinem Leben, seiner Familie, seiner Kindheit, wie er aufgewachsen war. Er hatte viel zu erzählen und verpackte seine Geschichten, sogar die weniger lustigen, immer spannend. Er erzählte mir vom Krieg, der hier stattgefunden hatte, und warum die Menschen manchmal noch Angst vor möglichen Angriffen der Rebellen hatten .... Und, und, und. Doch er scherzte und lachte viel. Ich mochte seine Geschichten und liebte seinen Humor!

Es wurde schon dunkel, als wir bei Abu und Aliou eintrafen, und die Hitze des Tages verwandelte sich in angenehme, kühle Luft. Der Wind säuselte durch die Palmblätter, eine schmale Mondsichel leuchtete silberschimmernd vom Himmel herunter. Vor dem runden Haus flackerte eine Petroleumlampe.

Die beiden Männer saßen auf einer Holzbank neben dem Hauseingang und rauchten eine Zigarette. Sie freuten sich sehr, mich zu sehen, standen auf und reichten mir herzlich die Hände.

«Bonsoir, Monika. Schön, dass du wieder da bist», begrüßten sie mich.

Auch ich freute mich, sie wiederzusehen, und überreichte Aliou den Ataya, den ich extra in der Boutique gekauft hatte. Während sich Aliou um den Tee kümmerte, bot uns Abu zwei Stühle an.

«Wie geht's, Monika?», wollte er wissen. «Du hast uns gefehlt.»

Das freute mich natürlich, nach so langer Zeit, so herzlich willkommen geheißen zu werden. Obwohl wir uns ja gar nicht gut kannten.

Doch ich gab das Kompliment gerne zurück. Wir plauderten ein wenig, bevor wir zur eigentlichen Sache kamen. So wie es aussah, wusste Abu aber bereits Bescheid. Malick hatte also mit ihm gesprochen. Denn Abu nahm die Petroleumlampe, stand auf und bat mich, mitzukommen. Wir gingen ins Haus und er zeigte mir das Zimmer, wo ich mit Malick wohnen sollte, offensichtlich war er einverstanden.

Jetzt, wo ich erneut durchs Haus lief, wirkte es größer, als ich es in Erinnerung hatte, doch so genau konnte ich es nicht abschätzen. Viel sah ich beim Schein dieser Lampe nun wirklich nicht.

Der Vorraum war groß und geräumig. Er diente zum Kochen während der Regenzeit und zum Schlafen, wenn Besuch da war. Im Moment schlief Malick in diesem Raum, in dem ein wuchtiger Holztisch in der Mitte stand. Eigentlich war er als Aufenthaltsraum gedacht. Dann gab es noch ein Zimmer, in dem Aliou untergebracht war.

«Unser Zimmer wäre das von Aliou, der rüber zu Abu zieht. So habe ich es verstanden, ist das richtig?» Ich schaute Abu fragend an, der mit dem Kopf nickend neben mir stand. «Und ist Aliou auch damit einverstanden?», wollte ich wissen.

«Kein Problem, Monika, mach dir darüber keine Sorgen», entgegnete Abu lächelnd.

Das Haus gehörte einer Europäerin, und Abu betreute es während ihrer Abwesenheit. Er pflegte den großen Garten, tränkte in der Trockenzeit jeden Morgen die Pflanzen und säuberte einmal wöchentlich gründlich das ganze Grundstück. Da die Dame des Hauses nur alle zwei bis drei Jahre zu Besuch käme, habe sie ihn eingestellt und in seiner Abwesenheit mache Aliou diese Arbeit, erklärte mir Abu. Es sei also kein Problem, wenn ich auch hier wohnen würde.

Das beruhigte mich.

Ich fragte mich aber doch, ob das klappen würde. Ich und Malick in einem für meinen Begriff eher winzigen Zimmer, mit meinem ganzen Gepäck. Einen Schrank gab es nicht, dafür einen schmalen Holztisch und zwei Stühle und an der Decke befand sich ein Haken, um das Moskitonetz aufzuhängen.

«Ein bisschen sehr eng», äußerte ich meine Bedenken.

«Du musst ja nur hier schlafen, draußen gibt es genug Platz», beruhigte mich Abu.

Er war also bereit, mit Aliou ein Zimmer zu teilen. *Hoffentlich geht das gut.* Natürlich dachte ich aus meiner Schweizer Sicht. Bei uns hatte ja so gut wie jeder ein eigenes Zimmer. Ich wollte das Ganze zuerst einmal überschlafen und dann erneut mit Malick reden.

Wir gingen nach draußen. Abu zeigte mir die Toilette und Dusche. Diese befanden sich ein Stück weiter rechts neben dem Haus unter einem Mangobaum. Ganz vorne beim Haupteingang gab es ein weiteres kleines, rundes Häuschen, das mir schon beim ersten Mal, als ich hier gewesen war, auffiel und ich wollte wissen, wer dort wohnte.

«Mein Bruder, wenn er hier ist und sonst schlafe ich drin», klärte mich Abu weiter auf. *Aha*, wunderte ich mich. Dann hatte er also zwei Schlafplätze?

Neben diesem kleinen Rundhäuschen befand sich auch der Brunnen und ein Platz zum Tanzen. «Mein Bruder ist Tänzer und bietet hier manchmal Tanzstunden an», erläuterte Abu.

Alles klar, da würde ich sicher einmal zum Tanzen kommen, freute ich mich. Jetzt wusste ich mehr oder weniger, was ich wissen wollte.

Wir kehrten ans Feuer zurück und setzten uns zu Aliou und Malick. Malick hatte an der Besichtigung nicht teilgenommen. Warum war mir nicht klar, vielleicht blieb er sitzen, weil er alles schon kannte und mich nicht beeinflussen wollte? Wie auch immer, das war jetzt egal. Ich setzte mich neben ihn.

«Nicht schlecht», bemerkte ich.

Malick schaute mich fragend an: «Gefällt es dir?»

«Ja», sagte ich, während mir Aliou ein Gläschen sehr heißen Ataya reichte.

Jetzt musste noch der Preis verhandelt werden. Das übernahm Malick. Abu wollte fünfzigtausend CFA pro Monat, Malick handelte ihn auf zwanzigtausend CFA runter. Weiter gab Abu nicht nach. Ob das ein guter Preis war, wusste ich nicht so genau.

Im Camp zahlte ich erheblich mehr, dafür waren Verpflegung, Tanz- und Trommelunterricht inbegriffen. Welche Mieten man im Dorf bezahlen musste, konnte ich nicht sagen, doch für meine

Verhältnisse war es ein Super-Angebot. Als ich die Zahl kurz im Kopf in Schweizer Franken umrechnete, kam ich auf etwa fünfundvierzig Franken. Das war ein sehr fairer Preis.

Ich bedankte mich bei beiden für dieses faire Angebot und auch bei Malick, der diesen Preis ausgehandelt hatte. Denn ich war es, welche die Miete bezahlte.

Beide freuten sich und Abu sagte: «Du kannst morgen einziehen.»

Ich schluckte, das ging mir nun doch viel zu schnell. Ich fühlte mich überrumpelt.

«Okay», sagte ich vorsichtshalber, um einer weiteren Diskussion aus dem Weg zu gehen. Ich wollte auf dem Nachhauseweg zuerst mit Malick darüber reden.

Wir wechselten das Thema und plauderten noch ein bisschen am Feuer über dies und das, auch was so alles während meiner Abwesenheit im Dorf passiert war und vieles mehr, bis der Ataya ausgetrunken war.

«Wir sollten uns auf den Rückweg machen, es ist schon spät.» Außerdem war ich müde und beabsichtigte, noch mit Malick zu reden.

«Du kannst ja heute Nacht hier schlafen», kam überraschend der Vorschlag von Malick. «Und morgen holen wir dein Gepäck und kaufen eine Matratze.»

Bitte nicht. Genau das wollte ich vermeiden und erklärte: «Ich möchte lieber jetzt gehen. Ich habe weder Zahnbürste noch Waschzeug und nichts zum Schlafen dabei.»

Das verstand er und so brachen wir auf. Abu und Aliou begleiteten uns bis zum Tor, dann verabschiedeten wir uns. «Guten Heimweg und bis morgen.»

«Merci», bedankte ich mich.

Malick und ich gingen den dunklen, sandigen Weg Richtung Hauptstraße entlang, ich wollte meine Taschenlampe anknipsen, um wenigstens etwas zu sehen, doch die Batterien schienen leer zu sein.

«Mist», dachte ich laut.

«Keine Sorge, wir gehen zu Amadou. Der hat sicher trotz der späten Stunde offen und wir kaufen Batterien und Zigaretten», beruhigte mich Malick.

Es war schon spät und ich hoffte wirklich, dass er seinen Shop um diese Zeit geöffnet hatte. Denn so ganz ohne Licht in der finsteren Nacht durch den Busch zu gehen, da wurde mir gerade etwas mulmig.

Tatsächlich: Amadou saß auf einer Bank vor seinem Laden und rauchte eine Zigarette. Hady, die ich dieses Mal sofort erkannte, und noch zwei Leute, die ich bei diesem Schummerlicht von Petroleumlampe nicht identifizieren konnte, saßen bei ihm. «Salamalekum», grüßte Malick und ich tat es ihm nach.

«Malekum Salam», wurden wir zurückgegrüßt.

«Ça va, Monika, setz dich», forderte Amadou mich auf und bot mir einen Stuhl an.

«Du hast noch offen?»

«Monika, wenn du kommst, habe ich immer offen», lachte er mich an. «Was brauchst du?»

«Batterien für meine Taschenlampe. Hast du das?» «Sicher, Monika, ich habe alles hier. Das solltest du wissen», erklärte er gespielt ernst.

«Da bin ich aber erleichtert», scherzte ich.

Ja, ich hatte schon einiges bei ihm gekauft. Ob er wirklich alles hatte?

Er erhob sich von seinem Stuhl und schlurfte in die Boutique, um die Batterien zu holen.

Malick rief ihm nach: «Und drei Zigaretten!»

Ich ging Amadou hinterher, um gleich alles zu bezahlen, denn ich wollte sofort weiter. Als das erledigt war und ich herauskam, saß Malick gemütlich auf meinem Stuhl, um noch eine Zigarette zu rauchen. Danach verabschiedeten wir uns und machten uns auf den Weg. Es war stockdunkel, keine Straßenlampe, nichts, außer dem Mond und die Sterne über uns, und meine Taschenlampe, die auch nur spärlich Licht spendete.

«Können wir am Meer entlang zurücklaufen?»

«Wenn es sein muss.» Nicht gerade hocherfreut willigte er ein. Obwohl dies der längere Weg war, tat er mir den Gefallen. Er wusste, wie sehr ich es liebte, nachts am Strand entlangzugehen.

«Auf solche Ideen kommen auch nur die Weißen», neckte er.

«Ja», sagte ich fast ein wenig entschuldigend. «Das ist, weil wir keinen Strand und kein Meer vor der Nase haben.»

«Aber ich dachte, du bist müde», motzte er auf einmal herum.

«Ich weiß, du musst wieder alles zurückgehen, ich könnte gut auch allein am Strand entlanglaufen. Nur durch den Busch hätte ich Angst, am Meer entlang nicht», gab ich ihm zu verstehen.

«Ganz sicher nicht!», entrüstete er sich. «Ich lasse dich keinen Schritt nachts allein laufen.»

«Ah, bon, warum denn nicht?»

«Du weißt nichts hier, Monika», antwortete er mir kopfschüttelnd auf meinen erstaunten Blick.

«Was weiß ich nicht?», wollte ich wissen.

«Du hast keine Ahnung», warf er mir ärgerlich an den Kopf.

«Dann sag's mir doch.» Ich verstand seinen Gefühlswandel überhaupt nicht.

«Hier gibt es Geister.»

Ich atmete tief durch und wusste nicht, was ich sagen sollte. Es war ja nicht das erste Mal, dass ich das hörte. Malick ging nicht darauf ein, sondern lief schweigend neben mir her. Ich war wieder hellwach und hätte sehr gerne mehr darüber erfahren. Irgendwie schien Malick genervt zu sein, oder bildete ich mir das etwa nur ein?

Ich fragte mich, ob es eine gute Idee war, jetzt noch mit ihm über die Wohnsituation zu reden. Wir gingen eine Weile schweigend nebeneinander her. Der kühle Wind tat gut und das Meer wirkte beruhigend. Ich spürte, wie sich Malick wieder entspannte und sein Händedruck nachließ. Was er wohl hatte? Ob es die

Geister waren? Ich beließ es vorerst dabei, und wollte ihn nicht weiter ausfragen. Stattdessen genoss ich den nächtlichen Spaziergang. Ich fühlte mich wie im Paradies, mitten in der Nacht und das Meer zum Greifen nah! So oft ich wollte, konnte ich jetzt einfach hier entlanggehen.

Nur das Problem mit dem Wohnen saß in meinem Kopf fest und musste raus.

«Malick» ..., begann ich deshalb so diplomatisch wie möglich das Gespräch. «Ich würde gerne mit dir im Dorf leben, doch ich möchte zuerst den Workshop mitmachen. Der dauert zwei Wochen, danach ziehe ich bei dir ein.»

Er blieb ruhig und schwieg. Ich sagte auch nichts mehr und wir gingen wortlos weiter. Es fühlte sich jedoch seltsam angespannt an.

«Malick, hast du verstanden, was ich gesagt habe?», wollte ich nach einer Weile von ihm wissen.

Er drehte sich abrupt zu mir um, und fauchte mich gereizt an: «Warum bist du eigentlich hier?»

Ich erschrak. So kannte ich ihn gar nicht.

«Wegen dir», sagte ich vorsichtig.

«Ah ja, warum wohnst du dann nicht bei mir?», giftete er weiter.

Was sollte das denn auf einmal? Ich verstand die Welt gerade gar nicht.

«Weil ich noch tanzen will und weil ich diesen Workshop mache, und weil ich dort meine Freunde aus der Schweiz treffe, und weil dieser Workshop zwei Wochen dauert, ganz genau deshalb», fauchte ich, langsam in Rage geratend, zurück.

Das Feuer brannte. Ich bereute schon, dass ich dieses Gespräch überhaupt angefangen hatte, doch es musste sein. Und ich sah das Problem nicht, dass wir jetzt auf einmal zu haben schienen. Für mich war die Sache klar, ich hatte ihm alles gesagt und er flippte aus? «*Scheiße!*», dachte ich laut. «Wo ist dein Problem, erklär es mir!»

«Hast du dort einen Liebhaber gefunden, dass du unbedingt in diesem Camp bleiben willst?», warf er mir schnaubend vor die

Füße. Ich war so baff, dass es mir die Sprache verschlug und ich einen Moment außer Gefecht gesetzt war, so stocksauer machten mich seine Worte.

«Dort haben wir uns kennengelernt, falls du das schon vergessen hast», knallte ich ihm an den Kopf.

Malick öffnete den Mund, aber ich wandte mich ab und lief fast fluchtartig davon, bevor das Ganze außer Kontrolle geriet. Es war besser so. Ich wusste in diesem Moment wirklich nicht, was passierte.

Gott sei Dank war es bis zum Camp nicht mehr weit und ich betete, dass das Tor noch offen war. Ich fühlte mich missverstanden, war verletzt und mir kamen die Tränen vor lauter Wut und Ohnmacht. Vorbei war es mit der romantischen Nacht am Strand.

«Warte», rief Malick genervt.

Aber ich ging weiter. Er kam mir nach und hatte mich schnell eingeholt.

«Hör mir zu», sagte er ziemlich laut und sah mich an. Ich blieb schweigend stehen und blickte ihm direkt in die Augen. Besser ich sagte jetzt kein Wort mehr. Und ich hatte keine Lust, vor dem Tor weiterzustreiten. Natürlich hätte ich den Zwist gerne noch vor dem Schlafengehen in Ordnung gebracht, aber ich blieb stumm.

Ich stieß das Tor an und stellte erleichtert fest, dass es noch geöffnet war.

«Du gehst?», fragte mich Malick in einem etwas versöhnlicheren Ton.

«Ja», sagte ich bissig.

«Es ist nicht gut, wenn man nachts streitet.»

Das sagt gerade er, ich habe nicht angefangen, dachte ich wütend und sagte ärgerlich: «Es ist überhaupt nicht gut, wenn man streitet.»

Er nickte. «Du hast recht. Aber wenn man nachts streitet, hören einem die Geister zu und das ist nicht gut», erklärte er mir.

«Von welchen Geistern redest du eigentlich die ganze Zeit?»

Malick schaute mich eindringlich an. «Die Geister der Nacht, sie sind unter uns.»

«Erzähl mir mehr davon. Wo sind sie denn? Ich habe noch keine gesehen», probierte ich, etwas aus ihm herauszulocken.

Ich war froh, dass der Streit so halbwegs abgeklungen war, dafür hatten wir jetzt Nachtgeister, von denen ich nichts wusste. Bei diesem Gedanken wurde es mir ein bisschen unwohl. Und da von Malick nichts weiter kam als «du wirst sehen», sagte ich ihm, dass ich müde sei und schlafen gehen wollte.

«Du kannst ja immer am Abend Tanzen gehen», lenkte Malick ein.

«Ja, das mache ich auch», erwiderte ich und ging rein.

Er blieb draußen stehen, und wir verabschiedeten uns sehr distanziert zwischen Tür und Angel. Ich schaute ihm unverständlich nach, bis die Nacht ihn verschluckte. Dann schloss ich aufgewühlt und nachdenklich das Tor hinter mir. Was war das denn jetzt und was hatte es mit diesen Geistern auf sich?

In der Küche brannte noch Licht. Ich ging hinein, um mich zurückzumelden. Fatou hatte auf mich gewartet und freute sich, mich zu sehen

«Willst du etwas essen, Monika?»

Ich verneinte.

Sie merkte sofort, dass irgendetwas nicht stimmte.

«Was ist passiert?», fragte sie fürsorglich.

Ich überlegte, ob ich sie wegen der Geister fragen sollte, doch ich ließ es für heute gut sein.

«Nichts, ich bin einfach müde.» Ich wollte mit niemandem mehr reden. Nur noch ins Bett und die Decke über den Kopf ziehen.

«Aber du solltest etwas essen, das würde dir guttun.» Sie meinte es gut. Ich schüttelte den Kopf. «Danke», sagte ich mit einem aufgesetzten Lächeln. «Ich bin wirklich müde.»

Ich wünschte ihr eine gute Nacht und ging auf mein Zimmer. Die kurze Begegnung mit Fatou hatte mir gutgetan. Meine

Niedergeschlagenheit hatte sich etwas aufgelöst, ich fühlte mich wieder leichter.

Bevor ich ins Bett schlüpfte, und mir die Decke über den Kopf zog, zündete ich eine Kerze an und setzte mich auf die Veranda. Wie gut diese Ruhe tat, einfach dasitzen und in die Kerzenflamme starren. Vor meinen inneren Augen spielten sich die Geschehnisse des Abends ab. Ich fragte mich, was wohl in Malick gefahren war, dass er so ausrastete - und wegen was eigentlich genau. Wie ich es auch drehte und wendete, ich wusste es nicht. Darüber hätte man doch in aller Ruhe reden können. Für mich war auf jeden Fall klar, dass ich diese zwei Wochen mittanzen würde, ob es ihm passte oder nicht. Verbieten konnte er es mir nicht.

Noch in dieser Woche sollten die ersten Teilnehmerinnen mit Papis anreisen. Ich freute mich, sie alle wiederzusehen. Mal schauen, wie Malick dann drauf war, einen leicht faden Geschmack hinterließ es auf jeden Fall. Aber meine Freude würde ich mir von ihm nicht verderben lassen.

Und bevor ich mein Gehirn noch weiter zermarterte, ging ich die Zähne putzen und ins Bett. Morgen begann ein neuer Tag.

Erfrischt und voller Pläne, erwachte ich in der Früh. Ich zog mich an und machte mich auf ans Meer. Auf dem Weg kam mir wieder der Streit mit Malick in den Sinn und meine gute Laune war dahin, aber nicht lange. Am Meer angelangt, kam meine Power voll zurück. Hier fühlte ich mich wohl. Die Weite schluckte meine Sorgen, das Laufen stimmte mich fröhlich. Ich musste lachen. Wieso zum Teufel hatten wir eigentlich gestritten? Wir waren verliebt und auf einmal dämmerte es mir: War er eifersüchtig? Aber auf wen, auf Salif etwa? Seit dieser wusste, dass ich mit Malick zusammen war, hatte er mich in Ruhe gelassen. Ich beschloss, später noch einmal mit Malick zu reden. Ich ahnte ja jetzt, was sein Problem sein könnte.

Zurück im Camp herrschte helle Aufregung. Was war denn da los? Papis würde schon heute Nachmittag eintreffen, wurde ich von Mady informiert. Aha, aber warum dann diese Hektik auf einmal? Natürlich wusste ich weshalb. Es gab noch viel zu tun und es sollte ja alles bei seiner Ankunft fertig sein und dem war überhaupt nicht so. Obwohl - morgen wäre es auch nicht besser gewesen, schmunzelte ich vor mich hin. Und fürs Auge sah es erstmal gut aus, das war doch die Hauptsache.

Wir saßen gerade beim Frühstück, als Malick kam. Nach der üblichen Begrüßung setzte er sich neben mich. Er wirkte entspannt. Der nächtliche Streit schien vergessen. Ich freute mich, ihn zu sehen, und teilte ihm mit, dass Papis heute eintraf.

«Ah bon», sagte er nur und scherzte munter mit allen, die am Tisch saßen. Er schien wirklich richtig guter Laune zu sein, ich war froh darüber.

«Monika, nanga def?», fragte er mich lachend.

Ich musste darauf etwas sagen, das wusste ich, aber was?

Ich hatte noch nicht einmal verstanden, was er sagte, obwohl ich dieses Wort dauernd hörte. Alle schauten mich gespannt an.

«Djamma rekk», kam es von Mady.

Ich zwinkerte ihm dankbar zu.

«Das lerne ich nie», gab ich halb verzweifelt von mir.

«Es wird kommen, du musst mehr üben», erklärte er und schaute Malick an, der ihm nickend zustimmte.

Ich wollte noch wissen, was es denn hieß, doch statt einer Antwort fragte Malick: «Kann ich mit dir reden?»

Da ich fertig gefrühstückt hatte, stand ich auf und wir gingen zusammen zu meinem Zimmer. Er ließ sich auf einen Stuhl auf der Veranda nieder, während ich die Tür öffnete, um eine Flasche Wasser zu holen. Danach setzte ich mich neben ihn. Ich freute mich über sein Kommen, doch schon um diese Zeit?

«Ça va?»

«Danke, es geht gut und dir?», antwortete ich. Eine Pause entstand, bis ich schließlich fragte: «Du wolltest mit mir reden?»

«Eigentlich bin ich gekommen, um dir beim Packen zu helfen», sagte er, was ich alles andere als witzig fand und meine gute Laune war verflogen.

«Wieso packen? Es gibt nichts zu packen. Ich bleibe noch hier, um zu tanzen», machte ich ihm aufgebracht klar.

Er schwieg, aber es arbeitete in ihm.

«Das habe ich dir gestern bereits mitgeteilt», fuhr ich angespannt fort.

«Und ich, dass du am Abend tanzen kannst und ich dich danach abhole.»

Das stimmte so nicht, doch wie sollte ich ihm das klarmachen? Er wirkte nervös. Und ich hatte keinerlei Bock auf einen weiteren Streit wie gestern.

«Malick», probierte ich, es ihm ruhig zu erklären. «Wir haben doch besprochen, dass ich zwei Wochen hierbleibe, um zu tanzen, dann komme ich ins Dorf. Ich habe hier weder einen Liebhaber noch sonst was. Ich will einfach nur tanzen. Das mit dem Tanzen am Abend waren *deine* Worte.»

So, jetzt war es raus. Nervös drehte er an seinen Rastas. Ich merkte, dass es ihm nicht passte, aber es war mir egal. Er schwieg weiter. Einen Streit oder mir Vorwürfe zu machen konnte er sich hier nicht erlauben, dafür waren zu viele Leute anwesend und er wollte sein Gesicht nicht verlieren. Also willigte er überraschend schnell ein.

«Danke», sagte ich in der Hoffnung, das Thema wäre jetzt endgültig erledigt. Doch er ließ nicht ganz locker und meinte nach einer Weile: «Du kannst ja schon mal eine Matratze im Dorf kaufen und einen Teil deiner Sachen zu mir bringen.» Ich hatte nichts, was ich bei ihm einstellen könnte und die Matratze wollte ich erst kaufen, wenn ich einzog. So hatte ich mir das vorgestellt.

Nur dem Frieden zuliebe ging ich diesen Kompromiss ein. Er kam mir entgegen und so kam ich ihm ebenfalls entgegen. Er wollte dann auch gleich zurück mit mir ins Dorf, doch ich wollte zuerst duschen, das Ganze hatte mich arg ins Schwitzen gebracht.

Aber ich wollte ihn nicht aufhalten und sagte: «Geh schon vor, du musst sicher in deine Boutique, ich komme später nach.» «Nein, ich muss nicht in die Boutique, mein Bruder ist dort.»

«Keba?», wollte ich wissen. «Ist das wirklich dein Bruder, ich dachte einfach ein Verwandter?»

«Ja, eben, mein Bruder, gleiche Familie», gab er mir zu verstehen.

Ich verstand diese familiäre Zusammensetzung nicht so ganz und das war ja gerade auch nicht das Problem. Doch es lenkte ein wenig davon ab. Ich schaute ihn ungläubig an und wir mussten beide lachen. Wenigstens das, dachte ich erleichtert.

«Ich warte hier auf dich, bis du mit allem fertig bist», sagte er wohlwollend. «Dann gehen wir zusammen ins Dorf.»

Eigentlich wäre ich viel lieber hiergeblieben, denn im Dorf besuchten wir sicher Malicks Freunde, die alle sehr nett waren, doch meistens wurde viel geraucht, gekifft, geredet und Ataya getrunken. Und ich wollte ja tanzen.

Das Einzige, was mich dort motivierte, war, dass ich die Sprache langsam lernte, denn ich wollte ja auch mal mitreden können.

Gut, heute kauften wir einige Sachen für unsere gemeinsame Zukunft ein, das war etwas anderes. Daher beeilte ich mich mit der Morgentoilette. Und die Stimmung hatte sich mittlerweile zum Besseren gewendet.

«Wie viel Geld muss ich mitnehmen?»

Ich hatte nur noch wenig Bargeld und musste wahrscheinlich irgendwo Schecks einlösen, ob das im Dorf möglich war, wusste ich nicht so genau. «Kann ich im Dorf Schecks wechseln?»

«Ja», es gibt einen Shop.»

Toll, da hatte ich ja Glück und musste nicht extra nach Kafountine. Der Weg dorthin war weit. Oder besser gesagt: Die Wartezeit für ein Taxi war meist lang.

In der Zwischenzeit hatte ich alles erledigt, was gemacht werden musste, und wir marschierten los. Bevor wir gingen, meldete ich mich bei Fatou ab, damit sie nicht mit dem Essen auf mich warteten. Wir nahmen den Weg durch den Busch. Malick hatte einen rasanten Schritt, so kamen wir ruckzuck im Dorf an. Der Scheck war schnell gewechselt und im selben Shop gab es sogar Matratzen zu kaufen. Nachdem wir im Dorf alles erledigt hatten, machten wir uns auf den Weg zu Abu, der jedoch nicht zu Hause war, nur Aliou bereitete schon das Mittagessen zu.

«Salamalekum», grüßte er freudig, als er uns sah.

«Malekum Salam.»

Malick brachte die Matratze ins Zimmer, doch bevor sie aufs Bett kam, wollte ich erst noch putzen.

«Das hat Aliou heute Morgen schon gemacht», äußerte Malick.

Ah ja? Ich merkte, wie mir meine Vorstellung von Sauberkeit einmal mehr in die Quere kam.

«Sorry, aber das ist nicht sauber», sagte ich, und fegte noch so einiges raus. Malick schüttelte nur den Kopf und setzte sich, während ich putzte, zu Aliou und drehte einen Joint. Nachdem ich fertig war, ließ ich mich auf den Bettrand nieder. Auch dieses Bett bestand aus Beton, wie alle hier, die ich bis jetzt gesehen hatte, und ich überlegte, wie ich das Zimmer einrichten könnte.

Viele Möglichkeiten hatte ich nicht, doch es sollte gemütlich sein. Ich erhob mich und das Erste, was ich tat, war die Matratze aufs Bett zu legen und ein schönes Tuch darüber auszubreiten. So, das sah ja schon richtig schön aus. Ich freute mich über meine Arbeit. Stolz ging ich hinaus und setzte mich zu Malick und Aliou.

«Bist du fertig?», wollte Aliou wissen.

«Ja», sagte ich strahlend.

«Das Essen ist auch bald soweit», teilte Aliou mit und fragte mich: «Willst du den Fisch zubereiten?»

Ich musste lachen. «Nein, das kann ich nicht, ich habe noch nie in meinem Leben einen Fisch ausgenommen», gab ich zu.

«Nicht?», grinsten Aliou und Malick ganz erstaunt. «Dann musst du das sofort lernen.»

«Ja gerne ein anderes Mal», sagte ich überrascht.

«Nein, jetzt», lachte mich Aliou an, schob mir das Gefäß mit dem toten Fisch vor die Füße und drückte mir ein Messer in die Hand.

Ich schaute ihn nur kopfschüttelnd an. «Nein, Aliou, das mache ich sicher nicht, ich habe wirklich keine Ahnung, wie das geht», wiederholte ich vehement.

Malick, der neben mir saß, nahm den Fisch heraus und fing an, ihn auszunehmen.

«Schau mir gut zu, das musst du können.» Geschickt schnitt er dem Fisch die Eingeweide raus, während Aliou die Sauce zubereitete, und der Reis stand auch schon auf dem Feuer. Fasziniert schaute ich den beiden Männern bei der Zubereitung zu, da konnte ich tatsächlich was lernen.

Und damit ich nicht einfach nur tatenlos dasaß, wollte ich wissen, was Kochen auf Wolof hieß.

«Mangi toggu», sagte mir Aliou, und ich bedauerte, dass ich mein Heft nicht mitgenommen hatte.

Ich hoffte, es mir merken zu können, indem ich die Worte wiederholte und wiederholte. Diese waren auch nicht so schwer auszusprechen wie andere Worte, die mir teilweise schier die Zunge brachen. Und trotzdem musste es lustig klingen, wie ich sprach. Wir hatten andauernd etwas zu lachen. Oder lag es am Joint?

«Was kochst du eigentlich?»

«Caldou, ein typisches Gericht der Casamance», gab mir Aliou stolz zu verstehen. Ich war gespannt, wie dieses Essen schmeckte, mit diesen vielen Zwiebeln, die Aliou für die Sauce geschnitten hatte.

Kurz vor der Mahlzeit kam Abu. Aus der nahegelegenen Moschee ertönte der Ruf des Muezzins. Ich liebte seinen Gesang und lauschte ihm ganz aufmerksam und hingebungsvoll, denn im Camp hörte ich ihn nie, es lag zu weit vom Dorf entfernt.

Malick, Abu und Aliou beteten drin. Ich saß währenddessen draußen am Feuer. Nach dem Gebet kam Aliou aus dem Haus und richtete das vorzüglich duftende Essen in einer Schüssel an, während Abu eine große Bastmatte auf dem Boden ausbreitete.

«Togal», forderte mich Malick auf, und wir setzten uns alle auf den Boden. «Mmhh, das schmeckt köstlich», sagte ich rühmend zu Aliou, der sich natürlich über das Kompliment freute.

Beim Essen verkündete ich dann, dass ich erst in zwei Wochen einziehen würde. «Warum das denn?», wollte Abu erstaunt wissen. «Gefällt es dir etwa nicht hier?»

«Doch, doch. Aber Papis kommt heute und ich werde noch den Workshop mitmachen und alle meine Freunde wiedertreffen, deshalb bleibe ich solange im Camp.»

«Schade», gab Aliou zu. «Du könntest ja von hier aus tanzen gehen. Malick würde dich sicher begleiten und auch wieder abholen», fuhr er fort.

Und sofort mischte sich Malick ins Gespräch ein. «Ja, genau, das habe ich ihr auch gesagt, aber auf mich hört sie ja nicht, sie macht lieber, was sie will», warf er ärgerlich ein. Und zu mir gewandt sagte er: «Siehst du, alle wollen, dass du kommst ...»

Jetzt ging das schon wieder los. Ich verdrehte innerlich die Augen, sagte nichts, sondern aß in Ruhe weiter.

«Warum sagst du nichts?», fragte Aliou.

Was sollte ich sagen? Da will man lediglich zwei Wochen an einem Tanzworkshop teilnehmen und löste solch ein Drama aus ...

Das Essen verlief schweigend und danach hatte ich das Bedürfnis, sofort zurück ins Camp zu gehen, um die Angereisten zu begrüßen. Malick begleitete mich natürlich und teilte mir auf dem Rückweg mit, dass wir am Wochenende zu seiner Familie in die Stadt reisen würden.

Ich war einverstanden und freute mich, die Familie wiederzusehen, der letzte Besuch lag lange zurück.

Der Workshop startete am Montag, es passte also. Obwohl sich ein leises Gefühl bei mir einschlich, dass Malick mich vom Camp fernhalten wollte, denn nun kamen immer mehr Leute, Tänzerinnen, Tänzer, Musiker. Und er konnte mich dort ja nicht dauernd unter Kontrolle halten. Aber vielleicht täuschte ich mich ja auch und bildete mir das nur ein?

Families elastiques

Vor der Abreise bat mich Malick um Geld, das er der Familie übergeben wollte, damit sie Essen für das Wochenende einkaufen konnten.

«Warum das denn?» Mir war nicht so klar, weshalb man Geld geben musste, wenn man seine Familie besuchte.

Er erklärte mir: So hätte ich keine Arbeit und Mühe, Lebensmittel einzukaufen, und müsste mich um nichts dergleichen kümmern. Auch könnte mich niemand um Geld fragen.

«Wieso? Wer sollte mich denn um Geld fragen?», fragte ich erstaunt weiter.

Ob meine Fragen Malick nicht passten oder ob es ihm peinlich war, konnte ich nicht einschätzen.

Auf jeden Fall sagte er mir: «Sie haben wenig Geld.»

Nach dieser Antwort ging ich nicht mehr weiter darauf ein, außer: «Was soll ich denn geben?»

Fünftausend CFA pro Tag, das sei eine gute Summe. Im ersten Moment erschien mir das viel. Ich überlegte und rechnete. Doch eigentlich ... Warum nicht? Wenn ich ins Hotel ginge, müsste ich mehr bezahlen. Ein günstiges Hotelzimmer kostete zehntausend CFA pro Nacht, ohne Verpflegung. Und so hatte gleich die ganze Familie etwas davon. Ich gab ihm das Geld für drei Tage. Er bedankte sich und erklärte mir, dass er es der Mutter zum Verwalten geben würde.

Es war schon dunkel, als wir am Freitagabend in Ziguinchor eintrafen. Die Eltern freuten sich sehr, uns zu sehen, obwohl sie, wie bei unserem letzten Besuch von nichts wussten. Was aber hier kein Problem zu sein schien. Nur durften wir wie beim ersten Mal nicht im selben Bett und im selben Zimmer schlafen, da wir nicht verheiratet waren. Ich bekam wieder das Zimmer der Schwester und Malick schlief bei seinen jüngeren Brüdern, die sich ebenfalls ein Zimmer teilten. Die Schwester, die mir ihr Bett lieh, übernachtete bei einer ihrer jüngeren Schwestern. Mir war das nicht so recht, dass sie extra wegen mir umziehen musste, doch sie hatte damit überhaupt keine Probleme.

Sie freute sich sogar, dass ich in ihrem Bett schlafen würde und erklärte mir: « Monika, das ist jetzt auch dein Zimmer.»

Also deponierte ich mein Gepäck in ‹meinem› Zimmer. Ich war hungrig und staubig von der langen und anstrengenden Reise im Buschtaxi. Malick bot sich an, mir noch etwas zu essen in der Stadt zu besorgen, und beauftragte einen seiner Brüder, mir Wasser aus dem Brunnen zu ziehen, damit ich mich waschen konnte. Ich wurde an diesem Abend verwöhnt.

Das Zimmer der Schwester hatte eine Dusche, nicht sehr luxuriös, doch ich war froh, nicht nach draußen gehen zu müssen. Saliou, so hieß der Bruder von Malick, der mir das Wasser geholt hatte, stellte mir den Eimer ins Zimmer und ging wieder. Ich bedankte mich und holte eine Kerze aus meinem Gepäck, die ich extra mitgenommen hatte. So konnte ich gemütlich bei Kerzenschein duschen, mich in Ruhe anziehen und etwas essen. Danach hatte ich vor, schlafen zu gehen.

Als ich meine Abendtoilette beendet hatte und mich wieder frischer fühlte, freute ich mich auf etwas Feines zu knabbern und war gespannt, was Malick mir gebracht hatte. Leider war er noch nicht zurück, und ich fragte mich, wo er wohl das Essen herholte. In der Stadt gab es doch an jeder Ecke Essbares zu kaufen. Ich vermutete, dass er einige Leute getroffen hatte und irgendwo bei denen rumhing. *Blöder Mist!* Ich wurde meistens wütend, wenn ich hungrig und müde war. *Soll ich gleich ins Bett gehen?*

Aber in diesem Zustand konnte ich schlafen sowieso vergessen. Die Zeit verging ... Meine Laune wurde zusehends schlechter, denn er kam nicht und es wurde später und später.

Irgendwann klopfte es an die Zimmertür. Mürrisch öffnete ich die Tür, weil ich dachte, es wäre Malick. Es war aber Saliou, der vor der Tür stand und schüchtern wissen wollte, ob alles okay wäre bei mir.

«Ja, ja, sagte ich mit einem erzwungenen Lächeln, er konnte ja nichts dafür, dass sein Bruder mich warten ließ. Doch vielleicht wusste er, wo Malick steckte. Aber er wusste es nicht und fragte stattdessen, ob ich mich zu ihnen nach draußen setzen wollte. Eigentlich hatte ich das nicht vor, ich kannte die Familie ja nicht so gut, sah sie heute zum zweiten Mal, und auch das machte mich wütend. Weil Malick mich hier, mit fast fremden Menschen einfach so allein ließ.

Andererseits war das *die* Gelegenheit, die Familie besser kennenzulernen und so gab ich mir einen Ruck. Alle freuten sich, als ich mit Saliou rauskam, sie merkten jedoch, dass ich betrübt war.

«Er wird bald kommen», versuchte die Schwester, die mir ihr Zimmer überlassen hatte, mich ein wenig aufzumuntern.

Was ich auch sehr hoffte. Nur, Wörter wie ‹bald›, ‹sofort›, und ‹gleich› bedeuteten hier nichts, sie waren Floskeln. *Er hätte mir ja wenigstens das Essen bringen können und wir wären gemeinsam noch ausgegangen.* Nun wartete und wartete ich auf Malick. Vielleicht hätte es mir weniger ausgemacht, wäre ich nicht so hungrig gewesen?

Ich holte den Ataya, den ich als Geschenk mitgebracht hatte, aus meinem Zimmer und überlegte dabei, ob ich Saliou losschicken sollte, um mir irgendwo ein Sandwich zu besorgen. In diesem Moment vernahm ich aufgebrachte Stimmen. Ich hörte die Stimme von Malick, die jedoch bald verstummte und denen der Familienmitgliedern Platz machte, die eindringlich auf ihn einredeten. Ich setzte mich aufs Bett, das genau unter dem Fenster stand und horchte aufmerksam. Leider verstand ich kein einziges Wort, wusste aber instinktiv, dass es um mich ging, denn ab und zu wurde mein Name genannt. Ich hörte vor allem seine Mutter aufgeregt sprechen. Irgendwann verstummten jedoch die Stimmen und einen kurzen Moment später kam Malick ins Zimmer. Schweigend überreichte er mir einen Plastikbeutel, in dem das Essen drin sein sollte. Ich bedankte mich knapp, sonst sagte ich nichts, ich war zu aufgebracht. Und wir wussten beide, dass jeder Vorwurf zwangsläufig zu einem Streit führen würde.

Er war ausgesucht höflich, und ich nahm an, dass er gerade eine Zurechtweisung bekommen hatte.

«Chérie, c'est pour toi», sagte er und deutete auf den Beutel in meiner Hand. Ja, davon ging ich aus und schaute, was er mir mitgebracht hatte. Ein Sandwich und dafür hatte er so lange gebraucht?

«Ich habe einige Freunde angetroffen», versuchte er sich für sein Fernbleiben zu rechtfertigen.

«Oui.» Mehr gab es nicht zu sagen.

Bevor ich das Sandwich aß, brachte ich den Tee nach draußen und gab ihn Saliou.

«Malick wird sich ändern, wir haben mit ihm geredet.»

Mich überraschten Salious Worte, und ich antwortete:

«Inshallah.»

Meine Müdigkeit hatte sich in Wut verwandelt, was mich wieder wach machte. In Anbetracht dessen, dass wir hier nicht allein waren, und aus Respekt der Familie gegenüber, vermied ich aber einen Wutanfall. Richtig froh wurde ich trotzdem nicht. Ich fand es respektlos von ihm, mich hier einfach abzusetzen und dann mit der Ausrede mir etwas zu essen zu besorgen stundenlang zu verschwinden und mich warten zu lassen. Gleichzeitig beeindruckte es mich, dass seine ganze Familie sein Verhalten auch nicht tolerierte.

Nachdem ich mein Sandwich gegessen hatte und Malick sich mit den Worten, dass es nicht gut sei, in der Nacht zu streiten, bei mir zu entschuldigen versucht hatte, setzten wir uns nach draußen zu den anderen Familienmitgliedern in den Hof.

Trotz der späten Stunde war es immer noch sehr warm. In der Stadt schien die Hitze länger anzuhalten als bei uns im Dorf, direkt am Atlantik.

Eine wohltuende Ruhe hüllte das Quartier ein. Keine einzige Straßenlampe weit und breit. Nur der Mond, die Sterne und die glühende Holzkohle im Messingofen, auf dem der Ataya vor sich hin köchelte. Zwischendurch warfen vorbeifahrende Autos ihr Scheinwerferlicht auf die drei großen, schlanken Kokospalmen im Hof. Aus der Ferne bellte ab und zu ein Hund.

Das Zirpen der Grillen beruhigte mich und die stimmungsvolle Finsternis schluckte meine Wut. Warum sollte ich weiter wütend sein? Müdigkeit überkam mich, doch ich fühlte mich zu schwer, um aufzustehen und ins Bett zu gehen. Die Luft war heiß hier, es gab keine Abkühlung. Langsam verabschiedete sich einer nach dem anderen, bis Malick und ich die Letzten waren, die noch draußen saßen.

«Ça va, Monika, nicht mehr böse sein, das ist nicht gut.» Zärtlich legte er seinen Arm um meine Schultern, und ich genoss es einfach.

Ich wusste nicht, wie lange wir so dasaßen, doch wie aus heiterem Himmel fragte Malick: «Wann heiraten wir?»

Mit dieser Frage hatte ich nun wirklich nicht gerechnet, es verschlug mir die Sprache. Da mir vor lauter Überraschung die Worte fehlten, sah ich es als Zeichen, jetzt ins Bett zu gehen.

«Denk gut darüber nach», äußerte Malick eindringlich. Ich nickte und mit einem leisen Lächeln in der Seele stand ich auf, ging in mein Zimmer zurück und legte mich ins Bett. Ich lag allein in diesem großen, leeren Raum, allein mit diesen Worten. Ich und heiraten, hier in Afrika?

Es wurde eine unruhige Nacht. Nicht nur wegen Malicks Frage. Ich konnte kaum schlafen, aber eher wegen der Moskitos, die mir um den Kopf schwirrten, weil es hier in diesem Zimmer kein Moskitonetz gab und ich vergessen hatte, meines einzupacken. Dazu kam, dass es heiß und stickig im Zimmer war, und von einer Abkühlung weit und breit nichts zu spüren. Schlaflos wälzte ich mich von einer Seite auf die andere. Der Schlafsack war viel zu dick, nur ohne den hätten mich wahrscheinlich die Moskitos gefressen.

Irgendwann stand ich genervt auf und öffnete den Fensterladen ein Stück weit, in der Hoffnung, dass vielleicht doch ein wenig kühlere Luft hereinkommen könnte. Doch statt frischer Luft flogen noch mehr Moskitos in den Raum und das helle Mondlicht warf Schatten an die Wand. Alles in allem eine ungemütliche Nacht und ich wusste nicht, ob ich überhaupt ein Auge zugemacht hatte, als am Morgen der Muezzin zum Gebet rief und ich draußen auf dem Hof Geräusche hörte. Wahrscheinlich Malicks Vater, der sich für das Gebet vorbereitete. Ob Malick auch betete?

Ich versuchte, wieder einzuschlafen, doch ohne Erfolg. Langsam wurde es auf dem Hof lebendig. Ich vernahm Stimmen, Kinderstimmen, und ich staunte, dass die Kleinen schon so früh wach waren. Meine Zimmertür wurde vorsichtig geöffnet und eine ganze Schar Kinder lugte neugierig in mein Zimmer. Eigentlich wollte ich, dass sie wieder gingen, doch sie ließen sich nicht abschütteln. Und je mehr ich sie zu verscheuchen versuchte, umso vehementer fingen sie an zu lachen und zu grinsen. Ob die über mich lachten? Ich stand ziemlich gerädert auf. Was die Kids nicht davon abhielt, mich weiter anzustarren.

Sie wurden richtig übermütig, blieben jedoch immer nahe der Tür stehen, kicherten und alberten lässig herum. Ich fühlte mich von ihnen beobachtet. Eines der Mädchen kannte ich, sie war die kleine Schwester von Malick, die anderen mussten Nachbarskinder sein, vermutete ich. Ich probierte noch einmal, die Kinder von der Tür wegzuscheuchen, aber es wurden immer mehr. Ich lief zur Tür und wollte sie schließen, doch in diesem Moment kam Malick, sagte ein Wort zu den kichernden Kindern und wie der Blitz verschwanden sie.

«Das ging ja schnell.» Ich war überrascht und beeindruckt.

«Bonjour, Chérie coco. Hast du gut geschlafen? Was möchtest du essen?»

«Unbedingt einen Kaffee, und geschlafen habe ich gar nicht gut.»

Malick rief seinen Bruder Saliou und gab ihm Geld, damit er mir das Gewünschte besorgen konnte.

«Komm, setz dich an die Sonne», wandte er sich wieder an mich. «Es ist angenehm warm draußen.»

Doch bevor ich rausging, wollte ich duschen und mich anziehen. Ich fühlte mich immer noch ein wenig befangen, so verschlafen der ganzen Familie zu begegnen, was Malick überhaupt nicht verstehen konnte.

«Das ist jetzt auch deine Familie. Hörst du.»

Nachdem ich fertig geduscht und angezogen war, fühlte ich mich trotzdem wohler und freute mich auf das Frühstück unter den drei Palmen im Hof. Ich wurde herzlich von ‹meiner› Familie begrüßt.

Im Hof neben dem Brunnen brannte ein Feuer, auf dem die Mutter Wasser für Kaffee und Tee kochte. Saliou kehrte mit Baguette, Butter, Nescafé-Pulver, Milchpulver und Zucker zurück.

Malick und ich waren die Einzigen, die das Brot aßen, für die anderen hatte die Mutter Fondé gekocht. Die Familie versammelte sich auf der ausgebreiteten Bastmatte, die Schüssel mit dem Fondé kam in die Mitte und wurde mit Zucker und Erdnusspaste noch warm gegessen. Auch ich wurde dazu eingeladen, die Mutter drückte mir einen Löffel in die Hand und sagte: «Domoro.»

Ich verstand natürlich kein Wort und schaute hilfesuchend zu Malick.

«Es heißt: Iss! Diese Sprache solltest du sprechen, damit du meine Eltern verstehst», klärte er mich auf.

Noch eine Sprache, das konnte ja lustig werden. Doch der Brei schmeckte hervorragend. Was das denn genau sei, wollte ich wissen.

«Gestampftes Maniokmehl, mit Wasser zu einem Brei gekocht. Das ist ein traditionelles Frühstück. Es macht lange satt und ist gut für die Knochen.»

Ja, das war natürlich schon nahrhafter als das Weißbrot und schmeckte sogar noch besser.

Heute war Samstag, niemand musste in die Schule, also wurde der Tag anderweitig genutzt, zum Beispiel zum Waschen der Wäsche. Diesen Job übernahm Awa, die ältere Schwester von Malick. Danach wollte sie mit mir auf den Markt, um für das Mittagessen einzukaufen. Darauf freute ich mich ganz besonders.

Ich liebte die afrikanischen Märkte, wo es so viel zu sehen und zu kaufen gab, und es duftete immer so fein. Mir kam sofort das Tschurai in den Sinn, das ich gekauft und noch gar nicht ausprobiert hatte.

«Kennst du Tschurai?», fragte ich Awa neugierig.

Sie lachte nickend und sagte: «Aber sicher, Monika, das brauchst du unbedingt.»

«Ich habe schon welches, nur Malick weiß noch nichts davon», gab ich ihr zur Antwort.

Sie schaute mich verwundert an. «Warum denn nicht?»

«Weil ich nicht sicher bin, wie ich es anwenden soll», gab ich zu.

«Ich zeige es dir heute Abend», lächelte sie mich geheimnisvoll an. «Doch zuerst gehen wir auf den Markt.»

Sie wollte mit mir Stoffe aussuchen, damit wir später beim Schneider Kleider für mich anfertigen konnten. Ich hatte tatsächlich noch kein einziges afrikanisches Kleid, nur bunte Tücher.

Während Awa alles zum Waschen vorbereitete, setzten sich die Männer in den Schatten oder zogen sich ins Haus zurück. Malick fragte mich, ob ich mit ihm Freunde in der Stadt besuchen wollte. Da ich aber wusste, dass dort Ataya getrunken, geraucht und Mandinka oder Wolof gesprochen wurde, blieb ich lieber hier, um Awa bei der Wäsche zu helfen.

Er ging allein mit den Worten los: «Chérie, du bist nicht böse, wenn ich nicht sofort wiederkomme?»

Ich schüttelte belustigt den Kopf. Aha, er erinnerte sich an gestern. Aber heute war die Situation eine andere. Ich wusste, wo er hinwollte und ich hatte ja auch einiges vor.

Kleider und Batiktücher türmten sich im Hof. Awa schien für die gesamte Wäsche der Familie verantwortlich zu sein, außer den

Kleidern der größeren Brüder, die noch hier wohnten. Die mussten ihr Zeug selbst waschen und das taten sie ebenfalls heute, erklärte sie mir.

Außer Malick. Komisch, dass er seine Klamotten nicht selbst waschen musste. Warum das so war, wollte ich von Awa wissen.

«Das ist ab jetzt deine Arbeit», gab sie mir zu verstehen.

Ich sah sie erstaunt an. «Bitte was?»

«Du bist seine Frau», fügte sie hinzu.

«Ah bon», sagte ich stirnrunzelnd.

«Wir sind aber nicht verheiratet, und wenn das so ist, dann heirate ich lieber nicht», gab ich zu bedenken. Mir kamen die gestrigen Worte von Malick wieder in den Sinn. Für Awa galt ich schon jetzt als seine Frau.

«Er liebt dich, also kannst du ihn heiraten», erklärte sie weiter.

«Und heute wäschst du sein Zeug noch?», fragte ich sie verwundert.

«Ja, du musst dich ausruhen. Es ist zu heiß, um zu waschen.»

Außerdem wollte sie, dass ich meine Kleider auch gleich noch holte.

Wir könnten es doch gemeinsam machen, ich wollte ihr behilflich sein. Als ich ihr das sagte, nickte sie nur, wahrscheinlich wusste sie, dass ich nicht lange mithalten konnte.

Und so war es. Die jüngeren Mädchen, ich schätzte sie auf zehn, zwölf Jahre, waren eine größere Hilfe als ich. Sie halfen beim Aufhängen der Wäsche und zogen Wasser aus dem Brunnen.

Sogar das konnten die Mädchen schon, richtig flink waren sie. Ich saß daneben, schaute und staunte ...

Während wir den Wäschehaufen abarbeiteten, plauderten wir über alles Mögliche. Awa sprach sehr gut Französisch, was die Gespräche für mich einfacher machten, und ich wollte wissen, warum sie so gut Französisch sprach und ihre Eltern nicht.

«Weil sie uns die Schule ermöglichen, selbst aber nie eine Schule besuchten», lautete ihre Antwort. Wir hatten uns viel zu erzählen, und so verging die Zeit wie im Flug.

Kaum war die Wäsche fertig, sagte Awa: «Ich will nur schnell duschen, dann gehen wir zusammen auf den Markt.»

Während sie duschte, holte ich meine Tasche und Geld für die Stoffe, die ich kaufen wollte. Was die wohl kosteten? Ich erinnerte mich an mein letztes Mal, als ich mit Max auf dem Markt ging und wir für alles viel zu viel bezahlt hatten. Jetzt musste ich darüber schmunzeln, denn heute hatte ich ja eine sachkundige Frau dabei.

Sie würde mir sicher mit den Preisen behilflich sein. Ich nahm einen Scheck von einhundert Schweizer Franken mit, den ich in der Stadt wechseln wollte. Das schien mir angemessen, und ich hoffte, dass das Geld auch noch für den Schneider reichte.

Awa kam wie aus dem Ei gepellt aus dem Haus. Sie trug ein wunderschönes tiefrotes Kleid, das ihre schwarze Haut wie Samt aussehen ließ. Passend dazu hatte sie ein Tuch um ihre Haare gewickelt. Sie sah aus wie eine Königin.

«Du hast dich aber schick gemacht. Wir gehen doch nur einkaufen.»

Sie freute sich über dieses Kompliment und antwortete: «Nachher kommt mein Verlobter vorbei. Er möchte dich kennenlernen.»

Aha, sie ist also verlobt, und dafür machte sie sich so schön.

«Das muss ja ein richtig toller Typ sein», gab ich ihr lachend zur Antwort.

Sie nickte begeistert. «Ja, er ist sehr nett.» Und sie strahlte gleich noch mehr.

«Da bin ich ja mal gespannt», zwinkerte ich ihr zu.

Die kleine Schwester, die heute Morgen so frech mit ihren Freundinnen vor meiner Tür herumgealbert hatte, kam auch mit auf den Markt. Sie nahm meine Hand und ließ sie nicht mehr los bis wir bei Rama, der ältesten Schwester, die bei der Familie ihres Mannes wohnte, angekommen waren. Sie wollte uns unbedingt mit ihren beiden Buben auf den Markt begleiten. Da sie vernommen hatte, dass ich zu Besuch gekommen war, nutzte sie natürlich die Gelegenheit, um mich zu sehen, und lud Malick und mich für Sonntag zum Essen ein.

Es wurde ein unterhaltsames Einkaufen, vor allem die Auswahl der Stoffe war spannend. Obwohl es mit der Zeit anstrengend wurde, denn ich hatte nun zwei geschmackvolle Modeberaterinnen an meiner Seite, die sich nicht so schnell zufriedengaben. So schleppten sie mich in dieser Hitze durch das Marktgetümmel, unermüdlich von einem Stoffstand zum nächsten.

Die Glut machte mich durstig, meine Beine fühlten sich schwer an und meine Füße taten weh. Das Verhandeln der Preise strengte mich an, obwohl das ja die Schwestern übernahmen, denn ich verstand ja kein Wort. Doch sie übersetzten es mir immer sofort auf Französisch und fragten mich dann, ob ich einverstanden mit diesem oder jenem Preis wäre. Nachdem alle Stoffe gekauft waren, ging es weiter zu den Lebensmittelständen - Fisch, Gemüse, Reis und vieles mehr.

Die kleine Schwester wollte noch Kunsthaare kaufen, um sie sich später von einer der Schwestern in die Haare flechten zu lassen. Doch dafür hatte ich nun keinen Nerv mehr. Ich merkte, dass ich nicht gut geschlafen hatte, und wollte nur noch zurück und mich hinlegen.

Der Rückweg verlief schweigend, die kleine Schwester trug meine Tasche mit den Stoffen. Ich hatte also beide Hände frei.

Dafür wollten aber die beiden Jungs der älteren Schwester an der Hand genommen werden. Als wir bei ihr angekommen waren, setzte ich mich erst eine Weile in den Schatten, so ausgelaugt war ich. Die drückende Hitze machte mir sehr zu schaffen, mehr als ich mir eingestehen wollte. Es war mein Kreislauf, der nicht mitmachte. Doch wir mussten weiter, denn Awa hatte ja noch ihr Date und Kochen gehörte auch zu ihren Aufgaben. So kam ich komplett erledigt zu Hause an.

«Leg dich unbedingt gleich hin», sagte Awa besorgt, als sie sah, wie ich litt.

Eigentlich wollte ich beim Kochen helfen, ließ es aber in Anbetracht meiner Gesundheit sein und zog mich für eine Weile ins Zimmer zurück.

Trotz allem war ich froh über meine zwei wunderschönen Stoffe und das für einen richtig guten Preis.

Malick war noch nicht wieder aufgetaucht. Er und seine Freunde hatten sich ja sicher viel zu erzählen. Seit gestern.

Ich hatte mit den Frauen einen wirklich schönen und anregenden Morgen auf dem Markt verbracht. Ich döste vor mich hin, durch den offenen Fensterladen hörte ich Stimmen von draußen, Vogelgezwitscher und Autolärm drang an mein Ohr. Es störte mich überhaupt nicht. Auch mussten mehrere Leute angekommen sein, denn ich vernahm Stimmen, die mir nicht so vertraut waren wie die der Familie. Da ich sowieso nicht schlafen konnte, mich aber ausgeruhter fühlte, stand ich auf und ja, da war ein ganzer Haufen Frauen dazugekommen, die bei Awa ums Feuer saßen, lachten und schwatzten.

«Ah, Monika», riefen sie mich zu sich, als sie mich entdeckt hatten.

«Na si», tönte es von der einen. Das war nicht Wolof, und ich verstand kein Wort. Doch ich ging näher und setzte mich neben diese Frau.

«Hast du verstanden, was ich gesagt habe?», wollte sie wissen.

«Nein, habe ich nicht.»

«Du musst Mandinka lernen. Das ist die Sprache deines Mannes.» Sie schaute mich neckisch an.

«Aha, ja und was hast du denn jetzt gesagt?», fragte ich sie stirnrunzelnd.

«Na si – komm, sitzen. Das ist einfach, Monika.»

«Sicher, sicher.» *Auch das noch, das mache ich doch glatt vor dem Frühstück,* dachte ich und lächelte sie spitzbübisch an. «Und wer seid ihr?»

«Wir wohnen da drüben», verkündete eine andere. «Ich bin deine Nachbarin.» Sie fing sofort an zu schwärmen, wie gut sie Malick kannte, und wann wir denn nun heiraten würden.

«Ich heirate nicht, sonst muss ich waschen und kochen», erklärte ich ihr schelmisch. Ihr blieb kurz der Mund offenstehen. Damit hatte sie nicht gerechnet. Ich musste bei ihrem Anblick lachen.

«Ah bon, wer hat das denn gesagt?», wollte sie verwundert wissen.

«Awa», verriet ich ihr.

Sie schaute kopfschüttelnd zu Awa. «Nein, Toubabs müssen nicht waschen.»

Dann schauten mich alle an und ich sagte nur: «Da habe ich ja Glück gehabt.»

Es war eine lustige Frauenrunde und ich bedauerte, dass sie bald wieder nach Hause gingen. «Ihr geht?»

«Wir müssen auch noch waschen und kochen. Wir sind keine Toubab», zwinkerten sie mir neckisch zu. Doch sie würden auf jeden Fall wiederkommen, scherzten sie weiter. «Und zu deiner Hochzeit kommen wir definitiv! Hast du gehört?»

«Ja, ja», grinste ich sie an. Mir gefiel ihr Humor.

Langsam bekam ich Hunger und war offensichtlich nicht die Einzige. Einer nach dem anderen trudelte im Hof ein. Wo die jetzt wohl alle plötzlich herkamen? Die Mutter kam zurück vom Feld, das wusste ich. Sie sah müde aus und beauftragte eines der Kinder, die im Hof herumturnten, Wasser aus dem Brunnen zu ziehen, damit sie duschen konnte. Der Vater kam aus seinem Zimmer, um sich für das Mittagsgebet vorzubereiten. Sogar Malick kehrte vom Besuch bei seinen Freunden zurück. Er wirkte bekifft, versuchte aber, sich nichts anmerken zu lassen. Ob ich die Einzige war, die es bemerkte? Wahrscheinlich durfte das niemand erfahren, denn hier rauchte und kiffte er nie. Vielleicht war er deshalb gestern so lange verschwunden.

Ich setzte mich einen Moment zu Awa an den Kochplatz im Hof. Es duftete verführerisch. Awas Date war noch nicht da, doch sie hatte ja nur gesagt, dass er heute kommen wolle. «Wann denn genau?», frage ich neugierig.

«Er kommt», meinte sie gelassen, während sie vorsichtig den Reis in eine Schüssel füllte und den Fisch und das Gemüse verteilte.

Sie trug aber immer noch ihr schönes Kleid von heute Morgen, also rechnete sie wohl jederzeit mit ihm.

Ihre jüngere Schwester breitete in der Zwischenzeit die Bastmatte unter dem schattigen Mangobaum aus, wo sich die ganze Familie nach dem Gebet niederließ.

Nach dem Essen schickte Malick einen seiner Brüder in die Boutique, um Ataya und Zigaretten zu kaufen. Die jüngeren Schwestern mussten den Abwasch übernehmen. Wir anderen blieben auf der Matte sitzen. Eines der Mädchen wischte mit einem Handbesen den Reis von der Matte und sofort eilten ein paar gackernde Hühner herbei, um ihn aufzupicken. Kein Wind wehte, es war, als ob die Zeit stehen geblieben wäre, die Sonne brannte unerbittlich herunter. Die Mutter hatte sich in ihr Zimmer zurückgezogen. Sie ging nicht nochmal zum Feld, es war viel zu heiß. Deshalb stand sie jeden Morgen sehr früh auf, wenn es noch kühl war, was auch immer kühl hier bedeutete. Für mich war es hier nur heiß. Es herrschten ganz andere Temperaturen als in Abene, das direkt am Meer lag.

Es wurde ruhig im Quartier, sogar die frei herumrennenden Ziegen machten es sich unter den Bäumen bequem. Gegen Abend, wenn es wieder einigermaßen ‹frischer› wurde, wollten Awa und Rama mit mir zum Schneider gehen.

«Wir sind am Sonntag bei Rama zum Essen eingeladen», bemerkte ich nebenbei zu Malick.

Er freute sich, als er es vernahm. «Siehst du, alle wollen dich sehen.» Und er betonte noch einmal: «Das ist jetzt auch deine Familie und sie mögen dich.»

Als sein Bruder mit Zigaretten und Ataya zurückkam, wurde sofort wieder vorbereitet, um den Ataya zu kochen. Es wurde ein ruhiger und gemütlicher Samstagnachmittag. Als das erste Gläschen Ataya trinkbereit war, kam endlich der Freund von Awa. Auch er hatte sich ziemlich herausgeputzt. *Nicht schlecht*, dachte ich.

Er war mit einem violetten Gewand bekleidet, das mit goldenen und weißen Stickereien verziert war.

«Salamalekum», grüßte er in die Runde und fügte gleich hinzu: «Bonjour, Monika, ça va.»

Ich hatte mich daran gewöhnt, dass mich jeder zu kennen schien. Obwohl ... Awa hatte ihm ja sicher auch schon von mir erzählt. Ich begrüßte ihn und er stellte sich als Oumar vor.

Elegant setzte er sich neben mich auf die Matte. «Du bist also die Frau von Malick?»

Da jeder davon ausging, sagte ich einfach mal ja. Es stimmte zwar nicht ganz. Wir waren noch nicht verheiratet, doch so wie es aussah, war es bereits beschlossene Sache, dass dies demnächst stattfinden würde.

Ich versuchte, das Thema zu wechseln, indem ich auf das Wetter zu sprechen kam und dass es hier viel heißer sei als in Abene.

Oumar sagte mir, dass er noch nie dort gewesen sei, mich jedoch zusammen mit Awa gerne mal besuchen kommen würde. Wo wir denn genau wohnten, wollte er weiterwissen. Was sollte ich darauf antworten?

«Ich wohne im Camp, wo ich tanze», antwortete ich ihm.

«Ah bon, aber das ist nicht gut, Monika.» Er schaute mich vorwurfsvoll an.

Und mir wurde jetzt auch klar, weshalb Malick so auf das Zusammenleben drängte. Deshalb sagte ich ihm, dass wir sicher bald zusammenziehen würden.

«Ja, ja, unbedingt.» Das schien ihm wichtig zu sein und beruhigte ihn.

Das Wetter machte mich schläfrig und ich legte mich auf der großen Matte ein wenig hin. So konnte ich den Fragen und dem Smalltalk ein wenig ausweichen. Es war ein Kommen und Gehen, immer kamen neue Nachbarn und Bekannte vorbei. Und auch diesen wurde ich als die zukünftige Frau Malicks präsentiert. Ja, es war das Thema Nummer eins und ich fragte mich, ob das sogar Malicks Plan gewesen war, als er mich zu diesem Wochenende bei seiner und jetzt auch meiner zukünftigen Familie eingeladen hatte.

Das gleiche Spiel wiederholte sich am Sonntag, als wir bei Rama und ihrer Familie beim Essen waren. Es war das Hauptthema und ich freute mich darauf, dass wir gegen Abend endlich wieder zurück nach Abene reisen konnten. Auch weil ich von Samstag auf Sonntag genauso schlecht geschlafen hatte, wie in der Nacht davor. Es war Zeit zu gehen. Zu viel Hitze, zu viel Moskitos und zu viel Familie auf einmal.

Dummerweise waren meine Kleider noch nicht ganz fertig, so saß ich notgedrungen mit Awa beim Schneider und schaute ihm zu, wie er geschickt mein Kleid zusammennähte und mir entschuldigend vorjammerte, wie viel er übers Wochenende zu tun gehabt habe. Ich sah meine Abreise mehr als gefährdet und tatsächlich: Wir verbrachten den Abend in der Schneiderstube und irgendwann war es zu spät, um noch bis nach Abene zu gelangen, was mich total wütend machte.

Ich hatte gehofft, am Montagmorgen frisch und munter in den Workshop starten zu können, und wollte am ersten Tag nicht auf den letzten Drücker ankommen. Ich musste sofort mit Malick reden und dann packen, damit wir wenigstens ganz früh am nächsten Tag abreisen konnten. Aber er war gar nicht da. Ich sah rot. Hatte er gewusst, dass ich so spät vom Schneider kommen würde? Oder war es ihm einfach egal, ob wir heute, morgen, in einer Woche oder vielleicht in einem Monat zurückreisten? Ich steigerte mich richtig in meine Wut hinein. Und dieses Getue mit dem Heiraten nervte mich gerade nur noch.

Zum Abendessen kam Malick zurück. Er merkte sofort, dass ich schlechter Laune war, und fragte mich ganz unschuldig: «Was ist denn los, chérie, du warst doch so lange beim Schneider?»

Mir fehlten die Worte. Und jetzt war es definitiv zu spät, um noch irgendwohin zu reisen. Als ich mich etwas gefangen hatte, beharrte ich darauf, dass wir Montagmorgen sehr früh abreisen sollten. Und wenn es sein musste, würde ich auch allein gehen und stellte das Gepäck, das ich inzwischen gepackt hatte, provokativ an die Tür, sodass er sah, wie ernst die Lage war. Ob er dann mitkommen wollte, war seine Sache.

Er kam. Wir schafften es tatsächlich, pünktlich in Abene zu sein. Völlig außer Atem, übermüdet und verschwitzt kam ich im Camp an.

Malick begleitete mich noch bis zu meinem Häuschen. Er trug mein Gepäck hinein und sagte, bevor er ging: «Ich hole dich gegen Abend wieder ab.»

«Okay», erwiderte ich nur knapp, ohne weiter nachzudenken.

Ich hatte wirklich keine Zeit, mir Gedanken zu machen, was er damit meinte. Ich schaffte es, pünktlich aber völlig gestresst im letzten Moment zum Workshop zu kommen.

Der Tag wurde tatsächlich fantastisch. Tanzen, schwatzen, ans Meer gehen und gut essen. Ich genoss es auch, wieder mal so zu sprechen, wie mir der Schnabel gewachsen war. Einige wollten wissen, wie es sich denn in Afrika so lebe, und ich hatte viel zu erzählen. Ja, es gab von allen Seiten manches zu berichten. So verging der Tag wie im Flug.

Gegen Abend kam Malick wie abgemacht im Camp vorbei. Ich wollte ihm die neuen Gesichter vorstellen, die er noch nicht kannte.

Aber statt sich zu freuen, meine Kollegen kennenzulernen, wie ich das erwartet hatte, kam ein missmutiges «Bist du fertig, können wir los?» über seine Lippen.

Ich verstand gerade gar nicht, was er meinte und fragte irritiert: «Wohin?»

Ich konnte mir nicht erklären, wohin er jetzt noch gehen wollte. Im Dorf gab es nichts zu erledigen und es fand auch nirgendwo ein Fest statt, außer der Willkommensparty hier, die extra für die Neuankömmlinge veranstaltet wurde. Und ich dachte tatsächlich, dass er deswegen hier war. Ich freute mich auf die Party und auch, mit den Leuten die nächsten zwei Wochen im Camp zu verbringen und den Workshop mitzumachen.

Malick jedoch schien das überhaupt nicht so zu sehen, das verriet mir sein verkniffener Gesichtsausdruck. Was ihm wohl über die Leber gelaufen war? Er wirkte gestresst, drehte nervös an seinen Rastas und tat eine Spur zu freundlich mit den Leuten um ihn herum. So war er öfter drauf, wenn ihm etwas nicht passte. Einige seiner Macken kannte ich nun ja schon.

Es roch nach Ärger, und den wollte ich öffentlich vermeiden.

«Lass uns in mein Zimmer gehen, dort können wir in Ruhe reden.» Doch auf dem Weg dorthin verflog meine gute Laune mehr und mehr. Im Zimmer angekommen sagte ich ihm, dass ich zuerst duschen möchte, um mich ein wenig abzukühlen und wieder klarer zu sehen.

«Ja», sagte er beiläufig. «Danach gehen wir.»

Ich hatte nun wirklich keine Lust, einen Streit heraufbeschwören, aber warum er es so verärgert schon wieder so eilig hatte – und vor allem, wo er hinwollte, hätte mich schon interessiert.

Doch bevor ich überhaupt zum Duschen kam, eskalierte der Streit, den ich unbedingt hatte vermeiden wollen.

Betont autoritär verkündete er: «Ich hole dich ab, wir gehen zurück ins Dorf und morgen holen wir definitiv dein Gepäck.»

Aha. Das war also der Grund. Er wollte mich hier ganz rausholen. Jetzt konnte ich eins und eins zusammenzählen. Wahrscheinlich hatte er gehofft, unser Besuch bei der Familie würde mich umstimmen. Ich war aber nach wie vor anderer Meinung. Für mich war klar abgemacht: Zwei Wochen im Camp tanzen und dann zusammenziehen. Ohne ein weiteres Wort nahm ich mein Duschzeug und machte mich auf den Weg zur Dusche.

Ich fühlte mich übergangen, überrumpelt und war stocksauer. Das kalte Wasser tat gut, es kühlte meine wutentbrannten Gedanken für einen Moment. Ich wollte gar nicht mehr in mein Zimmer zurück. Ich verstand die Welt nicht mehr. Wusste auch nicht, was ich darauf sagen sollte. Klar war: Ich wollte bleiben, er wollte das nicht ...

Natürlich konnte ich den Abend nicht in der Dusche verbringen, obwohl es hier gerade angenehmer war, als mit Malick über etwas zu streiten, bei dem es meiner Ansicht nach nichts zu streiten gab.

Nach einigem Zögern wegen der Aussichtslosigkeit gab ich mir einen Ruck und ging zurück auf mein Zimmer. Bald würde das Essen serviert werden, ich war hungrig und wer weiß, vielleicht gab es ja doch eine Lösung. Diesen Abend und die Nacht wollte ich auf jeden Fall hier verbringen. Über den nächsten Tag wollte ich weder reden noch nachdenken, da konnte sich wieder alles ändern.

Malick saß mit einigen Trommlern draußen auf der Veranda und rauchte eine Zigarette. Er tat ausgesucht nett, als ich zurückkam, so, als ob wir nie Streit gehabt hätten. Zuerst nervte es mich grandios, mir Szenen zu machen und dann so zu tun, als ob nichts gewesen wäre. Doch ich konnte die Situation ja auch zu meinen Gunsten nutzen, also sagte ich charmant ohne Malick anzuschauen: «Ich freue mich auf das Essen und die Party danach. Heute feiern wir die ganze Nacht.»

Mamadou, einer der Trommler meinte freudestrahlend: «Sehr gut, wir machen ein großes Fest für deine Freunde.»

Diese Worte liefen runter wie Öl und Malick konnte daraufhin nichts einwenden, das hätte ihn ja nicht gut dastehen lassen.

Mamadou wandte sich an Malick und sagte: «Du hast so eine nette Frau.»

Damit meinte er mich und ich freute mich innerlich, fast ein wenig schadenfroh. Der Abend schien gerettet zu sein. Nur befürchtete ich, dass das sein Problem war. Er war auf all die Leute eifersüchtig, mit denen ich hier zusammen war. Er wollte nicht, dass ich da zwei Wochen ohne seine Aufsicht wohnte und tanzte.

Die Party verlief sehr ausgelassen, mit viel Musik, es wurde getanzt, viel erzählt und ausgiebig geflirtet. Ich konnte Malick fast verstehen, dass er argwöhnisch reagierte.

Irgendwann endete der fröhliche Abend und ich war froh, nicht mehr ins Dorf laufen zu müssen. Obwohl Malick für einen Augenblick damit gerechnet hatte, als er mit mir allein zögernd am Tor stehenblieb.

Ich umarmte ihn und sagte verliebt: «Bis morgen, ich möchte nur noch ins Bett und schlafen.»

Er gab mir einen Kuss, es prickelte, ich hätte ihn gerne weiter geküsst. Doch er verschwand in der dunklen Nacht.

Ich beneidete ihn nicht und es wäre mir egal gewesen, wenn er über Nacht bei mir geblieben wäre, nur das wollte Papis nicht. Malick respektierte sein Machtwort und er gehörte nun mal nicht zum Camp. Das war wahrscheinlich noch ein weiterer Grund, warum er wollte, dass ich bei ihm wohnte, ich gehörte ja auch nicht mehr so richtig ins Camp. Wir galten jetzt als Paar und da konnte nicht mehr jeder für sich wohnen. Ich war zwar nicht so froh mit dieser Entscheidung, musste sie jedoch einfach akzeptieren. Afrika lässt sich nicht mit der Schweiz vergleichen, wo man zusammenwohnte, egal ob verheiratet oder auch nicht. Hier galten eindeutig andere Regeln.

Tags darauf zog ich dann aus. Malick und Mady waren mir mit dem Gepäck behilflich, das sie für mich ins Dorf zu Aliou und Abu brachten. Ich durfte in Ruhe tanzen. Ich hatte mit Malick abgemacht, dass ich jeden Tag während der nächsten beiden Wochen tanzen konnte und er mich am Abend, wenn es schon dunkel war, abholen würde. Auch Papis schien froh über diese Lösung zu sein. Nicht, weil er mich nicht mochte, sondern um jegliche Missverständnisse auszuschließen, die hier gang und gäbe waren.

Ich freute mich, Abu und Aliou wiederzusehen. Ich verabschiedete mich von meinen Freunden, inklusive Papis. Mir ging das zwar ein wenig zu schnell und ich hoffte, dass ich die richtige Entscheidung getroffen hatte.

Der Ein- und Zusammenzug mit Malick war die Gelegenheit, das wundersame Tschurai einzuweihen. Mal schauen, wie Malick darauf reagierte und ob es das hielt, was die Frau, die es mir verkaufte, versprochen hatte. Viel Glück konnten wir nun richtig gut gebrauchen. Und tatsächlich Malick war begeistert, als ich die Räucherschale präparierte.

Die erste Woche klappte schon mal gut. Nach dem Frühstück begab ich mich zu meinen Tanzstunden. Ab und zu begleitete mich Malick bis zum Tor und ging dann wieder zurück. Ich hatte keinerlei Probleme, alleine zu gehen, im Gegenteil, ich war froh, dann nahm ich immer den Weg am Strand entlang, der Malick zu lange dauerte. Mit ihm musste ich durch den Busch.

«Ich bin ein Mann des Waldes», erklärte er mir stolz auf dem Heimweg, wenn er mich am Abend nach dem Sabartanzen abholte.

So lernte ich den Busch besser kennen. Mit der Zeit wusste ich, welcher Weg zu wem führte, welcher der schnellste ins Dorf, zum Strand oder ins Nachbardorf war. Der Busch war wirklich wundersam und ich verlor sogar meine Angst, nachts durch den Busch zu marschieren.

Während des Tages, nach dem Tanzen, ging ich wie üblich mit den anderen ans Meer und blieb zum Essen.

Natürlich wäre ich ab und zu gerne länger geblieben, hätte noch mit den anderen gegessen und am Feuer einen Ataya getrunken, doch Malick war nicht begeistert von meinen Vorschlägen und bevor es zum Streit kommen konnte, ging ich mit ihm zurück.

Aliou und Abu warteten mit dem Abendessen auf uns, das wir manchmal noch zu später Stunde im Aufenthaltsraum einnahmen. Obwohl wir einen großen Tisch hier stehen hatten, aßen wir aber meistens auf der Bastmatte am Boden. Bei Kerzenschein auf dem Boden zu essen war irgendwie auch gemütlicher. Mir fiel auf, dass Aliou jedes Mal, wenn wir die Mahlzeit beendet hatten, mit einem

Handbesen die Überreste, die auf die Matte gefallen waren, zusammenfegte und in der Ecke bei der Tür sammelte. Die ersten paar Male sagte ich nichts und schaute nur, doch als ich sah, dass er es immer machte, wollte ich wissen, weshalb er sie nicht für die Hühner nach draußen warf. Er erklärte mir, dass er die Geister füttern würde. Damit diese uns nachts gut schlafen ließen und uns davor bewahrten, ungebetenen Besuch zu bekommen.

«Ah, ja», sagte ich verwundert und gleichzeitig sehr neugierig geworden. Und vielleicht konnte er mir ja auch mehr über diese Geister erzählen, denn ich war immer noch nicht schlauer, was diese anbelangte.

Am Ende der Woche war eine größere Party geplant, da die ersten Teilnehmerinnen abreisten. Auch ich und Malick waren eingeladen. Er wusste natürlich nichts davon, als er mich abholen kam. Ich teilte es ihm kurz mit, bevor ich unter der Dusche verschwand, in der Annahme, er wäre einverstanden, wenn wir heute ausnahmsweise länger bleiben würden.

«Wie lange denn?», wollte er wissen.

Doch das wusste ich auch nicht - einfach länger. Er sagte nicht viel und setzte sich, während ich duschte, ans Feuer. Danach sagte ich ihm, dass wir auch zum Abendessen eingeladen wären.

«Eigentlich ist im Dorf ein Trommelkonzert, und ich wäre gerne mit dir dorthin gegangen», gab er mir als Antwort.

Ich beabsichtigte jedoch, hierzubleiben und erklärte ihm, dass es für mich kein Problem sei, wenn er zum Konzert ginge. Nach der Party würde mich sicher jemand vom Camp nach Hause begleiten. Hoppla, da trat ich aber heftig ins Fettnäpfchen.

Er gab mir in scharfem Ton zu verstehen, er habe den langen Weg nicht gemacht, um dann allein wieder zurückzugehen, und es müsste mich sicher niemand hier vom Camp begleiten, dafür sei er jetzt da.

«Okay», sagte ich vorsichtig, einfach um nicht noch mehr Öl ins Feuer zu gießen. Ich überlegte sogar, ob ich nachgeben sollte. Eine verzwickte Situation. Es war sicher nicht schön, dass er extra gekommen war, um mich zum Konzert abzuholen. Doch davon wusste ich ja nichts. Außerdem fand ich es von Anfang an keine gute Idee, dass er jeden Abend diesen Weg hin- und zurückgehen musste. Nur war das seine Entscheidung. Er hatte darauf bestanden, «weil es sich so gehörte.» Schließlich sei er jetzt für mich verantwortlich. Interessanterweise hatten wir die ganze Woche am Abend nichts vorgehabt und ausgerechnet heute wollte er noch mit mir ins Dorf?

Ich erklärte ihm, dass ich wenigstens bis nach dem Essen bleiben wollte. Was ihm nicht zu passen schien, doch unterdessen hatten sich einige Leute um das Feuer herumgesetzt und Malick verwandelte sich wieder in den charmanten Mann. Auch ich gab mich freundlich und überlegte, wie ich ihn überreden konnte, länger zu bleiben, um trotzdem noch an der Party teilzunehmen.

In der Zwischenzeit hatten sich die Trommler am Feuer versammelt. Sie wollten ein Abschiedskonzert für die Abreisenden geben und fragten Malick, ob er mittrommeln würde. Er war sofort einverstanden und mein Abend gerettet, ohne dass ich mir etwas auszudenken brauchte. Vom Trommelkonzert im Dorf war keine Rede mehr.

Nach dem Essen wurde alles im Saal umgeräumt und für die Trommeln und die Tanzenden Platz gemacht. Boxen und zwei Generatoren waren schon am Nachmittag bereitgestellt worden. Der Abend verlief grandios, die Trommler liefen zu ihrer Höchstform auf, auch Malick war voll in seinem Element.

Er strahlte, alle strahlten. Auch die Tänzer, jeder und jede musste in den Kreis, sogar wir eher zurückhaltenden Weißen. Jetzt durften wir alle zeigen, was wir drauf-, respektive gelernt hatten. Die Stimmung war so aufgeheizt, es tanzte sich fast von selbst.

Auf dem Nachhauseweg hatte ich Malick schon lange nicht mehr so entspannt erlebt wie an diesem Abend.

«Du solltest mehr trommeln», sagte ich zu ihm.

«Ja, deswegen wollte ich heute mit dir ins Dorf zu einem Trommelkonzert», antwortete er daraufhin.

Es fanden öfter Konzerte im Dorf oder privat statt, und ich nahm mir vor, diese nach dem Workshop mit Malick zu besuchen.

Der Rückweg verlief harmonisch, obwohl wir beide zum Umfallen müde waren. Wir gerieten ins Pläneschmieden, ich hatte voll Bock nach dem Workshop weiterzutanzen und Malick bot an, mir mit anderen Tänzerinnen und Tänzern aus dem Dorf Tanzstunden zu geben. Ich war sofort Feuer und Flamme. Genau das brauchte ich ... und für irgendetwas hatten wir ja den Tanzplatz vor unserem Haus.

Am Freitagmorgen machte ich mich wieder allein auf den Weg zum Tanzen. Ich war immer noch müde, da ich vor lauter spannenden Plänen, die Malick und ich auf dem Nachhauseweg machten, zu wenig Schlaf bekam. Ich fühlte mich guter Dinge. Ich freute mich auch, dass es so gut mit dem Tanzen im Camp klappte. Nur wurde ich das Gefühl nicht los, dass Malick sich gerade gar nicht mehr um seine Boutique kümmerte. Verdiente er denn überhaupt etwas, wenn er nicht in seinem Laden stand? Im Moment war ich es, die alles bezahlte. Er brauchte Geld für Zigaretten, ich zahlte das Essen und die Miete sowieso. Ich musste ihn unbedingt darauf ansprechen. Ich hatte schon länger diese Vermutung, doch ich fand noch nicht den richtigen Augenblick, ihn danach zu fragen. Also nahm ich mir vor, mit ihm am Wochenende darüber zu sprechen, ohne ihm etwas zu unterstellen. Jetzt konzentrierte ich mich aufs Tanzen.

Am Abend holte er mich wie immer ab, doch er kam früher als sonst und wollte, dass ich mich beeilte. Er drängte mich richtig, zurückzugehen. Ich verstand seine Eile überhaupt nicht.

Es war Freitagabend und nirgendwo fand heute eine Veranstaltung oder Ähnliches statt. Was sollte diese Eile plötzlich?

Ich liebte es, mit den anderen noch am Feuer zu sitzen und zu plaudern, bis das Essen kam. Aber da ich ja auch einen Deal mit

Malick hatte, der lautete: Nur Tanzen und am Abend wieder zurück ins Dorf. Er sprach nie sehr viel, wenn er mich abholte, war freundlich, scherzte da und dort ein bisschen und so machten wir uns auf den Weg. Ich war neugierig, warum er heute schon so früh dastand, er hatte sicher seine Gründe. Wie jeden Abend nahmen wir den Weg durch den Busch.

Wir gingen schweigend nebeneinander her. Ich hatte meine Taschenlampe am Morgen zu Hause vergessen. Es war stockdunkel, kein Mond, der leuchtete, nur die Sterne, und ich musste mich gut konzentrieren, wohin ich trat, um nicht zu stolpern. Auf dem Weg gab es Wurzeln und Äste, die einem in dieser Dunkelheit einen argen Streich spielen konnten. Doch Malick war ein Buschmann, er war selbstsicher und kannte sich aus, das gefiel mir an ihm.

Ich war neugierig darauf, von ihm zu erfahren, weshalb er schon so früh aufgetaucht war und sofort gehen wollte.

«Aus welchem Grund wolltest du denn bleiben?», konterte er und fügte hinzu: «Warum willst du eigentlich immer so lange hier sein? Wir hatten abgemacht, dass du nach dem Tanzen mit mir zurückkommst.»

Jetzt kam das wieder. Ich kannte diese Diskussion und konnte mir vorstellen, wohin sie führte, also ging ich nicht näher darauf ein, denn ja, das war unser Deal.

«Warum bist du so ruhig?», wollte Malick in einem leicht provokanten Ton wissen.

«Was soll ich sagen? Was willst du hören? Du hast recht. Wir haben abgemacht, tanzen und dann mit dir zurück ins Dorf», warf ich ärgerlich ein.

Ich merkte, dass ihm irgendetwas nicht passte, doch ich hatte echt keine Lust auf einen Streit, erst recht nicht mitten im Busch in stockfinsterer Nacht. Wir gingen schweigend weiter.

Ich dachte schon, Malick hätte sich wieder beruhigt, als er plötzlich sagte: «Hast du einen Freund im Camp?»

Ich drehte mich zu ihm um, schnalzte wütend mit der Zunge, und hätte am liebsten ja gesagt. Doch ich ließ es um des Friedens willen sein und schluckte meinen Ärger runter. Auch wollte ich mir diese Art von Konversation wirklich ersparen.

Stattdessen fragte ich süffisant: «Bist du deshalb gekommen? Möchtest du dich nicht lieber um deine Boutique kümmern?»

Sofort wurde er mucksmäuschenstill.

Hatte ich etwa ins Schwarze getroffen? Da wir uns immer noch im Busch befanden, sagte ich nichts weiter, doch ich wusste, in welche Wunde ich drücken musste, wenn er mich wieder falsch verdächtigte.

Wir kamen an diesem Abend früh zuhause an. Aliou und Abu saßen am Feuer.

«Bist du schon da?», freute sich Aliou. «Komm, setz dich zu uns ans Feuer.»

Das tat ich nur zu gerne.

Malick, der die ganze Zeit nicht mehr mit mir geredet hatte, sagte zu Abu: «Ich gehe noch ins Dorf.»

Das glaube ich jetzt nicht! Er lieferte mich hier ab und wollte wieder verschwinden? Doch diesen Gefallen würde ich ihm nicht tun. Und schnauzte ihn vor den anderen an: «Warum hast du mich eigentlich so früh abgeholt, wenn du dann allein ins Dorf gehst?»

«Ich gehe etwas zu essen kaufen», rechtfertigte er sich.

Darauf sagte ich nichts, schaute einfach schweigend ins Feuer. Denn mir war der Appetit gründlich vergangen. Sollte er doch ins Dorf gehen, ich blieb gerne hier bei Abu und Aliou am Feuer. Sie wollten wissen, wie es im Camp so lief, ob ich Fortschritte beim Tanzen machte und ich sollte gerne auch mal meine Freunde hierher einladen.

Als Malick weg war, vertraute ich ihnen an, dass meine Mittänzer mich wirklich gerne hier besuchen kommen würden. Ich vermutete jedoch, dass genau das Malick nicht zu passen schien und er mich deshalb auch immer abholen kam.

«Ah bon», erwiderte Aliou sichtlich erstaunt darauf, was mich ein wenig verunsicherte. Ich fragte mich, ob ich mir das vielleicht nur einbildete und nahm mir vor, mit ihm am Wochenende über das, was mich beschäftigte, ganz klar zu reden. Das betraf seine Eifersucht und seine Boutique. Ich wollte wissen, was dahintersteckte. Da ich gemerkt hatte, dass Malick im Gespräch anders reagierte, wenn wir in der Gruppe waren, fragte ich Aliou, ob er vielleicht dabei sein könnte, wenn ich mit Malick redete. Er war sofort einverstanden.

Malick kam, begleitet von zwei Freunden, unverhofft rasch wieder aus dem Dorf zurück und brachte mir ein Omelett-Sandwich mit.

Er reichte Aliou ein kleines braunes Päckchen und gab ihm zwei Zigaretten dazu. Aha, das war also der Grund für seinen flotten Abgang ins Dorf. Er hatte Gras organisiert. Während Aliou die Samen aus dem Gras sortierte und damit einige Joints drehte, ging Malick duschen.

Der Abend verlief amüsanter und harmonischer, als er begonnen hatte. Ich fragte mich, ob ich mir seine Eifersucht und die dauernde Kontrolle vielleicht wirklich nur einbildete, und wir uns alle hier erst einmal aneinander gewöhnen mussten. Also beschloss ich, das geplante Gespräch mit Malick und Aliou zu verschieben und das Ende des Workshops abzuwarten, der nun noch eine Woche dauern würde.

Das Wochenende verbrachten wir mehrheitlich bei Malicks Freunden und am Samstagabend gingen wir in die Disco. Ich vergaß die Turbulenzen der letzten Woche.
Ich räucherte mit Tschurai, das wirkte wirklich Wunder. Ich hatte das Gefühl, dass es ihn beruhigte, er war milder und entspannter.

«Gehst du eigentlich nicht mehr so oft in die Boutique?», fragte ich ihn in einem friedvollen Moment. Wir liefen ja fast täglich dort vorbei, wenn wir im Dorf waren.

«Warum fragst du?»

«Es ist Wochenende und ich bin dort, wenn du beim Tanzen bist.» Das beruhigte mich ein bisschen und ich hakte nach.

«Und läuft es gut?»

«Warum fragst du mich das eigentlich?»

«Ich dachte nur, weil du mich immer wieder um Geld fragst und du ja sicher Geld in dem Shop verdienst.»

Ja, er müsse damit auch Keba bezahlen, und der würde nächste Woche nach Ziguinchor fahren, deshalb habe er ihm mehr Geld gegeben, um es der Familie zu bringen.

Aha, das war also der Grund. Er musste mit diesem Geld seine Familie unterstützen. Ich überlegte und wollte dann wissen: «Wieso musst du deiner Familie Geld geben?»

«Weil ich der älteste Sohn bin, also muss ich der Familie helfen.»

Ich antwortete nicht sofort darauf, obwohl ich noch einige Fragen gehabt hätte. Denn schon fuhr Malick mit seinen Erklärungen fort: «Und ab und zu muss ich ja auch wieder Waren für den Laden einkaufen.»

Ja, das leuchtete mir ein. Ich wurde ruhig und machte mir viele Gedanken dazu. Ich war froh zu wissen, dass er in seinem Laden arbeitete, während ich tanzte. Hier galten ganz klar andere Regeln, als dort, wo ich herkam. Ich musste niemandem Geld geben, selbst meiner Familie nicht. Für mich war so vieles hier neu und anders. Ich war es gewohnt, Dinge selbst zu bestimmen, hier ging das nicht. Auch die Dauerbegleitung von Familienmitgliedern war mir fremd und ungewohnt. Geld konnte ich frei einteilen, hier hingen ganze Familien davon ab. Ich sollte das wahrscheinlich entspannter sehen, was mir aber schwerfiel. Obwohl ich es als Zeichen der Gemeinschaft ansah, die hier wesentlich größer und herzlicher war als bei uns, schränkte es mich manchmal auch ein.

Da ich nun wusste, dass Malick tagsüber, wenn ich tanzte, in der Boutique war, brauchte er mich nicht abzuholen. Als ich ihn jedoch darauf ansprach, spürte ich wieder eine leichte Gereiztheit bei ihm.

«Hör zu», gab er mir sehr bestimmt zu verstehen. «Du bist meine Frau und es ist meine Pflicht, dich abzuholen.»

Was sollte ich darauf noch sagen? Am besten hörte ich auf, mir allzu viele Gedanken darüber zu machen. Das war hier die Regel.

Er wollte das. Jetzt war mir auch klarer, weshalb er manchmal so verärgert reagierte. Es gab hier für mich in der Tat jede Menge zu lernen.

Diese letzte Woche im Camp verlief entspannter. Ich kannte nun die Begleit- und Abhol- Regel und wusste, dass Malick es als seine Pflicht sah, mich abzuholen. Wir spazierten auch wieder öfter Hand in Hand am Meer entlang ins Dorf zurück. Ich fühlte mich unter dem geheimnisvoll, funkelnden Sternenhimmel, dem rauschenden Meer und den kühlen Wellen, die sich um meine nackten, vom Tanzen heißen Füßen schlängelten, wie im Paradies. Ich genoss diese letzte Woche sehr. Ich wusste, dass am Ende der Woche auch die restlichen Teilnehmerinnen abreisten, und es dann wieder ein großes Abschiedsfest gab. So konnte ich Malick schon einmal darüber informieren, dass ich daran gerne teilhaben würde, und er reagierte zu meiner Freude völlig entspannt darauf. Der letzte Abend war das Highlight, Malick kam auch und hatte sein Djembe dabei. Die Musiker, Tänzerinnen und Tänzer spielten und tanzten wieder in Höchstform. Trotz der wehmütigen Stimmung war es ein gelungener, ausgelassener Abend. Sicher würde ich alle sehr vermissen, doch ich hatte ja mit Malick geplant, weiterzutanzen, und mein Leben ging nun hier weiter. Jeder, der uns besuchen kommen wollte, war natürlich herzlichst eingeladen.

Auf dem Nachhauseweg, ich war hundemüde und meine Füße fast wund vom Tanzen, erzählte mir Malick zum ersten Mal, dass er ein Grundstück besaß.

Sofort war ich hellwach. «Ein Stück Land? Wo denn?», wollte ich neugierig wissen.

«In Dianna, und ich würde es dir sehr gerne zeigen.»

«Unbedingt, das will ich sehen.» Ich war begeistert und geriet ins Schwärmen. «Erzähle mir mehr. Dianna, wo ist das?»

Er lachte über meine Begeisterung. «Defalndanka, mach langsam», sagte er.

«Ich möchte aber alles wissen. Wir könnten ja gleich morgen dorthin.» Ich hatte wieder Zeit, und ich war nicht mehr zu bremsen. Bis wir zu Hause angekommen waren, plauderten wir ausgelassen über dieses Land.

Eintauchen im afrikanischen Alltag.

Vor lauter Aufregung hatte ich eine nahezu schlaflose Nacht. Da der Workshop aber zu Ende war, konnte ich ausschlafen. Doch ich hatte mich an den Frühaufsteh-Rhythmus gewöhnt und wachte beim ersten Ruf des Muezzins um fünf Uhr morgens auf.

Sofort kam mir das Gespräch der letzten Nacht wieder in den Sinn. Ich wollte Malick wecken, doch er war schon auf. Quicklebendig hüpfte ich aus dem Bett, zog mir etwas über und ging nach draußen, um zu schauen, wo er steckte. Ich konnte es kaum erwarten, so schnell wie möglich dieses Grundstück zu erkunden. Der frische Morgen tat mir gut, er kühlte meine wilden Gedanken.

In der Feuerstelle brannte ein Feuer und in einem Kessel kochte das Wasser. Ich freute mich auf den ersten Kaffee. Aliou, der noch früher als ich jeden Morgen aufstand, war schon fleißig am Werk.

Malick hatte ich nicht gesehen. Wo der wohl steckte? So groß war das Terrain nun auch wieder nicht. Also wollte ich Aliou fragen, ob er Malick irgendwo gesehen hatte. Doch bevor ich dazu kam, tauchte der Gesuchte zu meiner Überraschung mit Brot, Kaffee- und Milchpulver, Butter und Zucker auf.

Ich freute mich richtig über seine Mühe und bevor ich etwas sagen konnte, meinte er: «Gleich nach dem Frühstück gehen wir los.»

Ich musste ihn sofort umarmen vor lauter Freude. Schnell holte ich Tassen, Messer und Löffel aus dem Haus. Dann setzten wir uns ans Feuer und frühstückten.

«Wo ist Abu?» Ich hatte ihn heute noch gar nicht gesehen.

«Der ist für eine Woche zu seiner Familie ins Dorf gereist, um seine Frau und die Kinder zu besuchen», klärte mich Aliou auf.

Er hatte mir erzählt, dass Abus Familie in einem anderen Dorf lebte und er sie deshalb nicht sehr oft sah. So freute ich mich natürlich für ihn, dass er alle eine ganze Woche um sich hatte. Er hatte mich sogar eingeladen, ihn einmal zu begleiten.

«Und bis zu seiner Rückkehr bin ich nun für das Anwesen hier verantwortlich», erklärte mir Aliou stolz.

Am liebsten hätte ich ihm auch gleich erzählt, dass wir nachher Malicks Stück Land besichtigen gingen. Da ich aber nicht so genau wusste, ob das Malick recht wäre, schwieg ich. Ich konnte es ihm ja später immer noch erzählen.

Was ich denn heute machte, jetzt wo der Workshop beendet war, wollte Aliou wissen.

«Ich hatte vor weiterzutanzen», gab ich ihm zur Antwort.

«Ja, es gibt ja genug Platz hier», meinte Aliou wohlwollend.

Bevor Malick frühstückte, duschte er immer zuerst. Das Timing war perfekt, er vor dem Essen und ich danach. Morgens war es immer eine riesige Überwindung für mich, zu duschen, da das Wasser und die Luft noch kühl waren. Manchmal kochte ich heißes Wasser auf dem Feuer, und goss es in den Kessel mit dem kalten Brunnenwasser. So konnte ich mich wenigstens lauwarm waschen.

Als das erledigt war, versprach ich Aliou, dass ich, wenn ich zurückkäme, das Geschirr abwaschen würde. So hatten wir uns aufgeteilt - er kochte, ich wusch ab. Ich war froh über diesen Deal, kochen auf dem offenen Feuer wollte gelernt sein. Wahrscheinlich würde mir das nie gelingen.

«Ja, ja», lachte er nur. «Kein Problem, wohin geht ihr denn schon so früh?»

«Ich erzähle es dir später.» Und schwupps, war ich weg. Da ich jedoch wusste, dass er das Mittagessen kochte, rief ich ihm im Gehen noch zu: «Wir kommen erst am Abend wieder!»

Malick stand gehbereit am Feuer, mit dem Buschmesser in der Hand und ich trug stabile Schuhe. Er hatte mir gestern Abend schon einmal den Weg erklärt, doch wie weit es wirklich war, konnte ich nicht abschätzen. Sein Besitz befand sich irgendwo im Nachbardorf. Aber ich war bereit für das Abenteuer.

Wir nahmen den Weg durch den Busch, einen Teil davon kannte ich bereits, es war derselbe, der auch zum Camp führte. Doch wir bogen ab, bevor wir dieses erreichten, und hatten an dem Punkt wahrscheinlich noch nicht einmal die Hälfte der Wegstrecke zurückgelegt. Ich war aufgeregt, und Vogelgezwitscher begleitete uns, während wir schweigend Hand in Hand durch den Busch marschierten. Ich fühlte mich voller Tatendrang.

«Warum lebst du eigentlich nicht auf deinem Land?», wollte ich wissen.

«Weil ich noch kein Haus darauf habe», bekam ich zur Antwort.

«Du könntest eines bauen.»

Ein Stück Land, ich konnte es irgendwie gar nicht fassen, auf dem ich ein Haus bauen könnte und einen Garten anlegen, ich geriet schon wieder ins Schwärmen ...

Plötzlich ließ Malick meine Hand los und packte mich abrupt am Arm, um mich am Weitergehen zu hindern. Ich war so in meine Träumerei versunken, dass ich im ersten Moment nicht begriff, was geschah.

Flüsternd sagte er: «Schau, dort vorn.»

«Was? Wo?»

«Dort!» Er zeigte auf eine Horde Affen und ich erschrak.

Ich hatte auch schon einige Affen gesehen, aber so viele auf einmal und so große noch nie. Es schien sich um eine ganze Familie zu handeln.

Als Malick sah, dass ich Angst hatte, erklärte er: «Nein, sie sind nicht gefährlich, aber vorsichtig sollte man sein, vor allem wenn sie Junge haben.»

Auch die Affen schauten überrascht drein. Als sie uns erspähten, floh die Affenbande flink über den sandigen Weg zurück in den Dschungel, wo sie spurlos verschwanden. Sofort fühlte ich mich besser.

«Von so einem möchte ich nicht angegriffen werden», sagte ich zu Malick. «Hoffentlich kommen die nicht wieder raus.»

«Die greifen dich nicht an», beruhigte er mich.

Die Frische des Morgens verwandelte sich in Hitze. Wir befanden uns nun auch nicht mehr im Busch. Das letzte Stück Weg zu Malicks Land führte über einen schmalen Weg.

«Ist es noch weit?»

«Leegi, Leegi», lautete seine Antwort, was so viel hieß wie «jetzt, in einer Stunde oder noch später». Ich musste lachen. Na toll, inzwischen hätte ich eigentlich wissen müssen, dass man nicht nach der Weite eines Weges fragte.

«Dort vorne ist es. Siehst du es?»

Nach etwa hundert Metern bogen wir auf einen noch schmaleren Pfad ab, der wieder in den Dschungel führte.

«Wir sind da», sagte Malick freudig.

Ich sah aber nichts außer Buschland voll dornigem Gestrüpp, Bäume, Büsche und großen Palmen, die erhaben in den Himmel ragten. Eigentlich das Gleiche, das ich auf dem ganzen Weg durch den Wald bis hierher auch gesehen hatte.

Wir gingen weiter, doch es wurde nicht besser, im Gegenteil: Das Gestrüpp wurde immer dichter. *Soll das ein Scherz sein?* Meine Euphorie verließ mich schlagartig.

«Pass auf!»

Malicks Worte holten mich aus meinen negativen Gedanken. Er führte mich durch einen halbzerfallenen, morschen Holzzaun, den ein rostiger Stacheldraht zusammenhielt.

Ich musste wirklich aufpassen, dass ich mich nicht verletzte, so wild, voller Dornen und zugewachsen war hier alles.

«Gehen wir da jetzt etwa weiter?», wollte ich wissen.

«Ja genau.» Aus diesem Grund hatte Malick offenbar auch sein Buschmesser mitgenommen. Damit schlug er uns eine Schneise durch das Dickicht. Meine Freude hatte einen massiven Dämpfer erhalten. Dummerweise fühlte es sich nicht so berauschend an, wie ich mir das vorgestellt hatte.

Das merkte Malick natürlich sofort und meinte: «Warte nur, bis das alles geräumt und gerodet ist. Dann kommt hier ein Paradies zum Vorschein.»

Sozusagen ein verwunschener Garten, nicht gerade prickelnd. *Aber ich will ja nicht motzen*, dachte ich, um mich selbst ein bisschen zu motivieren, und folgte ihm den schmalen Weg entlang, den er mit dem Buschmesser frei schlug.

Das Dickicht lichtete sich, je weiter wir ins Innere des Terrains vordrangen und an manchen Stellen konnte man wirklich so etwas Ähnliches wie eine Lichtung erkennen. Das Grundstück schien endlos groß zu sein, und das bedeutete viel Arbeit. Aber hier ein Haus zu haben, wenn man sich all das Gestrüpp wegdachte, war schon sehr verlockend. Langsam entspannte ich mich wieder.

Malick erklärte mir die verschiedenen Baumarten und welche Früchte vor, während und nach der Regenzeit reiften. Wo der Brunnen gebaut werden könnte und natürlich das Haus. Mangobäume, Zitronenbäume, Bananenbäume, und vieles mehr, all das könnten wir anpflanzen. Er kam richtig ins Schwärmen, ich tat mich eher schwer damit, hier in diesem Dickicht ein Haus und einen Brunnen zu sehen. Er sagte mir auch, dass wir nicht sehr weit vom Meer entfernt wären und wenn ich wollte, könnten wir auf dem Rückweg am Meer entlanggehen.

Meine gute Laune kam nach dem ersten Dämpfer langsam wieder zurück, ein Haus nahe am Meer. Ja, natürlich, das wünschte ich mir! Aber was kostete das alles? Ich schluckte und behielt den Gedanken vorerst für mich.

«Gefällt es dir?», wollte Malick wissen.

«Ja, es gefällt mir sogar sehr.»

«Dann können wir gleich morgen mit dem Räumen beginnen», kam die prompte Antwort von ihm.

Ups, das ging mir fast zu schnell. «Was meinst du damit? Wir sollten das zuerst einmal besprechen, denn das wird ja eine größere und sehr aufwendige Sache. Und rundherum gibt es nichts - keinen Laden, keine Nachbarn.»

«Doch, doch, Nachbarn, gibt es», klärte mich Malick auf.

«Ah ja, wo denn?» Ich sah hier nichts außer Gebüsch.

Nachdem wir das ganze Terrain besichtigt hatten, und wir wieder draußen auf dem Sandweg standen, schlug er vor, direkt bei dem Nachbarn vorbeizugehen.

Von außen sah man nicht wirklich viel, doch als wir durchs Tor des Nachbaranwesens gingen, fühlte ich mich fast wie im Paradies. Ein wunderschöner, mit Muscheln gesäumter Sandweg führte zu einem großen, runden Haus. Mangobäume, Papaya-Bäume und all die Bäume, die Malick aufgezählt hatte, standen hier.

Palmen und ein Garten mit allerlei Gemüse schmückten das Innere des geräumigen Terrains, Hühner gackerten scharrend im Sand herum. Wow, ich war begeistert.

Ja, genau das wollte ich. So könnte es also aussehen, wenn alles Verwucherte erst einmal beiseite geräumt war. Malick sah meine Begeisterung, lachte und sagte: «Es liegt an dir. Wir können sofort anfangen.»

Das holte mich wieder auf den Boden der Tatsachen zurück.

Badou, so hieß der Nachbar, stand in der Nähe des Hauses an einer Feuerstelle und bereitete, so wie es aussah, das Mittagessen zu. *Was, schon so spät?*

Er freute sich, uns zusehen. «Aha, Malick und seine Frau», begrüßte er uns freudig und sah mich an.

«Malick hat ein schönes Terrain, du hast Glück.» Was auch immer er damit meinte, auf jeden Fall lud er uns gleich zum Essen ein.

Ich war froh, denn ich hatte richtig Hunger bekommen. Das Frühstück war lange her und ich hatte nichts dabei, nicht einmal Wasser. Badou offerierte mir Brunnenwasser. Glücklicherweise hatte ich mich schon daran gewöhnt, und konnte es ohne Bedenken und ohne potenzielle Darmverstimmung trinken.

Das Essen, Reis mit Fisch an einer Zwiebelsauce, war schlicht und schmeckte vorzüglich. Danach gab es wie immer und überall Ataya.

«Du hast ja wirklich einen wunderschönen Platz hier», gab ich Badou anerkennend zu verstehen.

Der jedoch erklärte mir, es sei das Terrain seines Bruders, der in Europa lebe und er kümmere sich während seiner Abwesenheit um das Anwesen.

«Und du lebst ganz allein hier?», wollte ich weiterwissen.

«Nein, mit zwei weiteren Brüdern, die sind aber gerade im Dorf. Malick kennt sie», erklärte er mir und fügte lachend hinzu: «Und bald bekomme ich ja nette Nachbarn.»

«Bis dahin dauerte es ja wohl noch eine Weile», gab ich zu bedenken.

«Warum? Ihr könnt jetzt gleich mit Aufräumen anfangen», sagte er Malick zugewandt, der sich bisher in Schweigen hüllte.

«Ja, von mir aus könnten wir auch schon loslegen», bekam Badou recht. «Doch sie will es sich erst überlegen.»

Mit ‹sie› war ich gemeint. Was mich sofort nervte und mir einen Stich in der Magengegend versetzte.

«Was willst du denn überlegen, Monika?», wollte Badou von mir wissen. «Da gibt es nichts zu überlegen und mich kannst du gleich als Mitarbeiter einstellen.»

«Ich finde schon, dass man über so etwas nachdenken sollte oder wenigstens erst ein- bis zweimal darüber schlafen», ärgerte ich mich. «Immerhin kostet das ja Geld, oder arbeitest du gratis?»

Nach diesen Worten schwiegen beide.

Der Nachmittag nahm seinen Lauf und ich wollte wieder zurück. Das Terrain gefiel mir, keine Frage, und der Gedanke darauf auch noch ein Haus zu bauen, fühlte sich verlockend an, doch ich wollte das erst einmal ausführlich besprechen. Ich wusste ja erst seit gestern von meinem Glück. Und wer bezahlte das? Die beiden Männer sahen das vielleicht lockerer, aber wir würden sehen, ob es immer noch so einfach aussah, wenn die ersten Arbeiter ihren Lohn einforderten.

Nach dem Ataya machten wir uns auf den Rückweg, am Meer entlang, wie Malick versprochen hatte. Es hatte unterdessen leicht abgekühlt und vom Atlantik her wehte ein angenehm frischer Wind. Ich war gespannt, wie weit wir von hier wirklich vom Meer entfernt waren. Ein gerader, sandiger Weg führte zwischen Palmen laut Malick direkt dorthin. Und was gleich ‹dort vorne› hieß, konnte ich unterdessen erahnen. Schlussendlich handelte es sich um einen Kilometer Fußmarsch. Aber der Marsch tat mir gut.

Mein Gehirn arbeitete auf Hochtouren. Ganz ehrlich, ich hatte so richtig Lust, hier ein Haus zu bauen. Mein eigenes Haus, einen Garten. Eine neue Welt tat sich auf. Vielleicht sogar ein Camp, wie das von Papis?

So eine Gelegenheit würde ich wahrscheinlich nie mehr bekommen. Malick, der die ganze Zeit schweigend neben mir hergegangen war, spürte wohl, was in mir vorging.

«Das ist deine Chance Monika.»

«Ja, du hast recht.» Mehr konnte ich nicht sagen, es stimmte, was er sagte.

«Auf was wartest du dann?», bohrte er.

«Ich muss erst einmal darüber schlafen», antwortete ich. «Und das gehört alles dir?»

«Ja», gab er mir stolz zur Antwort und beteuerte, die Papiere lägen beim Chef de village in Dianna.

Hm ... Ich nickte.

«Wir können ihn auch einmal besuchen gehen und er kann dir alles zeigen», schlug Malick vor.

Ich nickte wieder und ging nicht näher darauf ein. Ich war so euphorisiert von dem Gedanken, ein eigenes Haus zu haben. Ich könnte eigene Workshops anbieten, Zimmer vermieten, meine Familie und Freunde einladen. Ich war Feuer und Flamme.

Es dämmerte, als wir endlich in Abene eintrafen. Vom langen Laufen war ich hungrig geworden. Also holte ich bei einer Straßenköchin einige frittierte Fatayas mit scharfer Sauce. Die Teigtaschen mit Fischfüllung schmeckten herrlich und machten satt. Gut, ich kaufte auch meistens zehn oder mehr, je nachdem wie groß mein Hunger war.

Malick nahm zwei Stück davon, mehr brauche er nicht, lieber einen Joint, scherzte er. Er organisierte sich noch etwas Gras, dann gingen wir ohne Umschweife direkt nach Hause.

«Ihr seid spät», meinte Aliou, als er uns sah.

Mir fiel sofort das Geschirr ein, welches ich versprochen hatte abzuwaschen.

Zu meinem Glück hatte es Aliou schon erledigt, es war ja auch nicht so viel.

Ich bedankte mich trotzdem bei ihm.

Wir setzten uns ans Feuer und ich überreichte Aliou zwei Fataya, die ich extra für ihn aufgehoben hatte, während Malick seinen heißgeliebten Joint drehte und mit Aliou rauchte.

«Wo kommt ihr denn so spät her?», wollte Aliou wissen.

«Wir waren in Dianna», teilte ich ihm freudig mit. «Malick hat dort ein Stück Land.»

«Ah bon, das wusste ich gar nicht», antwortete Aliou erstaunt. «Und jetzt werdet ihr dort bald wohnen?»

«Nein, nein, es sieht noch ziemlich wild und chaotisch aus. Alles ist zugewachsen mit Gestrüpp und Dornen. Wir müssen zuerst einmal Platz und Ordnung schaffen.»

Aliou bot sofort an, uns zu helfen, denn das sei vorerst die wichtigste Arbeit. Solange das nicht gemacht sei, könnte man nichts bauen - kein Haus, keinen Brunnen, keinen Garten, nichts ...

«Das ist sicher viel Arbeit», wandte ich zwischendurch ein und warf im nächsten Atemzug die wahrscheinlich wichtigste Frage in die Runde, obwohl ich sie eigentlich gerne noch etwas hinausgeschoben hätte. «Und was wird das wohl alles kosten?»

Doch Malick und Aliou waren gedanklich schon beim Einplanen der Helfer.

«Das sind kleine Arbeiten. Die könnten meine Freunde aus dem Dorf erledigen, das würde nicht so viel kosten», erklärte Malick.

Nur, diese gutgemeinte Angabe half mir auch nicht weiter. Sie arbeiteten sicher nicht gratis. Ich wusste ja nicht, wie viel man hier verdiente und was solche Arbeiten wirklich kosteten. Wir plauderten bis tief in die Nacht hinein. Irgendwann beschloss ich, ins Bett zu gehen, darüber zu schlafen und keine vorschnelle Entscheidung zu fällen.

Der Gedanke beflügelte mich auf jeden Fall. Er kam mir sofort beim Aufstehen in den Sinn und ich hüpfte vergnügt aus dem Bett.

«Hast du dich entschieden?», war die erste Frage, die Malick mir an diesem Morgen stellte.

«Nein, habe ich nicht», gab ich zu. Ich wollte noch einmal nach Dianna und auch dass Aliou mitkam.

«Warum das denn?», knurrte Malick. «Weshalb willst du, dass Aliou mitkommt?»

«Ich brauche jemanden, der mich begleitet, wenn du in der Boutique arbeitest», teilte ich ihm mit.

«Ich gehe nicht in die Boutique», kam es prompt von Malick.

«Wir brauchen aber Geld, ein Haus zu bauen kostet, das ist dir schon klar?», gab ich ihm leicht verärgert zu verstehen.

Malick antwortete mir ausweichend: «Gut, dann nehmen wir Aliou mit. Willst du gleich nach dem Frühstück los?»

Ja, und ich war froh, dass Aliou mitkam. Malick machte sich auf den Weg ins Dorf, um Frühstück zu besorgen, und ich wollte mit Aliou reden, doch er war schon weg. Vielleicht hatte er einen Job im Dorf gefunden, also würde ich ihn später fragen und Dianna auf einen anderen Tag verschieben. So wahnsinnig dringend war es nun auch nicht.

Der Plan war ja, zu tanzen, soweit ich mich erinnerte. Ich teilte es Malick mit, als er vom Dorf zurückkam und, dass Aliou nicht hier sei und wir dafür tanzen könnten. Nur leider gefiel ihm das nicht so richtig. Er ging, ohne ein Wort zu sagen, zum Feuer und legte trockenes Holz nach.

Ich ging nicht näher darauf ein und sagte stattdessen: «Du kannst mir heute ja schon mal die Leute vorstellen, mit denen wir in Zukunft tanzen werden.»

«Ist es das, was du willst?»

«Ja, wenn wir nicht nach Dianna gehen, können wir doch tanzen. Darüber haben wir auch geredet oder hast du das vergessen? Ich will nichts überstürzen, schließlich weiß ich erst seit zwei Tagen von diesem Stück Land. Damit habe ich überhaupt nicht gerechnet», erklärte ich ihm.

Denn ich hatte den Eindruck, Malick konnte es auf einmal nicht schnell genug gehen. Meine nächste Frage kam folgerichtig: «Warum hast du denn nicht schon lange ein Haus auf deinem Land gebaut? Dann könnten wir jetzt dort wohnen?»

Mit dieser Frage hatte er wohl nicht gerechnet und antwortete: «Also gut, nach dem Frühstück gehen wir ins Dorf. Ich stelle dir ein paar Leute vor, mit denen ich schon getanzt habe.»

Meine Frage blieb erst einmal unbeantwortet und ich fragte nicht nach. Er hatte wohl seine Gründe, wie auch ich Gründe hatte, nicht von heute auf morgen ein Haus zu bauen.

Er kümmerte sich weiter um das Feuer und ich zog Wasser aus dem Brunnen, oder besser gesagt: Ich lernte es. Bis ich einen ganzen Eimer voll mit Wasser geschafft hatte, dauerte es länger, doch für das Kaffeewasser reichte es allemal. Beim Duschen und Waschen hatte ich Malick, Aliou oder Abu, die mir mit dem Wasserziehen halfen. Da ich aber nicht immer auf ihre Hilfe angewiesen sein wollte, blieb mir nichts anderes übrig, als es einfach so schnell wie möglich zu lernen.

Aufs Tanzen freute ich mich schon sehr. Nach dem Frühstück machten wir uns auf den Weg. Langsam lernte ich das Dorf kennen, es war groß und weitläufig. Wir besuchten mal da Leute, mal dort Bekannte von Malick. Auch heute offenbarte sich mir wieder ein neuer, unbekannter Weg zu einem seiner Freunde, den ich noch nicht kannte. Malick erklärte mir, dass bei diesem Freund gerade auch Weiße zu Besuch wären und ich könnte dort so lange mittanzen, bis sie zurück nach Europa reisten. Er würde trommeln. Ich war sofort einverstanden und wir verbrachten eine amüsante Zeit, fast gemütlich im Gegensatz zu dem, wie wir bei Papis getanzt hatten. Doch ich genoss es. Die Leute waren aus

Deutschland; so konnte ich mal wieder eine Sprache sprechen, die mir mehr lag als Französisch oder Wolof. Ich war auch froh, dass wir entweder nur morgens oder nur abends tanzten. Das genügte mir vollkommen, so hatte ich dazwischen Zeit, die Wäsche zu waschen. Das war für mich die allermühsamste Arbeit. Am liebsten ging ich mit Aliou an den Strand, um frischen Fisch für das Mittagessen einzukaufen.

In diesen Wochen, in denen ich bei den Bekannten von Malick tanzte und er trommelte, konnte er natürlich nicht in seiner Boutique arbeiten. Und er fragte mich wieder öfter nach Geld. Was wiederum zu heftigen Diskussionen führte. Für mich musste er nicht sorgen, doch ich wollte, dass er seine Zigaretten, sein Gras und andere Dinge seines täglichen Bedarfs selbst zahlte. Und ich fand auch, dass er etwas verdienen sollte, wenn er trommelte. Er war anderer Meinung und sagte mir, dass ich dafür gratis tanzen konnte. Aha, so hatte ich es gar nicht gesehen und erklärte mich mit dem Deal einverstanden. Logisch, jeder wollte ja was verdienen.

Das Grundstück trat während des Tanzens völlig in den Hintergrund. Aber in meinem Kopf blieb es stets sehr präsent. Hier bei diesen Bekannten von Malick sah ich, wie schön es sein konnte, sein eigenes Stück Land zu haben und es mit den Dingen auszufüllen, die ich wollte. Ich wurde auch hier gefragt, ob Malick mein Mann sei und wo wir wohnten. Ich erzählte ein bisschen von mir und meinen Ideen und dass wir vorhätten, unser eigenes Haus zu bauen. Mein Traum von einem eigenen Guesthouse wurde in meinem Kopf immer größer...

5. Kapitel Wenn die Geister tanzen

Eines Morgens, der Workshop bei seinem Freund war schon seit einer Weile beendet, erwachte Malick schweißgebadet und ziemlich verstört. So kannte ich ihn nicht und wollte wissen, was los war. Doch ich bekam erst einmal keine Antwort auf meine Frage, und er blieb den ganzen Vormittag wortkarg und übel gelaunt.

«Was ist nur in dich gefahren?», ließ ich ihm keine Ruhe.

«Schlecht geschlafen und schlecht geträumt», knurrte er vor sich hin.

«Was hast du denn geträumt?», bohrte ich.

«Du verstehst das nicht.»

«Okay, dann erkläre es mir», wühlte ich weiter, was seine Laune zusätzlich verschlechterte.

Besser, ich ließ ihn in Ruhe, bevor es zu einem Streit kam, obwohl ich zu gerne erfahren hätte, was ihm über die Leber gelaufen war ...

Da ich jetzt viel Zeit hatte - kein Tanzen, kein Mann, der mit mir redete, sondern sich verzog - beschloss ich, meine Kleider zu waschen. Es gehörte immer noch nicht zu meinen Lieblingsaufgaben, doch es blieb mir nichts anderes übrig. Eine Waschmaschine hatte ich nicht.

Ich stand am Brunnen und mühte mich mit dem Wasserziehen ab.

«Ich helfe dir.» Auf einmal stand Malick neben mir, nahm mir den Kessel aus der Hand und im Nu waren die Eimer gefüllt. Er übernahm auch gleich die Wäsche. Ich setzte mich daneben und schaute ihm zu, wie er schweigend Stück um Stück schruppte. Es schien ihn zu beruhigen, er wurde wieder weicher.

Während er wusch, erzählte er mir, was ihn so bewegte.

Er habe von einem großen Feuer, das das ganze Terrain zerstörte, geträumt und er müsse sofort nach Dianna, um nachzuschauen, was genau passiert sei. «Wahrscheinlich ist jemand neidisch auf mich und will mein Leben zerstören», erzählte er mir aufgeregt.

«Was?» Ich kapierte erstmal gar nichts.

«Warum sollte einer dein Grundstück anzünden und dein Leben zerstören wollen?», fragte ich naiv.

«Du verstehst überhaupt nichts!», schnauzte er mich an und zündete sich hektisch eine Zigarette an.

«Alle sind neidisch!» Er steigerte sich richtig in seine Wut hinein.

Wer denn?

«Ich muss nach Dianna! Sofort.» Er wusch die letzten Wäschestücke und klatschte sie achtlos über die Leine. Dann marschierte er eiligen Schrittes ins Haus und holte sein Buschmesser.

«Ich komme mit», sagte ich.

Er war damit einverstanden und trotz der Hitze marschierten wir sofort los. Aliou hatte alles mitbekommen und begleitete uns. In Amadous Boutique kaufte ich noch eine Flasche Wasser und Zigaretten, und so machten wir uns auf den Weg durch den Busch.

Dank des Tanzens war ich körperlich topfit und konnte mit den beiden Männern Schritt halten, die es in der Tat eilig hatten. Sie redeten und gestikulierten aufgeregt miteinander und zu gerne hätte ich gewusst, über was sie sich eigentlich so aufregten. Mir kam das Ganze sehr mysteriös vor.

Außer Atem und schweißgebadet kamen wir in Dianna an.

Gott sei Dank, ich sah weder ein Feuer noch die Spuren eines solchen.

Ist doch alles gut, ging mir durch den Kopf.

Ich musste mich ausruhen, und setzte mich auf einen dicken Ast, der auf dem Boden lag. Währenddessen umrundeten die Männer das Grundstück. Für mich schien es in Ordnung zu sein. Es dauerte eine Weile, bis sie zurückkamen und aufgeregt erzählten: Jemand hatte die Markierungen der Grundstücksgrenze herausgerissen.

Malick war außer sich vor Wut. «Komm, schau es dir an, komm.»

Ich musste es mit ihm anschauen gehen.

Wütend schrie er immer wieder: «Das ist die Eifersucht hier, c'est la jalousie! Jemand will mein Leben zerstören.»

Aliou beruhigte ihn und ich erschrak über Malicks Wut. Ich begriff überhaupt nicht, was los war und was das alles bedeutete. Aliou meinte, wir sollten zurückgehen und das zu Hause besprechen, auf keinen Fall hier.

«Warum denn nicht hier?» Ich verstand es nicht. Wir waren hier. Wir könnten im Dorf oder unsere Nachbarn fragen, ob jemand etwas gesehen hatte.

«Nein!» Aliou schüttelte beharrlich den Kopf. Das ergab doch keinen Sinn! Erst die Eile, dann kein Feuer, sondern nur fehlende Grundstücksmarkierungen und jetzt sofort wieder zurück?

«Sie versteht es nicht», sagte Malick genervt zu Aliou.

So wie die Situation gerade war, war es wahrscheinlich wirklich das Beste, wieder zu gehen und dann zu Hause zu beraten, was zu tun war. Und vielleicht beruhigte sich der eine oder andere ja auch wieder. Mein Blutdruck stieg nämlich ebenfalls. Niemand war bereit, mir zu sagen, was eigentlich los war. Mit Malick konnte ich auf dem ganzen Rückweg nicht sprechen, so außer sich war er.

Zu Hause angekommen setzten wir uns zu Abu ans Feuer. Ich war froh, dass er hier war. In schwierigen Situationen war er derjenige, der immer ruhig blieb, das konnten wir gerade alle gut gebrauchen. Malick und Aliou erzählten Abu, was sich in Dianna zugetragen hatte. Ich fand es eigentlich nicht so schlimm, und machte eine vorsichtige Bemerkung, dass ja vielleicht ein Tier die Pfähle umgeworfen haben könnte.

Malick blitzte mich wütend an und fauchte: «Du hast keine Ahnung, Monika.»

Nein, das hatte ich wirklich nicht! Es erklärte mir ja niemand, was an umgefallenen Pfählen so schlimm war.

«Die sind nicht umgefallen, sie sind ausgerissen», erklärte Aliou, der etwas ruhiger wirkte als Malick. «Die hat jemand vorsätzlich herausgenommen. Das bedeutet, das Grundstück steht wieder zum Verkauf.»

Ich war verblüfft. «Ich dachte, es gehört dir, Malick?» Ich verstand immer weniger, um was es hier eigentlich gehen sollte.

Abu mischte sich ein und erklärte mir in seinem ruhigen Ton, was genau das Problem war.

«Hör gut zu, Monika», sagte er mit einer sehr ernsthaften Stimme. «Wenn man hier ein Stück Land besitzt, muss man damit etwas machen, zum Beispiel ein Haus bauen oder einen Garten anlegen. Wenn das nach einigen Jahren nicht geschieht, wird das Land hinfällig und wieder freigegeben, also an jemanden verkauft, der etwas daraus machen möchte.»

Alle schwiegen. *So ist das also,* dachte ich betroffen, und verstand jetzt natürlich auch Malicks Aufregung und Wut.

«Und nun?»

«Wir müssen so schnell wie möglich das Terrain säubern, neue Pfähle stecken und neu einzäunen.»

Ja, das sollten wir wohl, wenn wir es behalten wollten.

«Du kannst ja auch erstmal einen Garten darauf anlegen», meinte Abu, der merkte, wie es in mir arbeitete. Und wenn einmal alles geräumt, gesäubert und die Grenzen öffentlich und klar sichtbar seien, wäre das schon okay.

«Ich gehe heute Abend ins Dorf und trommle einige Freunde zusammen, die helfen, dann können wir morgen gleich damit anfangen», erklärte Malick. Er spürte mein Zögern und fuhr fort: «Wenn wir das Terrain behalten wollen, Monika, müssen wir handeln.»

Ja, das leuchtete mir ein und die Vorstellung, dieses Stück Land zu verlieren, gefiel mir ganz und gar nicht.

Am nächsten Morgen versammelten sich zu meiner Freude tatsächlich einige Kumpels von Malick vor Amadous Boutique. Ich staunte, dass sie alle so pünktlich und voller Tatendrang mit ihren

Buschmessern daherkamen. Auch Aliou war dabei. Er hatte Koch-geschirr mitgenommen. Super, an das hatte ich in der ganzen Auf-regung gar nicht gedacht. Bei Amadou kaufte ich gleich das Früh-stück und Reis für das Mittagessen ein. Den Fisch konnte man spä-ter noch am Strand holen. Was gar nicht fehlen durfte, waren Zi-garetten. Ohne die ging gar nichts. Gras hatte sicher schon einer mit dabei, falls nicht, würden sie es sich besorgen. Ich hielt mich da raus. Ich bezahlte die Zigaretten und die Lebensmittel für den ganzen Tag.

Wir marschierten los, als wir alles beisammenhatten. Die Stim-mung war gut, der Weg weit und die Männer beladen mit Ge-schirr, Buschmessern und Futter. Ich hatte die Hände frei und brauchte nichts zu tragen.

Als wir in Dianna ankamen, fingen Aliou und Boubacar sofort damit an, Holz zu sammeln, das hier in Hülle und Fülle herumlag. Das größere Problem war, erst einmal einen gescheiten Weg in das Dickicht zu schlagen und einen schattigen Rastplatz einzurichten. Doch für fünf starke Männer mit Buschmessern war das kein Problem, sie machten sich sogleich an die Arbeit.

Ich staunte, wie fix sie einen Platz freigeschlagen hatten. Auch das Feuer war ruckzuck entzündet. Jetzt brauchten wir Wasser für den Kaffee, das holte Malick aus dem Brunnen des Nachbarn und kehrte prompt in dessen Gesellschaft zurück. Auch er hatte seine Hilfe angeboten, was mir aber nicht so ganz passte. Ich fand, dass wir genug Leute waren und noch einen zusätzlichen Mann bezah-len wollte ich eigentlich nicht.

Doch Malick schien anderer Meinung zu sein und sagte: «Wir sind auf sein Wasser angewiesen, das wir nun täglich aus seinem Brunnen holen müssen, ich kann ihn nicht wieder wegschicken. Man sollte die Leute hier nicht verärgern.»

Ja, das leuchtete mir ein.

Währenddessen arbeiteten die Männer fleißig weiter und sie verstanden ihr Handwerk wirklich.

Bald war das Frühstück fertig und es gab die erste Pause. Das Frühstück bestand aus Baguette mit Butter, den Kaffee gab es auch hier mit Nescafé-Pulver in heißem Wasser, dazu Milchpulver und ganz viel Zucker.

Nach dem Frühstück wurden einige Joints gedreht und geraucht, dann ging es sofort weiter. Und wie es weiterging! Die Männer sangen bei der Arbeit. Das berührte mich jetzt wirklich, noch nie hatte ich Menschen bei der Arbeit singen gehört.

Ich wollte von Malick wissen, was ich tun konnte.

«Kochen», kam es wie aus der Pistole geschossen. Ich musste lachen. Das durfte jetzt nicht sein Ernst sein. Ich konnte nicht auf dem Feuer kochen, das wusste er, und für so viele Leute erst recht nicht.

Bouba, ein junger, schüchterner Mann, der Jüngste hier, bot sich an, das zu übernehmen. Ui, war ich froh!

«Aber du musst mir helfen»

Ich beschloss, den Reis zu säubern, das hatte ich bei Aliou gelernt. Es war eine Sisyphusarbeit. Der Reis musste vor dem Kochen von winzigen Steinchen und sonstigen Unreinheiten befreit und danach gewaschen werden. Ich kam mir vor wie Aschenbrödel: Die guten ins Töpfchen, die schlechten ... in diesem Fall auf den Boden. Zum Kochen war es noch zu früh, also machte ich mich mit Bouba zum Strand auf, um den Fisch einzukaufen. So fand schnell jeder seinen Job und es ging zackig voran. Sie waren alle Männer aus dem Busch, und wussten was, wie und wo sie schneiden mussten. Und jeder von ihnen war froh, für die nächsten Tage Arbeit zu haben.

Als Bouba und ich mit dem Fisch zurückkamen, war dieses wilde und verwachsene Stück Land fast nicht mehr wiederzuerkennen. Ich hätte einen Freudensprung machen können vor lauter Staunen über diesen Fortschritt in der kurzen Zeit.

«Gefällt es dir, Monika?», fragte mich einer der Männer.

«Ja, ich bin total zufrieden. Ihr arbeitet richtig fleißig und so schnell», antwortete ich freudig. Und dass bei dieser Hitze, doch es schien niemandem etwas auszumachen. Man lebte hier damit.

Um nicht tatenlos herumzustehen, wagte ich mich zusammen mit Bouba an den Fisch und den Reis. Mir wurde es aber bald zu heiß und ich setzte mich mit meiner Kalabasse, gefüllt mit Reis, in den Schatten, um meine Arbeit zu erledigen. Bouba war damit beschäftigt, ein größeres Feuer zu machen, den Fisch auszunehmen, die Zwiebeln zu schneiden, doch er war die Ruhe selbst, da konnte ich nur staunen. Als ich meine Arbeit erledigt hatte, stand das Wasser für den Reis schon auf dem Feuer.

«Was kann ich noch tun?», wollte ich wissen.

Es schien aber alles soweit gemacht zu sein. Der Reis und die Sauce köchelten und Bouba war mit dem Braten des Fisches beschäftigt.

«Ruh dich aus, du hast eine Menge gemacht», äußerte er.

So viel war es nun auch wieder nicht gewesen. Aber ich blieb gerne im Schatten sitzen und schaute den anderen zu. Je lichter das Grundstück wurde, umso mehr erkannte ich, wie groß dieses Stück Land wirklich war.

Endlich war das Mittagessen fertig und ich glaube, alle waren froh über die Pause. Doch zuerst wurde gebetet. Es beeindruckte mich, wie diszipliniert sich die Männer daran hielten.

Danach wurde kräftig zugelangt. Die Männer sahen verschwitzt und hungrig aus und die Schüssel war in Windeseile blitzblank leer gegessen. Nach dem Essen wurde es ruhiger. Es gab auch hier Ataya, ein Joint machte die Runde, es wurde geplaudert und geraucht, bevor sich die Männer nach der kurzen Siesta erneut für die Arbeit bereit machten. Wenn das so weiter ging, waren wir mit allem bis am Abend fertig. Doch da irrte ich mich gewaltig. Malick erklärte mir, wie es weitergehen sollte. So wie es aussah, war das Beseitigen des Gestrüpps erst der Anfang. Bis alles sauber und geräumt war, dauerte es noch mindestens eine ganze Woche. Was ich fast nicht glauben wollte.

Alles, was jetzt weggeschnitten und geschlagen wurde, sollte verbrannt werden, dafür war es wichtig, dass der Wind richtig stand, damit kein Buschfeuer entstand und keine Bäume abgefackelt wurden. Es gab auch jede Menge Wurzeln, die ausgegraben werden mussten. Außerdem musste das Terrain mit Pfählen neu abgesteckt werden. Wie viele es brauchte, war immer noch nicht ganz klar. Und was das alles kostete, war leider auch nicht geklärt. Das würden wir heute Abend in Ruhe zu Hause besprechen, meinte Malick. Für heute müsste ich nichts zahlen.

«Wieso muss *ich* zahlen?» wollte ich wissen.

«Eben, du musst ja nichts zahlen», wich mir Malick aus und fügte, als er mein verdutztes Gesicht sah, schnell hinzu: «Das regeln wir alles heute Abend.

Während sich die anderen, bereits auf den Heimweg machten, drehten ich, Malick und Aliou noch eine Runde über das Grundstück ... das waren Welten im Gegensatz zu heute Morgen, ich staunte.

«Gefällt es dir?»

«Ja, und wie ...»

«Morgen verbrennen wir die ersten Haufen, damit wir für die nächsten Bäume und Büsche Platz haben, die gefällt und auch verbrannt werden müssen.»

«Aber nicht alle Bäume fällen, das will ich nicht.»

«Sicher nicht», lachte Malick. «Nur die verdorrten, kaputten und verwilderten. Davon gibt es hier noch jede Menge.»

Man merkte schon, dass hier lange nichts gemacht worden war.

Nach diesem Rundgang machten wir uns auf den Rückweg. Ich war müde, aber ich wollte trotzdem am Strand entlanggehen und Malick tat mir den Gefallen, auch Aliou hatte nichts dagegen.

Auf dem Heimweg fragte ich Malick, wie er es denn nun mit der Boutique regelte, wenn er die ganze Woche nicht dort sein konnte. Wir würden ja, so nahm ich an, täglich nach Dianna gehen.

«Keba muss die ganze Woche allein arbeiten, das ist überhaupt kein Problem für ihn», sagte Malick nur.

«Das ist mir schon klar, aber es geht mir ums Geld. Du musst deine Familie unterstützen und willst ein Haus bauen?» Ich schaute ihn fragend an. Denn in diesem Punkt gingen wir uns dauernd aus dem Weg, Malick wollte dieses Thema am liebsten gar nicht ansprechen. Ich ahnte ja gar nicht, dass das Thema Geld einmal das wichtigste und verhängnisvollste werden würde.

Auf dem Rückweg kaufte ich mir wieder Fataya, das wurde in der nächsten Zeit mein Abendessen. Wir trafen noch einige Freunde von Malick an und während wir da und dort schwatzten, ging Aliou weiter.

Erschöpft, staubig, verschwitzt und todmüde kamen wir vor der Dämmerung zu Hause an. Endlich eine Dusche, war ich froh, am liebsten mit warmem Wasser. Aliou war direkt nach Hause gegangen und saß am Feuer, das Abu gemacht hatte. Das freute mich umso mehr, so konnte ich gleich Wasser für meine Dusche kochen.

Erfrischt, aber müde, setzte ich mich danach ans wärmende Feuer.

«Hast du Hunger?», fragte Aliou.

Ich verneinte, denn ich hatte ja im Dorf noch Fataya gegessen.

Malick schien unermüdlich zu sein und wollte, nachdem er geduscht hatte, noch ‹schnell› ins Dorf. Ich konnte mir vorstellen, was er dort wollte, er aber meinte, er würde sich nach den Preisen für die Pfähle, die wir ja unbedingt brauchten, erkundigen. Ob ich mitkommen sollte?

«Nein, besser nicht, sonst erhöhen sich gleich die Preise.»

Ich hörte das nicht zum ersten Mal. Scheinbar musste ich als Weiße mehr bezahlen. Allerdings gab es in Malicks Plan einen Haken. Mittlerweile wusste sowieso jeder Dorfbewohner, dass Malick und ich ein Paar waren, und so könnten sie mit oder ohne meine Begleitung einen höheren Preis verlangen. Na ja, auf jeden

Fall ging er allein los. Ich hatte nichts dagegen und freute mich, dass er sich auf seine Art ums Geld kümmerte.

Es war angenehm, hier am Feuer sitzenzubleiben. Ich war bei Aliou und Abu in guter Gesellschaft. Wie es denn gewesen sei in Djanna, wollte Abu wissen und ich erzählte ihm von unserem abenteuerlichen Tag.

Malick kam tatsächlich nicht einmal sonderlich spät nach Hause und brachte natürlich auch Gras mit. Was denn jetzt so ein Pfahl kostete, wollte ich sofort von ihm wissen. Man könne das nicht im Einzelnen berechnen, man würde das nach Menge berechnen und so mussten wir morgen schauen, wie viele Pfähle wir genau benötigten. Sie würden dann per Camion oder Eselsfuhrwerk geliefert werden. Mit dem Eselsfuhrwerk kostete es weniger.

Ich blieb nicht so lange am Feuer sitzen und wollte auch keinen Ataya trinken. Er machte mich meistens wach und heute wollte ich nicht mehr wach werden, sondern gut schlafen, um in der Früh topfit zu sein.

Ob ich denn so früh wieder mitgehen wollte, fragte mich Abu erstaunt.

«Ja, sicher», gab ich noch erstaunter zurück. «Warum denn nicht? Ich muss doch von Anfang an sehen, was geschieht. Immerhin werde ich dort mal wohnen.»

Ich lachte, als ich sein überraschtes Gesicht über meinen Enthusiasmus sah.

Am nächsten Morgen standen wieder die gleichen Männer wie am Vortag pünktlich und sehr vergnügt vor Amadous Boutique und warteten auf uns. «Bonjour, Monika, nanga def», begrüßte mich Bouba auf Wolof, da er sehr schlecht Französisch sprach.

«Mangi fi», antwortete ich.

Das waren Floskeln, die ich andauernd hörte, und deshalb konnte ich sie mir gut merken.

Er fuhr fort: «Hast du gut geschlafen?»

«Danke, ja, und du?» So ging es weiter.

«Du sprichst immer besser Wolof», wurde ich gelobt.

«Djeredjef», freute ich mich, was so viel hieß wie ‹Danke›. Ja, ich machte wirklich Fortschritte ...

Wie am Tag zuvor kaufte ich bei Amadou das Frühstück, Reis fürs Mittagessen und Zigaretten für die gute Laune ein, dann machten wir uns auf den Weg nach Dianna.

Ich nahm mit Aliou den Strandweg, damit wir dort gleich den Fisch einkaufen konnten. Und die Boutique am Strand hatte meistens Gemüse, ich wollte nicht nur Reis und Fisch, sondern ab und zu auch Gemüse dazu. Außerdem liebte ich es, morgens am Meer zu sein.

Als Aliou und ich in Dianna eintrafen, stand das Frühstück schon parat. Und da der Wind heute gut war, sollten sofort die ersten Haufen der gerodeten Bäume, Äste und Gestrüpp verbrannt werden. Das schaffte gleich mehr Platz für die nächste Runde.

Nach dem Frühstück ging es los. Ich schaute gespannt zu, was jetzt passierte. Das Zeug war morsch und wenn man nicht aufpasste, und das Feuer nicht kontrollierte, konnte es locker ein Buschfeuer entfachen. Mir wurde schnell klar, warum es nicht allzu windig sein durfte. Aber auch das hatten die Männer gut im Griff. Die Prozedur dauerte den ganzen Morgen, immer wieder wurde der nächste Haufen angezündet, nicht alles auf einmal, damit es nicht zu heiß wurde, schließlich standen daneben Bäume, die nicht verbrennen durften. Ich schaute ganz fasziniert zu, bis Bouba sagte: «Wir müssen mit dem Kochen anfangen.»

Außer Zusehen konnte ich nicht viel tun, also machten Bouba und ich uns ans Kochen. Mit ihm lernte ich auch fleißig Wolof.

Wasser hatte Malick schon am Morgen beim Nachbarn geholt, genügend für Kaffee, Mittagessen, Trinkwasser, zum Händewaschen und Toilettengänge.

Nach dem Mittagessen waren wir vor allem damit beschäftigt, sicherzustellen, dass keine Glut von den Feuern übrigblieb, sondern gewissenhaft gelöscht wurde. Die Regenzeit hatte noch nicht eingesetzt und es war alles sehr trocken. Ein Windhauch könnte genügen, um in unserer Abwesenheit ein Buschfeuer zu verursachen.

Ich war natürlich mit vollem Eifer und Einsatz dabei, was die Männer zu irritieren schien.

«Ruh dich aus, setz dich hin, Monika», forderten sie mich des Öfteren auf.

Ich wollte mich aber gar nicht ausruhen, und auch nicht hinsetzen, ich wollte hier arbeiten. Immerhin ging es um das Grundstück, auf dem ich bald leben wollte.

Aliou lachte. «Das ist halt Männersache, Frauen passen da nicht hin», gab er mir höflich zu verstehen.

Aha, so war das also hier.

Es wurde immer lichter auf dem Grundstück, und Malick meinte, ich solle mich einmal umschauen, welcher Platz für das Haus am schönsten sei und wo der Brunnen stehen sollte. Ich fühlte mich richtig gut. Ein Haus, ein Brunnen, alles schien plötzlich so greifbar zu werden. Ich verfiel wieder ins Schwärmen und Träumen.

Die Woche verging wie im Flug. Das zugewachsene und verwilderte Stück Buschland verwandelte sich in kurzer Zeit in ein ansehnliches, wunderschönes Schmuckstück. Die Grenzpfähle waren gekauft und gesteckt und ein Stacheldrahtzaun rund um das ganze Grundstück gelegt. Das war viel Arbeit und hatte einiges gekostet. Auch die Mitarbeiter für eine ganze Woche waren bezahlt. Alles aus meinem Sack. Wir hatten viel und fleißig gearbeitet und es hatte sich gelohnt, vollen Einsatz zu geben, und das Geld konnte ich gut verkraften. Obwohl es immer wieder zu Diskussionen führte. Malick sah vieles, was Geld anbelangte, anders als ich. Und ich hoffte, dass er sich an den großen Anschaffungen, wie das Haus und den Brunnen, beteiligte. Manchmal hatte ich den Verdacht, dass er es als selbstverständlich ansah, dass ich bezahlte.

Immerhin er handelte immer gute Preise aus, das war eine seiner Stärken. Ein anderes Problem war, dass er des Öfteren eifersüchtig auf Aliou reagierte. Ja, ich verstand mich gut mit ihm. Wir kauften meistens gemeinsam den Fisch für das Mittagessen ein, und hatten viel Spaß zusammen, aber das konnte ja wohl kein Problem sein. Ich hatte keine Lust auf seine Eifersuchtsdramen, schließlich kannte ich die mittlerweile nur zu gut.

Dazu kam, dass Abu mehr Miete verlangte und zwar gleich das Doppelte. Ich erzählte es Malick, der natürlich sofort ausflippte und schnaubend zu Abu lief, um ihn zur Rede zu stellen.

Ich glaube, was ihn so wütend machte, war die Tatsache, dass Abu nicht zuerst mit ihm geredet, sondern mich auf das Geld angesprochen hatte. Es war eine verrückte Situation, denn ich war diejenige, die zahlte, und er derjenige, der bestimmte. Das Gute an der Sache war, dass ich mich durchrang, jetzt mit Malick Klartext zu reden. Ich wollte wissen, wie er sich den weiteren finanziellen Verlauf des Hausbaus vorstellte, und was er bereit war, dafür beizutragen. Solange das nicht geregelt war, weigerte ich mich auf dem Grundstück weiterzumachen. Es konnte ja nur in Malicks Interesse sein, das Haus zu bauen, es war sein Grundstück. Alle, die uns kannten, wussten, dass wir dieses Stück Land vorbereitet hatten. Wir wurden immer wieder darauf angesprochen, wann dann endlich das Haus fertig sei. Mich engten diese Fragen komplett ein, denn damit wir überhaupt das Haus bauen konnten, müssten wir zuerst einen Brunnen errichten, ohne Wasser ging gar nichts und das ganze Wasser beim Nachbarn zu holen, war auf Dauer unmöglich. Früher oder später brauchten wir also einen Brunnen. Und dieser bedeutete in der Tat eine größere finanzielle Investition. Das Problem war, das Malick davon ausging, dass ich für die Kosten aufkam. Für ihn schien das selbstverständlich zu sein. Ich fühlte mich komplett unter Druck.

Immerhin schaffte er es, dass Abu wieder mit dem Mietpreis runterging. Was das Zusammenleben jedoch nicht besser machte, immer häufiger kam es zu Streitereien. Ja, wir waren hier nur Gäste, die Miete bezahlten, es war nun mal nicht unser eigenes Grundstück.

Das Argument für die Mieterhöhung von Abu war, dass wir, wenn wir schon ein eigenes Stück Land besäßen, auch dort wohnen soll-ten. Mir war nicht klar, ob er uns loswerden wollte und falls ja, konnte ich mir nicht erklären, weshalb. Er wusste ja, dass das Haus noch nicht stand. Und war das wirklich sein Problem?

Er konnte uns von heute auf morgen auf die Straße setzen, was er aber Gott sei Dank nicht tat.

«Er ist neidisch», sagte Malick. «Die Leute hier sind so. Alles missgönnen sie einem. Sie sind eifersüchtig auf uns.» Er flippte deshalb fast aus.

Obwohl ich nicht glaubte, dass Abu wirklich wollte, dass wir gin-gen, warf es einen Schatten auf unser weiteres Zusammenleben, je länger, je mehr. Es lief tatsächlich einiges schief, doch ich hatte e-her das Gefühl, dass die Eifersucht und die schlechte Laune von Malick der Grund waren. Was er natürlich abstritt und prakti-scherweise auf die Missgunst der Leute schob.

Sogar dass der Bau stockte, obwohl wir noch gar nicht richtig angefangen hatten, schob Malick auf die Menschen hier, und dass diese uns nun böse Geister schickten. Ich hätte es eher auf das fehlende Geld geschoben. Doch auch dafür machte Malick die Geister verantwortlich.

Also wurde es Zeit, dass wir uns dagegen schützen. Noch am selben Tag erklärte er mir, dass wir nach Ziguinchor reisen müss-ten, und zwar so schnell wie möglich.

Wir würden dort einige Tage bleiben und gemeinsam dem Marabout einen Besuch abzustatten.

«Was ist ein Marabout?», wollte ich wissen.

«Er ist ein mächtiger Mann und hilft uns, das Problem mit den Geistern zu lösen», war Malicks Antwort. «Du brauchst einen Grigri, ein Schutzamulett.»

Dieses sollte mich vor den bösen Geistern und der Eifersucht der Menschen schützen und mir ein langes Leben garantieren. Und da ich noch nie bei einem Marabout gewesen war, und natür-lich nach der Erzählung von Malick meine Vorstellungen hatte, machte es mich sehr neugierig und ich war gespannt, was dort passieren würde. Also willigte ich ein. Auch ein Tapetenwechsel konnte sicher nicht schaden.

Mit einem Grigri konnte ich zwar nicht allzu viel anfangen, doch Malick trug mehrere, das war mir schon zu Beginn, als ich ihn kennenlernte, aufgefallen, nur fragte ich nicht weiter. Ich dachte, es wäre Schmuck und es sah sehr sexy aus vor allem der, den er um den Bauch trug. Dass ich auch einmal so einen Grigri brauchen würde, kam mir natürlich nicht im Traum in den Sinn.

Am nächsten Tag machten wir uns ganz früh auf den Weg ins Dorf, um gleich mit dem ersten Sept-Places loszufahren. Wir hatten Glück und bekamen gerade noch die letzten beiden freien Plätze, aber nur, weil Malick diese am Vorabend beim Chauffeur reserviert hatte. Es schien ihm ernst zu sein. So entschlossen hatte ich Malick schon lange nicht mehr erlebt.

Andere Länder, andere Sitten

In Ziguinchor angekommen ging es erst mal weiter zur Familie, bei der wir die nächsten Tage verbringen sollten. Auch dieses Mal gab ich Geld für den Einkauf der Lebensmittel.

Die Mutter war schon auf dem Feld, Awa und die jüngeren Geschwister in der Schule. Der Vater war nirgends zu sehen.
So wirkte der Hof im ersten Moment ein wenig verlassen, als wir ankamen.

Ein jüngeres Mädchen, fast noch ein Kind, das ich hier bisher nie gesehen hatte, kam auf uns zu. «Bonjour, Madame», sagte sie sehr höflich.

«Monika, ich heiße Monika», sagte ich ihr sofort. Ich mochte es nicht, wenn man mich Madame nannte.

Sie lächelte mich schüchtern an.

«Und wie heißt du?», wollte ich wissen.

Leider verstand sie kein Französisch. Sie sei eine Cousine und extra aus dem Dorf von Malicks Mutter angereist, um der Familie beim Kochen, Waschen, also um im Haushalt zu helfen, teilte mir Malick an ihrer Stelle mit.

«Muss sie nicht in die Schule, wie die anderen Kinder?», wollte ich wissen.

«Nein, jetzt muss sie hier eine Weile helfen. Ihre Mutter hat sie geschickt. Vielleicht später», erklärte Malick kurz.

Ich konnte mir nicht vorstellen, dass dieses junge Mädchen, ich schätzte sie auf etwa zehn Jahre, für die ganze Familie kochen und die Wäsche waschen sollte? «Hm ...»

Weiter kam ich mit meinen Fragen nicht, ein kleiner Junge rannte freudig auf mich zu. Er war Malicks jüngster Bruder, und er wollte sofort aufgehoben und getragen werden. Doch ich wollte zuerst einmal mein Gepäck ins Haus bringen. Und danach gleich duschen, ich fühlte mich verschwitzt und staubig von der Reise, und es war an diesem Vormittag auch schon wieder drückend heiß.

Malick zog mir einen Eimer Wasser aus dem Brunnen. Das kühle Wasser tat gut. Erfrischt setzte ich mich nach dem Duschen unter den schattigen Mangobaum im Hof. Eine Weile schaute ich Aisha, so hieß das Mädchen, dabei zu, wie sie geschickt den Fisch ausnahm.

Ich wollte nicht so tatenlos zusehen und fragte sie: «Kann ich dir helfen?»

Sie reagierte nicht. Ich probierte es auf Wolof, doch sie sah mich nur verständnislos an und ihre Sprache verstand ich nicht, obwohl Malick und die ganze Familie seit längerem versuchten, mir Mandinka beizubringen.

Also erhob ich mich von meinem Stuhl und nahm den Reis, den sie in einer Kalabasse bereitgestellt hatte, um ihn zu reinigen. Diese Arbeit würde ich übernehmen. Die kannte ich und wusste, was ich zu tun hatte. Wenigstens das hatte ich beim Kochen gelernt. Sie freute sich und lächelte mich schüchtern an, als sie sah, dass ich nicht nur «madamig» auf dem Stuhl im Schatten sitzen konnte.

Langsam trudelte einer nach dem anderen zu Hause ein und im Hof wurde es wieder lebendiger. Die Schule war aus, die Mutter kam müde vom Feld zurück, sogar der Vater zeigte sich. Obwohl alle überrascht über unseren Besuch waren, freuten sie sich sehr, uns zu sehen. Jeder schien hungrig zu sein, es duftete so wundervoll, dass mir das Wasser im Munde zusammenlief. Aber zuerst wurde gebetet. Währenddessen füllten Aisha und ich die Schüsseln. Es schmeckte herrlich, was die kleine Aisha da gezaubert hatte. Dafür hatte sie ein dickes Lob verdient.

Nach dem Essen erzählte Malick den Grund, weshalb wir hierhergekommen waren. Was bei uns vorging, wie die Leute über uns redeten und was sich gerade mit Abu zugetragen hatte. Die ganze Familie hörte sehr aufmerksam und kopfnickend zu, sie gestikulierten aufgeregt mit den Händen, schnalzten mit der Zunge. Zwischendurch wurde eifrig in einer Sprache gesprochen, die ich nicht verstand. Bis sich plötzlich die Mutter an mich wandte und auf mich einredete. Malicks Schwester Awa übersetzte. Sie waren alle zum Schluss gekommen, dass ich unbedingt mit Malick einen Marabout aufsuchen müsste und um Schutz bitten sollte. Sie würde auch in der Moschee für uns beten. Oje, stand es wirklich so schlimm?

Weiter erklärte sie mir, dass wir unbedingt heiraten sollten. Unverheiratet zusammenzuleben sei schlecht, führe zu übler Nachrede und würde die Geister heraufbeschwören. Auch das noch ...

Beim Marabout

Nach dem Siebzehn-Uhr-Gebet machten wir uns auf den Weg. Für Malick und seine Familie schien das ganz selbstverständlich zu sein. Jeder hier trug so einen Grigri um den Bauch, um den Hals, um den Fuss oder am Arm. Einige gleich mehrere, sogar die kleinsten Kinder, und Babys hatte ich mit solchen gesehen. Für mich war es etwas völlig Neues und sehr Fremdes. Ich war weder bei einem Marabout gewesen, noch hatte ich je einen gesehen. Nun war ich natürlich dementsprechend gespannt und aufgeregt.

Da ich keine Ahnung hatte, was auf mich zukam, stellte ich mir einen geheimnisvollen Menschen vor, mit Federn behangen, vielleicht noch irgendwo mit Knöchlein oder Muscheln geschmückt. Aber ich irrte mich und musste über mich selbst lachen, als mir ein ganz normaler Mann mit einem sehr freundlichen Blick, bekleidet mit einem schönen dunkelblauen Gewand in dem Hof entgegenkam, in den Malick mich geführt hatte.

«Bonsoir», begrüßte er uns nett und ich antwortete «Salamalekum» was ihn sehr zu freuen schien. Er grüßte anerkennend mit «Malekum Salam» zurück.

Aber ehrlich gesagt, insgeheim war ich fast ein bisschen enttäuscht, dass er so normal aussah.

Auch sein Haus, in das er uns hineinbat, sah aus wie jedes andere, keine Blutspritzer, keine geschlachteten Hühner, keine Knochen, keine Zauberfläschchen. Gut, die hatte er vielleicht irgendwo versteckt.

Er bot uns einen Platz an und ließ uns von einem kleinen Jungen, der im Hof spielte, Wasser bringen. Er wandte sich an mich und stellte mir in einem sehr guten Französisch einige Fragen, woher ich käme, wo wir wohnten und wie es mir so ginge.

Das klang für mich fast zu banal. Aus irgendeinem Grund, den ich mir nicht erklären konnte, wartete ich irgendwie auf den ‹großen› Moment, auf ein wenig Zauber. Aber nichts dergleichen passierte.

Dafür wandte er sich an Malick, der die ganze Zeit neben mir saß und nicht viel sagte, sondern nur ab und zu mit dem Kopf nickte. Die beiden sprachen Mandinka, das konnte ich raushören, doch was sie redeten, verstand ich nicht. Es schien jedoch ein ernstes Gespräch zu sein. Malick schnalzte immer wieder aufgebracht mit der Zunge, wurde zwischendurch auch mal wütend. Der Marabout musste Malicks Temperament des Öfteren zügeln. Trotz der ernsten Lage, wie ich dachte, wurde doch hin und wieder gelacht.

Bald darauf wandte sich der Marabout wieder an mich. Er erklärte, dass ich für mich zwei Grigris bräuchte und etwas zum Waschen. Ich nickte und verstand erstmal nur Bahnhof. Dann wandte er sich an uns beide und behauptete, dass wir unbedingt auch Schutz für unser Grundstück benötigten. Er würde noch zwei weitere Grigris anfertigen. Einen davon sollten wir auf dem Grundstück vergraben und den anderen unmittelbar vor dem Eingangstor. Er betete für uns und erklärte, dass er in dieser Nacht alles vorbereiten würde. Am nächsten Tag um diese Zeit sollten wir wiederkommen.

Hm. «Das war's?» Ich war erstaunt.

«Ja, das ist alles, hat er doch gesagt, wir kommen morgen wieder», klärte mich Malick mürrisch auf.

Bevor wir gingen, bat mich Malick, dem Marabout Geld zu geben. Ich schaute ihn irritiert an. «Jetzt? Nicht morgen?»

«Jetzt», drängte er.

«Wie viel?», wollte ich wissen.

«Einfach etwas.»

Das war wieder so eine schwammige Aussage, die mich wütend machte, doch ich konnte hier keine Diskussion anfangen. Da ich keine Ahnung hatte, wie viel ich geben musste, drückte ich ihm eintausend CFA in die Hand. Der Marabout bedankte sich und mit einer Geste forderte mich Malick auf, zu gehen.

Wir verabschiedeten uns und machten uns auf den Heimweg. «Das war zu wenig», belehrte mich Malick.

«Was war zu wenig?», wollte ich genervt wissen und fauchte ihn stocksauer an: «Gib du doch zur Abwechslung mal Geld.» Ich bekam die Vollkrise und bevor er etwas antworten konnte, ergoss sich meine ganze Wut über ihn.

«Du sagst immer nur, ich solle Geld geben, aber nicht wie viel. Danach motzt du, weil es zu wenig war, gibst selber jedoch keinen einzigen CFA.»

Er schwieg, schließlich befanden wir uns auf der Straße und man hätte uns streiten hören können. Später sagte er: Dass das eben die schlechten Geister seien, die durch mich redeten. Aber das würde sich nun ändern denn genau deshalb, seien wir ja beim Marabout gewesen.

Ich konnte nur noch mit dem Kopf schütteln, so wütend war ich über seine Ignoranz. Es war sicher kein böser Geist, der durch mich sprach. Oder doch? Und falls ja, würde mich der Marabout von ihm erlösen? Malick war auf jeden Fall felsenfest davon überzeugt. Und ich glaubte auch schon fast daran.

Der Nachhauseweg verlief schweigsam. Das war einfach alles viel zu viel für mich, am liebsten wäre ich sofort wieder abgereist.

Von weitem hörte ich Trommeln. Es kam aus einem Hinterhof und Malick bog ab.

«Willst du da jetzt hin?», wollte ich von ihm wissen.

«Ja, warum nicht? Das bringt dich auf andere Gedanken.»

Da hatte er allerdings recht, das konnte ich wirklich gebrauchen. Wir gingen in einen fremden Hinterhof, doch ich kannte einige von den Leuten, die hier am Tanzen und am Trommeln waren

Auch Salif war unter ihnen und die beiden Tänzerinnen Fatouma und Awa.

Salif machte eine Pause und kam freudig auf mich zu: «Komm, tanz mit.»

Er war richtig gut drauf, verschwitzt und fröhlich. Er nahm meine Hand und zog mich in die Gruppe. Malick nickte nur, schnappte sich ein Djembe und mischte sich unter die Trommler. Ich zog meine Schuhe aus und reihte mich zwischen den Tanzenden ein. Es war die Gruppe von Papis, die hier täglich trainierte, da wusste ich ja, was mich erwartete. Und es tat Wunder. Ich hatte gar keine Zeit mehr, mich meiner Trübsal hinzugeben. Ich musste mich erst wieder eingewöhnen und voll auf den Takt und auf die Schritte konzentrieren. Völlig verschwitzt, aber bester Laune, kehrten wir nach dem Tanzen nach Hause zurück. Tanzen war die beste Medizin, das wusste Malick.

«Kommst du morgen wieder?», wollte Salif wissen, bevor wir uns auf den Weg begaben.

«Ja, warum nicht? Wir bleiben einige Tage hier», antwortete ich ihm. Auch für Malick war es eine gute Abwechslung. «Ich möchte mehr tanzen», sagte ich und Malick nickte zustimmend.

Er war wie ausgewechselt. Der Baustress schien ihm ebenfalls zuzusetzen.

Das Tanzen hatte mich hungrig gemacht, und ich wollte noch irgendwo eine Kleinigkeit zu mir nehmen. Malick meinte jedoch, dass wir zu Hause essen würden. Man hätte uns sicher etwas zur Seite gestellt. Gut, so musste ich nichts kaufen.

Die Familie freute sich, als wir so gutgelaunt eintrafen. Und tatsächlich ein leckerer Crevetten-Cocktail erwartete uns. Aber vorher wollte ich duschen, so verschwitzt wie ich vom Tanzen war. Es war immer noch drückend heiß und mir graute jetzt schon vor der Nacht, wenn alle Fensterläden geschlossen waren, und die Moskitos mich umschwärmten. In der Stadt wimmelte es nur so von ihnen.

Am liebsten wäre ich gleich am nächsten Tag wieder abgereist, nur konnten wir ja erst am Abend unsere Grigris abholen und danach war es wahrscheinlich viel zu spät, um noch einen Sept-Places zu erwischen. Dafür konnten wir aber sicher am übernächsten Tag ganz früh abreisen, wenn es etwas frischer war. Und falls nicht, hatte ich immerhin das Glück, zu tanzen. Diese Gelegenheit wollte ich auf jeden Fall nutzen. Was ich auch Malick sofort mitteilte, als wir beim Essen saßen.

«Ja», sagte er und erklärte mir, dass ich dem Marabout morgen unbedingt mehr Geld geben müsse. Bevor ich wieder ausflippte, fragte ich Malick, warum es denn so klar wäre, dass ich das zahlen müsste.

«Weil sie für dich sind», war die einfache, aber sehr klare Antwort.

«Aha?» So konnte man es natürlich auch drehen. Dabei hatte der Marabout gesagt, dass auch das Terrain unter Schutz gestellt werden musste und Malick ebenfalls noch etwas bekommen sollte.

«Was soll ich denn deiner Meinung nach zahlen?»

Doch statt mir eine konkrete Summe zu nennen, meinte er nur: «Du bestimmst, aber sicher mehr als fünfzehntausend.»

Ich schluckte. Das war viel zu teuer! Ich sagte nichts, nickte nur und aß weiter. Es war schon Nacht und ich wollte mit einem Streit nicht noch mehr Geister heraufbeschwören. Auch Malick schwieg und wir verbrachten einen ruhigen Abend mit der Familie. Sie schienen sehr erleichtert zu sein, dass wir diesen Marabout aufgesucht hatten. Denn nebenbei bemerkten sie, dass jetzt alles wieder gut werden würde und wir nun unser Haus bauen sollten und dort leben, so hätten wir unsere Ruhe.

Ja, wenn das nur so einfach wäre, dachte ich insgeheim.

Überraschung

Da die ganze Familie nun davon ausging, dass wir demnächst heirateten, gab es eine Zimmeränderung. Das war wohl in der Zeit passiert, als wir unterwegs gewesen waren. Ich entdeckte mein Gepäck in Malicks Zimmer. Sein Bruder schlief jetzt bei einem anderen Bruder. Es gab einige Räume im Haus, die ich noch nicht kannte und die anderen sahen für mich nicht bewohnt aus, da sie einfach nur ein Bett oder zwei beinhalteten. Wenn ich dann wieder so sehr mit Geld beschäftigt war und alles nachrechnete, bekam ich, wenn ich diese nahezu leeren Räume sah, meistens ein schlechtes Gewissen. Auch das Zimmer von Awa, in dem ich gestern geschlafen hatte, war schlicht, verfügte aber immerhin über eine Dusche. Und vielleicht mussten sie ja einfach umdisponieren, denn nun war ja Aisha noch gekommen, und die musste auch irgendwo schlafen.

Obwohl ich nun mit Malick in einem Zimmer und in einem Bett schlafen durfte, was ja eigentlich sehr schön war, schlief ich noch schlechter als sonst. Ich hatte das Gefühl, dass es hier drin um einiges heißer und stickiger war, weil das Zimmer kleiner war; ein Blechdach hatte; das wie eine Sauna wirkte und tagsüber die Sonne speicherte, um sie nachts abzugeben; und Malicks Körper auch wie ein Backofen heizte. Das Moskitonetz schützte mich zwar von den Moskitos, aber nicht vor der Hitze. Ich sehnte mich wieder zurück ans Meer. Dort fühlte ich mich bedeutend wohler und freier.

Trotzdem fühlte ich mich mit der Familie gut. Alles wurde mir abgenommen. Es wurde für mich gekocht und gewaschen. Wenn ich etwas brauchte, sei es nur eine Kerze, übernahm ein Bruder oder eine Schwester sofort den Botengang. Ging ich selbst zum Einkaufen, wurde ich begleitet. Ich war außer auf der Toilette und beim Duschen nie allein.

Nur das Thema Geld wollte nicht so recht funktionieren. Auch bei späteren Besuchen schaukelte es immer wieder hoch. Obwohl ich auf Malicks Anraten seiner Familie jedes Mal Geld gab, wurde ich meistens um kleinere oder größere Extras gebeten. Die eine Schwester brauchte Haare, die andere Stoff für ein Kleid. Manchmal benötigte jemand Schuhe, musste zum Arzt oder das Schulgeld reichte nicht ganz. Nichts Spektakuläres eigentlich, und auch nichts sehr Teures. Mit der Zeit begann es mich zu stören. Es war ein heikles Thema und sie hatten wirklich wenig Geld.

Das wenige, das die Mutter auf dem Feld verdiente, ging für Schulgeld und Essen drauf. Der Vater arbeitete nicht mehr. Obwohl ich ebenfalls nicht so viel Geld hatte, ging eigentlich jeder davon aus, dass ich wohlhabend sei, was im Gegensatz zu der Großfamilie auch wieder stimmte. Ich fühlte mich dadurch aber sehr eingeengt und ich hatte Mühe, Nein zu sagen. Wenn jemand krank war, war es für mich kein Thema, zu helfen und die Medikamente zu bezahlen.

Mit der Zeit lernte ich, wie hier geteilt und verteilt wurde. Es gab eine goldene Regel, die lautete: Wer Geld besaß, gab den anderen. Malick und seine Familie glaubten, dass ich stets welches hatte.

Weiße gelten grundsätzlich als reich, was auch immer das heißt. Und ich war eine Weiße, also wurde ich nach Geld gefragt.

Anfangs war das für mich auch kein Problem. Ich ging davon aus, dass sich das änderte, sobald sie erkannten, dass ich hier nicht nur im Urlaub war, sondern hier leben wollte. Aber da irrte ich mich gewaltig und es wurde auch zum Dauerthema mit Malick.

Er schien zu denken, mit einer weißen Frau lösten sich alle Probleme in Luft auf, zumindest die finanziellen. Manchmal hatte ich das Gefühl, dass die Familie bei jedem Besuch größer wurde und immer mehr Menschen etwas brauchten oder wollten. Ich hatte Mühe abzuschätzen, wo es nötig war und wo nicht. Denn ihre Bitten erschienen stets dringend und unaufschiebbar. Mit der Zeit weigerte ich mich, zu zahlen, denn ständig war jemand krank oder benötigte eine neue Frisur.

Ich sehnte mich bei jedem Besuch wieder aufs Land zurück. Auch Malick lebte dort freier. Obwohl das Geld unser Thema blieb ...

Für das, was wir wollten, warf die Boutique einfach zu wenig Geld ab, und es war eigentlich unmöglich, ohne Geld bei seiner Familie auftauchen. Daher war mein eigenes Vermögen praktisch und unterstützend.

Nun mussten wir ja auch noch unsere Grigris abholen, bevor wir wieder abreisten.

Wir machten uns erneut zum Marabout auf. Dieser hatte alles vorbereitet und erklärte mir nun genau, was ich damit zu tun hätte und welchen Grigri ich wo tragen, und welche ich vergraben musste. Er drückte mir und Malick je eine Plastikflasche mit einer dunkelbraunen Flüssigkeit in die Hand. Davon sollte ich täglich morgens und abends einen Schluck trinken und jeden Tag ein wenig in mein Waschwasser geben. Es würde mich vor dem Gerede der Leute schützen. Das hatte ich soweit verstanden, bei Malick galt dasselbe. Wo denn die Grigris wären, wollte ich wissen.

«Hier», sagte der Marabout und deutete auf den Tisch.

«Ah, ja?» Ich sah nur zusammengefaltetes Papier auf dem Tisch liegen und wurde nicht so schlau daraus. Denn die, welche Malick trug, sahen ganz anders aus. Der Marabout erklärte mir, dass diese Papierstücke die Inhalte für meine Amulette seien. Es waren Koranverse, die er in der Nacht empfangen und niedergeschrieben habe. Und er würde mir jetzt genau erklären, was ich damit machen musste. Sie waren also noch nicht fertig. Jetzt mussten sie für meine Schutz-Amulette in kleine Lederbeutelchen eingearbeitet werden, bevor ich sie mitnehmen konnte und sie ihre Wirkung entfalteten. Dafür wäre jedoch ein anderer zuständig.

Also forderte er uns auf, den Mann, der für diese Arbeit vorgesehen war, aufzusuchen.

Bevor wir uns aber auf den Weg dorthin machten, musste ich den Marabout, der die ganze Nacht für diese Sachen gearbeitet, Eingebungen und Anweisungen von Allah empfangen hatte, bezahlen.

Ich erwartete, dass er mir eine Summe nannte, doch das tat er nicht und sagte stattdessen: «Du entscheidest, was dir meine Arbeit wert ist, aber bedenke, es steckt viel Kraft darin, und das hat seinen Preis.»

Mit diesen Worten fühlte ich mich schlicht überfordert. Nein, es nervte mich, der Ball wurde mir zugeschoben. Ich hätte jetzt rein theoretisch auch nichts geben können? *Scheiße,* dachte ich. *Die müssen doch fixe Preise haben ...?*

Doch Malick hatte mir ja am Vortag gesagt, dass fünfzehntausend CFA zu wenig wäre, also gab ich zwanzigtausend CFA. Das war sicher genug, zu viel, zu wenig oder was auch immer. Es hinterließ gerade keine Freude, ... denn der Marabout nahm das Geld, bedankte sich sehr dafür, aber irgendwie emotionslos.

Wir verabschiedeten uns mit den ganzen Sachen und den Anweisungen, die wir bekommen hatten, und machten uns auf zu dem Mann, der die Grigris fertigstellen sollte.

Dieser Mann hatte sein Atelier außerhalb des Stadtkerns und wir benötigten für den Weg ein Taxi. Sein Atelier befand sich in einem sandigen Hinterhof, in dem ein einziger Baum wuchs. In dessen Schatten stand ein großer Holztisch mit Nadeln, Schere, Fäden, Lederbänder, Lederstücke, Zangen und sonst noch jede Menge Arbeitsutensilien. Auf dem Boden lagen die Reste seiner Arbeitsmaterialien verstreut. Es wirkte viel chaotischer als beim Marabout. Er grüßte freundlich, als er uns sah, auch er kannte Malick.

Nach der Begrüßung begann er sofort mit der Arbeit. Es dauerte eine Weile, bis er alles feinsäuberlich verarbeitet und zusammengenäht hatte, und ich sah ihm fasziniert zu, wie geschickt er mit dem Werkzeug umging.

Dann endlich war es soweit.

Ich bekam einen Grigris um den Bauch, wie Malick ihn hatte, darüber freute ich mich sehr, denn er sah aus wie ein edler, schmaler Ledergürtel. Und der andere kam um meinen linken Oberarm. Auch der sah aus wie ein schönes Lederschmuckstück, richtig edel in diesen Lederbeutelchen.

Für das Grundstück bekamen wir ein Pulver aus Kräutern, Wurzeln und Blättern, wusste der Himmel, was hier außerdem verarbeitet worden war. Auf jeden Fall sollten wir es gleich bei unserer Ankunft in Djanna vor dem Eingangstor vergraben und das andere Amulett auf dem Grundstück. Wir bekamen genaueste Anweisungen dafür.

Was das wohl alles kostete? Malick fragte ich gar nicht mehr und gab dem Mann zehntausend CFA. Ob es passte oder nicht wusste ich auch in diesem Fall leider Gottes nicht. Falls es nicht passte, sprich zu wenig wäre, könnte Malick ja noch was draufzahlen, was er aber nicht tat. Also ging ich davon aus, dass es okay war. In einem blauen Plastiksäckchen wurden die ‹Wundermittel› verstaut. Und ich durfte sie erst zu Hause anziehen. So machten wir uns auf den Rückweg, ich konnte es kaum erwarten, die Grigris zu tragen.

Dann bekamen wir noch einen weiteren Auftrag, nämlich Allah zu danken. Wir sollten einen Hahn kaufen und diesen einem

Ältesten, also dem Oberhaupt des Hauses bringen, sieben weiße Blätter für einen Marabout und Süßigkeiten für Kinder. Dafür hatten wir drei Tage Zeit. Wenigstens mussten wir keine Ziege opfern, das ganze Zeug ging irgendwann ins Geld.

Malick wollte alles am gleichen Abend erledigen. Doch um jetzt noch ein Huhn zu kaufen, war es zu spät geworden, denn zwischenzeitlich war die Nacht angebrochen. Aber wir hatten ja drei Tage Zeit. Und ich wollte endlich wissen, wie sich so ein Schutzamulett anfühlte.

Plötzlich kam mir die Tanzstunde in den Sinn. Genau, ich hatte ja vor zu tanzen. Ich fragte Malick, ob wir dort vorbeigehen konnten, was wir auch taten. Nur war die Stunde leider schon vorüber.

«Du bist zu spät, komm doch morgen wieder vorbei», sagte Fatouma, eine der Tänzerinnen, die noch ein wenig aufräumte.

«Danke, aber morgen bin ich wahrscheinlich nicht mehr hier», antwortete ich. Ich hatte wieder Sehnsucht nach Abene. Mir wurde es hier schon wieder zu viel.

Zu Hause angekommen packte ich schleunigst die Grigris aus. Auch die Flaschen nahm ich aus dem Plastikbeutel, denn Malick sagte, es wäre gut, wenn ich mich sofort mit dem Inhalt wusch. Bevor ich etwas einwenden konnte, holte er mir schon das Wasser aus dem Brunnen.

Jetzt, wo wir alles beisammenhatten, weswegen wir gekommen waren, beschlossen wir, am nächsten Tag in der Früh wieder abzureisen. Mensch, war ich froh. So gut mir die Stadt gefiel, ich war definitiv kein Stadtmensch. Vielleicht lag es an der dauernden Nähe und Kontrolle durch die Familie.

Jeder wusste immer ganz genau, wo der andere war oder was er tat.

Aber das Meer rief mich, und ich packte gut gelaunt meine Reisetasche.

Nach der Dusche mit der bräunlichen Tinktur band ich mir beschwingt meinen allerersten Grigri um den Oberarm und den zweiten um meine Hüften.

Ich musste zugeben, ich schlief richtig gut. Tief und fest. Ich hatte so gut wie keine Mühe mit der Hitze und fühlte mich auch nicht von den Moskitos belästigt. Das war doch ein gutes Zeichen.

Am nächsten Morgen brachen wir zeitig auf und bei Sonnenaufgang erreichten wir schon die Brücke des Casamance-Flusses, raus aus der Stadt. Ich genoss die Rückfahrt jedes Mal. An den ersten Kontrollposten vorbei, die uns manchmal einfach durchwinkten und ein anderes Mal in eine längere Kontrolle verwickelten. Das passierte meistens vor Feiertagen. Normalerweise gaben sich die Beamten mit Ataya zufrieden, dann wieder wollten sie nur Geld.

Vorbei an all den Dörfern, in denen die Menschen langsam erwachten oder sich gemächlich an ihre Arbeit machten.

Ich mochte den frühen Morgen zum Reisen, die frische Morgenluft tat gut. Und die Sonnenaufgänge über dem Fluss waren einfach malerisch. Je nach Art der Menschen, die im Sept-Places mitfuhren, wurde entweder viel geredet oder es herrschte Schweigen. Ersteres war meistens der Fall. Die Senegalesen waren ein sehr gesprächiges Volk und es gab immer irgendetwas zu erzählen. Auch ich wurde oft ins Gespräch einbezogen und wurde sogar hin und wieder gefragt, ob ich nicht noch eine Freundin oder einen Freund hätte, der hier eine Frau, beziehungsweise einen Mann möchte und ob ich da nicht einen Kontakt vermitteln könnte. Ich musste bei diesem Thema lachen. Ich nahm es nicht ganz ernst, für mich war es nicht nachvollziehbar. Doch mit der Zeit merkte ich, dass schon der eine oder die andere sehr an einem europäischen Kontakt interessiert war. Ich verstand, je mehr ich mich auf das Leben hier einließ, was sie mit Europa und den weißen Menschen verbanden und warum sie nach Europa wollten oder Kontakte suchten. Es war sicher Abenteuerdrang und der große Wunsch, mehr Geld zu haben. Sie sahen, wie wir uns mehr leisten konnten, nur schon, dass wir die Möglichkeit hatten, nach Afrika zu reisen. Für einen Senegalesen war es fast unmöglich, sein Land zu verlassen, erst recht nicht, um Urlaub zu machen. Die Heirat mit einer Weißen erschien verführerisch. Sie bekamen dadurch die Gelegenheit, ihren Familien zu helfen.

So verging die Zeit rasch, trotz der Kontrollposten, die uns gelegentlich aufhielten. Je nach Chauffeur lief auch meistens gute Musik im Auto und es wurde viel gelacht. *Da könnten sich noch einige Schweizer ein Stück abschneiden*, dachte ich belustigt. *Das Lachen haben wir ja nicht unbedingt erfunden.*

Am Vormittag trafen wir in Dianna ein und mussten dort auf ein Auto warten, das uns mit nach Abene nahm. Wir hätten das letzte Stück zu Fuß gehen können, aber es war ein längerer Weg. Die Wahrscheinlichkeit, um diese Zeit schnell ein Auto zu bekommen, das nach Abene fuhr, war nicht sehr groß, doch man konnte ja nie wissen. Wenn wir Glück hatten, konnte schon eines in fünf Minuten fahren. Wir warteten eine gute Stunde. Ich genoss es, wieder hier zu sein und fühlte mich sofort freier, sogar die Hitze war erträglicher. Es ging nun langsam auf die Regenzeit zu und es wurde auch hier spürbar heißer. Die Mangozeit brach an und diese Früchte brauchten Hitze, um zu reifen. Ich freute mich riesig auf die saftigen Mangos.

Bis wir endlich in Abene eintrafen, war es Mittag geworden. Der Muezzin rief zum Gebet. Das Dorf wirkte menschenleer. Müde und verschwitzt kamen wir zu Hause an, und als ob Aliou gewusst hätte, dass wir heute zurückkommen würden, hatte er für uns gekocht.

Er freute sich sehr, dass wir zurück waren. «Du hast mir gefehlt, Monika», strahlte er mich an.

«Ja, ich bin auch froh, wieder hier zu sein», antwortete ich fröhlich.

Malick stellte das Gepäck ins Zimmer und sagte, als er wieder rauskam: «Ich würde gerne am späteren Nachmittag nach Dianna.»

Ich war einverstanden und freute mich, unser Grundstück wiederzusehen. Ich hatte es nämlich schon vermisst.

Abu hatte ich noch gar nicht gesehen.

Während des Essens schwärmte ich Aliou vor, dass ich nun ebenfalls einen Grigri besäße. «Allhamdoulila» Gott sei Dank. Mehr hatte er dazu nicht zu sagen, für ihn war das normal und überhaupt nichts Außergewöhnliches. Er schien froh darüber.

«Hier weiß man nie», gab er zu. «Die Leute reden, das ist hier so.»

Nach dem Essen nahm ich eine Dusche und legte mich ein wenig hin, bevor wir nach Dianna aufbrachen. Malick ging ins Dorf, um noch einiges zu erledigen, wie er es nannte. Aliou hatte Besuch, und es gab Ataya.

Richtig schlafen war nicht möglich und so setzte ich mich draußen zu Aliou und seinen Freunden. Sie fragten nach Malick. Er wäre im Dorf, sollte jedoch bald zurück sein, da wir nach Djanna wollten, sagte ich ihnen. Ist das Haus schon fertig, wollten sie sofort wissen. Ich musste lachen und erklärte ihnen, dass wir noch gar nicht mit dem Bauen angefangen haben. Was niemand so richtig verstehen konnte ...

«Warum denn nicht?», war ihre Frage. «Ihr müsst arbeiten.»

«Ja, das stimmt», gab ich ihnen recht.

Malick kehrte nicht so schnell zurück, wie ich erwartet hatte, und als er endlich kam, war er bekifft und dunkel war es auch schon.

Ich fühlte mich echt verarscht und sagte wütend: «Wollten wir nicht noch zum Grundstück?»

«Ja, ja, wir gehen morgen früh, das ist sowieso besser.»

Ob dem so war oder nicht, war mir eigentlich scheißegal. Mich ärgerte seine Haltung. Ich hatte nichts gegen seine Freunde, sogar mit dem Kiffen konnte ich leben, aber wie sich Malick danach verhielt, konnte ich nicht ausstehen.

Gegessen hatte ich auch noch nichts und beschloss, schnell zu Amadou zu gehen. Dort verkaufte Hady Fataya, und die aß ich gerne. Sofort sagte Malick, dass er mitkommen wollte.

«Nein», sagte ich entschlossen, und machte mich allein auf den Weg. Hier konnte ich mich wirklich freier bewegen. Ich kannte viele Leute und Amadous Boutique lag fast um die Ecke. Ich plauderte ein bisschen mit Hady, ließ mir ihre leckeren Fatayas schmecken und bevor ich mich wieder auf den Rückweg machte, kaufte ich noch eine Flasche kaltes Wasser. Ich könnte mal auf Wolof bestellen, fiel mir ein. Ich hatte inzwischen viel gelernt und sollte das nun auch gleich in die Tat umsetzen. Freudig fragte ich auf Wolof nach Wasser.

Amadou schaute mich befremdet an und fragte: «Sprichst du kein Französisch?»

Ganz erstaunt erwiderte ich: «Doch.»

«Warum redest du dann so komisch?»

Hä? Wieso komisch?, dachte ich irritiert. Ich hatte doch meine Bestellung korrekt, klar und verständlich ausgesprochen?

«Monika, Monika. Ich spreche kein Wolof, ich komme aus Mali, meine Sprache ist Bambara.»

Alles klar, endlich hatte ich meinen Mut zusammengenommen, um meine Sprachfortschritte zu testen und was passiert? Ich geriet genau an den Falschen.

Wir amüsierten uns köstlich über meinen misslungenen, jedoch gutgemeinten Versuch.

Dank dieses sprachlichen Fauxpas kamen wir ins Plaudern und ich erzählte ihm, dass ich irgendwann auch gerne nach Mali reisen würde. Wir waren so vertieft in unser Gespräch, es wurde später und später.

Ich sollte mich langsam auf den Weg machen, kam mir in den Sinn.

Ich verabschiedete mich von Amadou und machte mich auf den Weg.

Zu Hause angekommen ging ich sofort in unser Zimmer. Malick folgte mir und entschuldigte sich für sein Verhalten. Er wollte mich umarmen, doch mir war schon seit längerer Zeit nicht nach Romantik zumute, was eigentlich schade war.

Was ich denn habe und weshalb ich so spät nach Hause gekommen wäre, fragte er mich und beteuerte: «Morgen gehen wir ganz früh los.»

«Inshallah», sagte ich und knallte ihm wütend an den Kopf: «Morgen, später, wie es dir gerade passt.» Mit diesen Worten verließ ich den Raum und setzte mich im Aufenthaltsraum an den Tisch, um noch ein wenig zu schreiben.

Ich hatte andere Vorstellungen von Beziehung, Heirat und Romantik. Mit einer Umarmung und einer Entschuldigung war bei mir die Sache nicht so einfach erledigt. Seine Grundhaltung gegenüber mir als weißen Frau und dem Geld gab mir zu denken, und ich wusste nicht, wie ich ihm das klar machen sollte oder konnte. Wir lebten in zwei sehr unterschiedlichen Welten. Auch das Thema Geister war für mich schwierig. Für mich sah es manchmal so aus, als ginge man einfach den Problemen elegant aus dem Weg.

Ich solle doch noch mit ans Feuer kommen, bat mich Malick. Er wollte nicht, dass ich allein im Haus blieb. Ich hatte im Gegensatz zu ihm kein Problem damit und Schreiben brachte mich auf andere Gedanken.

Vielleicht regte ich mich nur zu sehr auf und sollte es lockerer sehen. So war nun mal das Leben hier.

Ich lernte viel dazu, musste oft über meinen Schatten springen, erlebte Höhen und Tiefen ... Aber ich war glücklich, trotz vieler Widersprüche.

Am nächsten Morgen schafften wir es in der Tat, früh loszugehen. Wir hatten eine wunderschöne Nacht zusammen verbracht, was mich wieder versöhnlicher stimmte und wir wanderten Hand in Hand am Meer entlang nach Dianna, die Grigris im Rucksack.

Man merkte sofort, dass wir einige Tage nicht dagewesen waren, der sandige Boden war mit heruntergefallenen Blättern bedeckt, Unkraut wucherte dort und da. Es gäbe hier täglich viel zu tun. Doch jetzt mussten wir zuerst die Sachen verbuddeln, die wir in Ziguinchor bekommen hatten.

«Wo müssen wir nun graben?», wollte ich von Malick wissen.

Er wusste noch alles, er hatte ja auch Übung darin. Der erste Grigri wurde direkt vor dem Eingangstor verscharrt. Dieser bezweckte, dass nur gutgesinnte Menschen das Tor durchschreiten konnten. Der zweite sollte uns Glück, Wohlstand, Gesundheit bringen. Er vergrub ihn an der Stelle, an der das Haus irgendwann stehen sollte.

Danach bespritzte er das Terrain an einigen Stellen mit der Tinktur, die wir erhalten hatten, und das war es dann. Jetzt waren wir also vor den bösen Geistern, übler Nachrede, Eifersucht und Neid geschützt und hatten sogar noch eine Chance auf Glück und Wohlstand.

«Nun können wir mit dem Bau beginnen», sagte Malick, als wir das Ritual beendet hatten. Der Brunnen wäre das Erste, das wir brauchten.

Ich nickte nur und so machten wir uns auf den Rückweg, um das Ritual wirken zu lassen. Wir hatten nun alles in Gottes Hände gegeben und wollten eine Nacht und einen Tag verstreichen lassen, damit es seine Wirkung entfalten konnte. Und auf keinen Fall durften wir in dieser Zeit darüber reden und vor allem niemandem davon erzählen, erklärte mir Malick eindringlich.

Das Ritual, dass uns der Marabout aufgetragen hatte, hatten wir noch nicht vollzogen. Das sollten wir sicher schleunigst tun. Drei Tage hätten wir dafür Zeit, hatte der Marabout gesagt.

6. Kapitel Ein Haus in Afrika - ein Traum?

Auf dem Nachhauseweg gingen wir schweigend am Strand entlang. Jeder hing seinen Gedanken nach ... Meine waren immer die gleichen: Obwohl ich mich freute und es mein Traum war, hier zu wohnen, in meinem eigenen Haus, passte nicht alles zusammen. Es fühlte sich an wie ein verlorenes Puzzlestück. Wenn ich jedoch ehrlich mit mir selbst war, wusste ich schon, was fehlte. Die Sache mit dem Geld war ein ungeklärtes Thema.

«Ich würde dir gerne das Grundstück schenken», unterbrach Malick abrupt das Schweigen.

«Was?!»

Er wiederholte es noch einmal. «Je te le donne, es ist für dich. Ich habe kein Geld, um den Brunnen zu bauen und auch kein Geld, ein Haus zu bauen, darum ... Es gehört dir.»

Ich war perplex.

Mit allem hatte ich gerechnet, nur nicht damit. Ich musste erst einmal ganz tief ein- und ausatmen ...

«Dieses Stück Land soll also mir gehören?»

«Ja, warum nicht?», meinte er.

Ich konnte mein Glück kaum fassen. «Du bist ja verrückt», sagte ich einfach.

Er wiederholte, dass er kein Geld zum Bauen habe, deshalb wollte man es ihm ja wegnehmen. Doch ich könnte etwas daraus machen, also auf was wartete ich? Dann wurde es stiller, wir sollten ja nicht zu viel darüber reden. Das Ritual wirkte gerade, ob das schon ein Teil davon war? Freudig gingen wir weiter, Malick schien erleichtert.

War es das? Das fehlende Puzzlestück?

Malick wollte noch in seiner Boutique vorbeischauen. Ich hatte keine Lust mitzugehen, also ging ich allein nach Hause. Auch Abu war wieder von seinem familiären Besuch zurück.

«Wie geht's, Monika?»

«Oui, ça va,» antwortete ich.

Wir kamen ins Plaudern ... Wann denn jetzt das Haus fertig sein würde, erkundigte er sich obwohl er wusste, dass wir noch nicht einmal mit dem Brunnen angefangen hatten. Ich probierte deshalb, das Gespräch umzulenken, und fragte ihn, wie es seiner Familie ginge, ob alle gesund wären und ob die Kinder alle in die Schule gehen würden. Er freute sich, dass ich das wissen wollte und so hatten wir schnell ein anderes Thema, über das wir reden konnten, während Aliou kochte. Doch irgendwann lenkte Abu das Thema wieder auf das Wohnen. «Wann zieht ihr denn nun aus?». Ich begriff nicht ganz, was er mit seinen Fragen genau beabsichtigte, so schnell ging das ja nicht.

«Willst du mich loswerden?», fragte ich deshalb und es sollte ein wenig witzig klingen. Denn ich fühlte mich bei diesem Thema gerade ziemlich verkrampft.

«Nein, nein», beruhigte er mich, er habe es einfach nur wissen wollen. So war das für den ersten Moment geklärt.

Bald darauf kam auch Malick aus dem Dorf zurück und es wurde gegessen. Das Thema wurde nicht mehr angesprochen. Am Abend ging ich mit Malick ins Dorf und auf dem Weg dorthin, erzählte ich ihm, was Abu heute alles von mir wissen wollte.

Nachdenklich sagte er: «Siehst du, er will uns loswerden. Wir sollten wirklich mit Bauen beginnen.»

«Ja, die Zeit ist reif, doch ich begreife nach wie vor nicht ganz, weshalb er auf einmal so reagiert?»

«Weil er eifersüchtig ist, ich habe es dir schon tausendmal erklärt, die Leute hier sind so. Und wir sollten heiraten, Monika. Lass uns nach Ziguinchor gehen, wir heiraten dort und dann fangen wir ganz entspannt mit dem Brunnen an. Und bei Abu ziehen wir aus, ich habe schon mit meinem Cousin gesprochen, er ist einverstanden.»

Zack, ich schluckte erst einmal. Ich wollte nicht ausziehen. Als Malick meinen Blick sah, meinte er nur: «Aber es ist besser. Abu ist eifersüchtig, Monika, verstehst du es wirklich nicht?»

Nein, das verstand ich tatsächlich nicht. Ich hatte keine Probleme mit Abu.

«Und von welchem Cousin sprichst du eigentlich?», wollte ich wissen. Er sagte mir, dass ich ihn nicht kannte, denn er lebte in Europa und sein jüngerer Bruder würde uns das Haus für eine Weile überlassen, da er nach Ziguinchor ginge.

Ich verstand überhaupt nichts mehr. Cousin, Bruder Europa, Ziguinchor, Ausziehen, Eifersucht. Diese ganzen Eifersuchtsdramen und all diese Verwandten wurden langsam anstrengend. Täglich kamen neue dazu.

Doch das mit dem Haus schien beschlossene Sache zu sein.

«Ja, und das Haus vom Cousin liegt näher bei Dianna. Dann musst du nicht mehr so weit laufen.» Wenigstens dachte er an meine Gesundheit.

Mir ging das alles viel zu schnell. Auch dass er das einmal mehr so kurz über meinen Kopf hinweg beschlossen hatte, passte mir nicht, ich konnte mich einfach nicht daran gewöhnen. Ich hätte da gerne ein Wörtchen mitgeredet und mit Abu hätte ich das gerne noch geklärt.

«Nein, du musst nicht mehr mit ihm reden», versicherte mir Malick. Das Zimmer bei Abu war bis Ende Monat bezahlt und Malick wandte ein: «Dann lassen wir unsere Sachen dort, gehen nach Ziguinchor, heiraten und wenn wir zurückkommen, ziehen wir um.»

Zack, bum, alles einfach so beschlossen.

Ich musste mich setzen, das war zu viel des Guten für mich, ich schüttelte nur noch mit dem Kopf.

«So läuft das nicht, Malick», sagte ich nach einer Weile, als ich mich wieder ein wenig gefangen hatte. «Ich habe kein Problem mit Abu.»

Das wollte er nicht hören, und lief beleidigt davon, es war wirklich sein Problem.

Ich setzte mich zum Feuer, da war auch Malick. «Lass uns darüber schlafen und dann sehen wir weiter. Hausbau, Heiraten,

Ausziehen – das alles sollte ein wenig geplant sein», probierte ich, ihm zu erklären.

Bei Malicks Plan würde ich den Kontakt zu Aliou verlieren und das wollte ich auf keinen Fall. Er war mein Freund, genauso wie Abu. Sie waren zu mir immer sehr nett und hilfsbereit. Was Malick genau für ein Problem hatte, wusste ich nicht. Aber definitiv hatte er eines.

Es war ein komisches Gefühl, als ich Abu an diesem Abend sah. Ob er Malicks Gedanken kannte oder wenigstens erahnte? Sollte ich ihn darauf ansprechen? Ich tat es nicht, hatte jedoch kein gutes Gefühl dabei.

Heiraten

Noch in derselben Woche reisten wir nach Ziguinchor. Was für eine Freude, als wir eintrafen. So wie es aussah, wusste schon die Familie Bescheid, oder hatte ich etwas verpasst? Wahrscheinlich nicht, denn seit unserem letzten Besuch galt die Heirat als beschlossene Sache. Für Malicks Familie war klar: Beim nächsten Besuch kamen wir, um zu heiraten.

Im besten Fall dauert eine Hochzeit in Afrika drei Tage. Darauf war ich jedoch nicht vorbereitet und in Anbetracht dessen, dass ich nun ein Haus zu bauen hatte, was einiges kosten würde, wollte ich eine schlichte Heirat. Immerhin konnte ich mich in diesem Punkt mit Malick ohne Probleme einigen. Für die Familie nicht verständlich, da sie immer noch davon ausgingen, dass weiße Menschen viel Geld hatten.

Da ich jedoch beabsichtigte, hier zu leben und nicht hier war, um die Wünsche anderer zu erfüllen, entschied ich mich für eine Hochzeit im kleineren Stil und beschloss: Sollte die Familie damit nicht einverstanden sein, gäbe es keine Heirat.

Malick wusste das und hatte nun die Pflicht, es seiner Familie beizubringen.

Er kannte mein Budget. Was daraus gemacht wurde, lag bei der Familie. Obwohl das Fest nur einen Tag dauern sollte, kam viel auf uns zu. Allein die Vorbereitungen für diesen Tag waren nicht zu unterschätzen. Es musste eingekauft und gekocht werden. Ich musste zum Schneider, Malick ebenfalls, überhaupt brauchte jeder noch dieses oder jenes. Das war genau der Grund, weshalb ich eine kleine Feier bevorzugte, am liebsten nur Malick und ich und die beiden Trauzeugen. Was auch im Sinne von Malick gewesen wäre, nur ging das hier nicht.

Die Nachricht unserer bevorstehenden Trauung verbreitete sich wie ein Lauffeuer und ich staunte über all die Verwandten, Nachbarn, Freunde und Bekannte, Musiker und Tänzerinnen, die kamen. Menschen, die ich in meinem ganzen Leben noch nie gesehen hatte. Ich wollte gar nicht wissen, was passiert wäre, wenn wir drei Tage geheiratet hätten. Mir reichte dieser eine Tag schon vollkommen.

Obwohl es sich nur um einen Tag handelte, gestaltete er sich doch als sehr umfangreich und anstrengend. Immer wieder kam der eine oder andere auf die Idee, mich um Geld zu bitten, zum Beispiel um die Band, die ich nicht bestellt hatte, zu bezahlen. Der Imam, der uns traute, wollte Geld. Einer behauptete, er bräuchte Geld für die Rückreise und, und, und ... Gut, hatte ich das Budget festgelegt und schickte die Leute zu Malick, sollte er das regeln. Wie er das händeln wollte, überließ ich ihm. Ich war froh, als der Tag vorüber war, und ich müde und erschlagen in mein Bett sank. Meine Hochzeit hatte ich mir tatsächlich anders vorgestellt und konnte es kaum erwarten wieder abzureisen.

Frisch verheiratet kehrten wir zwei Tage später als geplant nach Abene zurück. Eigentlich sollte es gleich mit aus- und umziehen weiter gehen, doch mir war immer noch nicht ganz wohl bei diesem Gedanken, so sang- und klanglos zu verschwinden, ohne Abu und Aliou Bescheid zu sagen. Malick hatte da weniger Bedenken und teilte es ihnen gegen Abend mit, als beide anwesend waren. Was zu einem kleineren Disput zwischen Malick und Abu führte, denn Abu rechnete mit dem Geld, das er jeden Monat für das vermietete Zimmer bekam und das er immer sofort seiner Familie überwies.

«Das hat er nun davon. Er hätte sich das früher überlegen sollen, bevor er uns schlecht macht», erklärte mir Malick aufgebracht.

Abu rechtfertigte sich mit den Worten, das er es nicht so gemeint habe und einfach nur wissen wollte, wie weit wir mit dem Hausbau seien.

«Du willst uns doch loswerden!», fuhr ihn Malick wütend an. «Du hast es hinter meinem Rücken zu meiner Frau gesagt.»

Es war eine eigenartige Situation, zudem ich auch nicht alles verstand. Die Vielfalt der Sprachen hier war zwar spannend doch alle zu verstehen, geschweige denn zu sprechen, war ein Ding der Unmöglichkeit.

Alles in allem führte es zu heftigen Meinungsverschiedenheiten, sodass wir tatsächlich noch am gleichen Abend auszogen. Da wir nicht viel Gepäck hatten, ging der Auszug flott über die Bühne. Abgesehen von meinen Gefühlen. Ich bedauerte den Umzug.

Und ganz charmant schob Malick das Problem, das man mit ein paar einsichtigen Worten hätte lösen können, wenn man das gewollt hätte, auf die Geister und auf den Neid der anderen.

So zogen wir also aus. Dankend für alles verabschiedete ich mich mit den Worten, dass ich regelmäßig zu Besuch kommen würde. Und weil Aliou ein sehr zuverlässiger und ruhiger Mensch war, fragte ich ihn, ob er weiter bei uns arbeiten wolle. Er stimmte sofort zu. Ich freute mich und war sehr froh darüber. Für Malicks Problem mit Abu war ich nicht zuständig. Ich wusste langsam, aus welchen Situationen ich mich besser raushielt.

Morgen würde er einen Brunnenbauer kontaktieren, den besten im Dorf, erklärte mir Malick auf dem Weg in unser neues Zuhause. Jetzt war es also soweit ...

Die Woche verging mit dem Herstellen von Kontakten. Der erste und wichtigste für den Moment war sicher der Brunnenbauer. Es wurde auch gleich ein Besichtigungstermin mit ihm verabredet. Er wusste am besten, welcher Ort für einen Brunnen gut geeignet war. Je nach Standort hatten wir schneller oder langsamer Wasser, das rauszufinden war sein Job. Er brachte seine Leute, die das Loch für den Brunnen graben würden, gleich mit. Unser Job, besser gesagt *meiner* war, den Preis zu bezahlen, den Malick für den Brunnen aushandelte. Zu Beginn sollte ich nicht dabei sein, da sonst der Preis höher wäre, weil wir Weißen ja mehr bezahlen mussten. Doch dieses Mal ging ich nicht darauf ein, denn jeder im Dorf kannte mich mittlerweile und ich hatte keine Lust, bei wichtigen Gesprächen wie diesem mit solchen Argumenten abgespeist zu werden. Auch dieses Thema hatten wir schon einmal. Ich wollte einen fairen Preis, was immer das hier bedeutete. Ich durchschaute das Geldsystem hier sowieso nicht.

Ich hatte eher das Gefühl, dass Verhandeln einfach eine Männerangelegenheit war. So einiges war hier reine Männersache, hatte ich festgestellt. Doch da es sich um mein Geld handelte, wurde es jetzt zur Frauensache!

Es konnte losgehen, der Platz war ausgependelt, die Bezahlung ausgehandelt, und die Leute, die das Wasserloch graben sollten, standen pünktlich jeden Morgen in Dianna.

Ich besorgte jeden Tag das Frühstück und das Mittagessen für die Truppe und machte mich mit Malick nun wieder täglich auf den Weg nach Dianna.

Es war eine schwere Arbeit. Die Männer schaufelten sich zum Wasser vor, was gar nicht mal so lange dauerte. Danach musste der nasse Sand aus dem immer tiefer werdenden Loch in einen Kessel gefüllt und nach oben transportiert werden. Das war Schwerstarbeit. Jetzt wusste ich, woher die Muskeln und die gut durchtrainierten Körper der Afrikaner kamen. Das meiste wurde hier mit den Händen und reiner Körperkraft gemacht. Es gab keine Maschine, die irgendeinen Arbeitsgang erleichtern oder gar abnehmen konnte. Nach einigen Tagen war aber auch das geschafft, und die Männer wurden bezahlt.

Nun musste der Brunnen ausbetoniert werden, dafür war Zement nötig. Niemand konnte genau abschätzen, wie viele Säcke gebraucht wurden, aber ich vermutete, eine Menge. Langsam ging es ins Geld. Auch die Leute wollte mehr Geld und ich wurde immer genervter deswegen.

Malick erklärte mir jedoch gelassen: «Ich habe es dir gesagt, du bist weiß und solltest nicht dauernd hier sein.»

Es kam deshalb zu Streitereien und dass ich nicht auf der Baustelle sein sollte, nervte mich kolossal. Ich fühlte mich absolut ungerecht behandelt, nicht verstanden und allein gelassen in einer fremden Kultur, in der ich als Frau nichts zu sagen hatte. Ich wurde in dieser Zeit dünner und dünner, das Essen wurde mir zu schwer und zu fettig. Da halfen auch Grigris und Tinkturen nichts mehr, obwohl ich die Schutzamulette Tag und Nacht trug.

Ich hatte keine Kraft mehr, es ging nur noch ums Geld. Es gab kein Einsehen von Malicks Seite. Das Ganze wurde immer kostspieliger. Dass Malick sich finanziell nicht beteiligen würde, wusste ich. Was hatte ich erwartet? Ich wollte ein Haus hier. Also was wollte ich motzen?

Und doch war der Brunnen ja auch in seinem Sinn.

Dazu kam, dass wir dieses Ritual, das uns der Marabout in Auftrag gegeben hatte, nicht vollzogen hatten. Wir sollten das sofort machen, äußerte Malick fast panisch. Ob es jedoch unsere Lage verbessern würde, bezweifelte ich stark. Die magischen drei Tage waren ja auch schon viel zu lange vorbei. Trotzdem holten wir es nach.

Am nächsten Morgen, bevor wir wieder nach Dianna aufbrachen, kauften wir alles ein, was wir brauchten. Das Huhn, die Blätter und die Süßigkeiten. Wir verteilten alles wie geheißen an einen Ältesten, einen Marabout und an Kinder. Dann machten wir uns auf den Weg nach Dianna. Ob es etwas nützte oder ob es schon längst zu spät war, konnte ich nicht sagen. Das Geld, das wir dringend brauchten, kam deshalb leider auch nicht angeflogen und die kleinen und größeren Streitereien mit Malick gingen weiter. Ich war froh um Alious Beistand.

«Du solltest mal Pause machen», meinte er wohlwollend. «Es ist wirklich nicht gut, dass du als Frau immer auf der Baustelle bist».

Das hatte er mir schon einmal gesagt, erinnerte ich mich. Eine Frau gehöre einfach nicht dorthin, außer sie koche, und das tat ich ja nicht. Auch der tägliche, weite und anstrengende Weg in der Hitze war meinem momentanen Zustand nicht zuträglich. Ich bekam offene Wunden an den Beinen, die sich trotz Behandlung immer mehr verschlimmerten.

Manchmal regnete es tage- und nächtelang, was alles schwieriger machte. Moskitos gab es wie Sand am Meer. Die Leute hatten noch weniger Geld als sonst und ich wurde ab und an auch im Dorf angepumpt.

Das Leben und diese Streitereien wurden mir zu viel. Es zermürbte mich. Was war aus Malick und mir nur geworden? Wir waren doch verheiratet und könnten glücklich sein. Wir hatten ein Grundstück, Sonne, Meer, Freude, Liebe ... Und was taten wir? Malick, dem mein gesundheitlicher Zustand nicht verborgen blieb, erklärte mir, dass in der Regenzeit oft solche Wunden entstanden, auch weil das Wasser in dieser Zeit verschmutzt war, und verbot mir, davon zu trinken. Ums Duschen kam ich ja nicht herum. Doch sollte ich schauen, dass ich meine Wunden nicht so sehr mit Wasser in Kontakt brachte. Da es aber gerade die Beine betraf, war das einfacher gesagt als getan. Deswegen beschloss ich, für eine Weile nicht nach Dianna zu gehen und wie früher nur am Strand zu sitzen, dem Meer zuzusehen, zu meditieren, und Salzwasser war ja auch heilend. Ich konnte Muscheln suchen und mal wieder tanzen. Doch ob ich mit meinen Beinen tanzen konnte? Ich würde es sicher probieren.

Diese Tage am Meer, das Wasser war richtig warm, taten mir gut. Außer einigen Kühen, die am Strand entlang spazierten, war ich so gut wie allein dort. Es gab auch fast keine Touristen in dieser Zeit. Es war ruhig, fast zu ruhig ... meinen Beinen ging es zusehends besser, ich aß wieder mehr und mit Malick wurde es leichter. Er wurde weicher, ich ebenfalls. Nur das mit dem Geld wurde nicht besser, doch für einige Zeit konnte dieses Thema ruhen.

7.   Kapitel Im Feuer stehen

Das Tüpfchen aufs i stand mir noch bevor ...

Als ich eines Tages herausfand, bei wem Malick hinter meinem Rücken Kredite aufgenommen hatte, war es vorbei mit Friede, Freude, Eierkuchen. Ich flippte total aus. Ich weigerte mich, auch nur einen Penny davon zu bezahlen. Das ganze Theater ging nun von vorne los. Ich überlegte sogar, wieder zu Abu und Aliou zu ziehen.

Denn Malick rastete völlig aus als, ich ihm mitteilte, dass ich dahintergekommen sei, dass er Kredite im Dorf aufnahm, die *ich* dann zahlen sollte. Und als ich ihm erklärte, dass ich überhaupt nicht daran dachte, seine Schulden zu begleichen.

Er fuhr mich zornig an, dass ich ihm und seiner Familie sowieso nie helfen wolle und sein Leben nur noch komplizierter machen würde. Ich sei seine Frau und in seiner Kultur unterstütze man sich gegenseitig.

Der Streit eskalierte. Ich geriet bei diesen Worten in Rage, und Gott sei Dank war ein Nachbar in der Nähe, ich wäre im Stande gewesen auf Malick loszugehen. Auch Malick war nicht mehr zu bremsen. Der Nachbar hatte seine Mühe, ihn zu beruhigen.

«Sie ist deine Frau, sie ist deine Frau, lass sie», rief er immer wieder. «Lass sie in Ruhe, sie ist eine Frau.» Eindringlich redete er auf Malick ein.

Auch ich beruhigte mich fast nicht mehr. Aber ich wollte mich gar nicht mehr beruhigen. Ich wollte nur noch schreien.

Irgendwann schaffte er dann doch, uns zu beruhigen, und sagte: «Ihr müsst miteinander reden.»

Ich flippte gleich wieder aus, genau das funktionierte ja überhaupt nicht. Es war hoffnungslos, wir redeten die ganze Zeit nur aneinander vorbei. Zu groß war die Kluft zwischen uns.

Ich erzählte dem Nachbarn, was passiert war, warum wir so stritten und dass das so nicht weiter gehen konnte. Was sogar dem Nachbarn einleuchtete und er weiter auf Malick einsprach. Es kam mir vor wie eine Moralpredigt, doch die wirkte. Der Nachbar war ein älterer Mann und auf ihn hörte Malick.

Für einen Moment wurde es besser. Wir arrangierten uns, gingen einander aus dem Weg und vermieden das Thema Geld, so gut wir konnten ...

Ich beschloss, wieder regelmäßiger nach Dianna zu gehen, um zu schauen, was in der Zwischenzeit auf dem Terrain passiert war. Und was Malick da alles gekauft hatte, von dem ich nichts wusste. Ob ich nun gegen eine Regel verstieß, war mir inzwischen egal. Immerhin war es mein Grundstück und mein Geld, das da hineinfloss.

Eines Abends fragte mich Aliou ganz überraschend, als ich wieder ziemlich genervt über alles war: «Hast du von Malick eigentlich einen Vertrag für dieses Grundstück bekommen?»

Ich musste nicht lange überlegen. «Nein, habe ich nicht. Daran hatte ich gar nicht mehr gedacht.»

«Das solltest du aber», war die ernüchternde Antwort von Aliou.

Ja, das sollte ich wirklich, und zwar so schnell wie möglich. Nur ...wie sollte ich es ihm sagen? Ich konnte mir vorstellen, dass er ausrastete. Ich fragte Aliou, ob er mir beistünde, wenn ich Malick darauf ansprach.

«Ja», sagte er. «Es muss aber bald passieren.»

Da ich keinerlei Papiere in meinen Händen hatte und es sich um immer mehr Geld handelte, sollte ich sicherstellen, dass dieser Vertrag auch auf mich lautete. Also, guter Moment hin oder her, es ging um einen Vertrag, den ich wollte. Warum zum Teufel machte ich mir eigentlich solche Gedanken?

Noch am selben Abend lenkte ich das Thema auf den Vertrag.

«Was für ein Vertrag?» Malick war ehrlich überrascht.

«Hast du denn keine Papiere für das Grundstück?», fragte ich, verwundert über seiner Reaktion.

«Doch. Aber die sind beim Chef de village in Dianna. Warum willst du das wissen?»

«Wenn du mir das Grundstück wirklich geschenkt hast, brauche ich einen Vertrag, auf dem ich als Besitzerin stehe», gab ich ihm zu verstehen.

«Ah bon», war alles, was er dazu zu sagen hatte.

Und ich erklärte ihm, dass ich, solange ich keinen Beweis in den Händen habe, dass mir hier irgendetwas gehörte, ab sofort keinen einzigen CFA mehr ausgeben würde. Für gar nichts, außer für mein eigenes Essen, nicht mehr für seins.

Ich konnte es selbst kaum glauben, es wirkte, und zwar ziemlich schnell.

Ich glaube, er sah den Ernst seiner Lage. Ich stand auch nicht mehr so allein da, wie ich zuerst gedacht hatte. Tatsächlich waren mehrere seiner Freunde auf meiner Seite, was mich zu meiner Freude sehr erstaunte. Und überraschenderweise war er schneller einverstanden, als ich dachte, und sagte, er würde einen Termin am Samstagmorgen beim Chef de village in Dianna vereinbaren. Natürlich war ich sofort bereit, unter der Bedingung, dass Aliou uns begleitete, sonst würde ich keinen einzigen Schritt mehr machen. Auch dem stimmte Malick zu.

Ich hatte das Gefühl, dass er auf einmal zu allem Ja sagte. Gut, er hatte keine andere Wahl mehr und er sah meine Entschlossenheit. Ich konnte jederzeit in die Schweiz zurück, er nicht. Ich dachte ernsthaft darüber nach, wieder in die Schweiz zurückzugehen, was mich traurig stimmte. Doch ich musste zugeben, ich hatte ein finanzielles Problem. Deshalb wurde dieser Vertrag so wichtig, ich musste mich absichern.

Beim Chef de village in Dianna

Am Samstagmorgen war Aliou pünktlich da. Er hatte Frühstück mitgebracht und war damit beschäftigt, ein Feuer zu machen, um Wasser für den Kaffee zu kochen.

Malick hatte ziemlich üble Laune. Weshalb wusste ich nicht, es war mir jedoch egal. Ich hatte von seinen Anwandlungen die

Schnauze voll. Ich wollte diesen Vertrag, ob mit guter oder schlechter Laune war mir gleichgültig. Nach meiner Gemütsverfassung fragte auch niemand und genau aus diesem Grund wollte ich, dass Aliou mitkam.

Nach dem Frühstück, das Malick verweigerte, gingen wir los. Ich hatte meinen schwarzen Lederrucksack dabei, meinen Pass und Geld. Auf dem ganzen langen Weg durch den Busch nach Dianna sagte er kein einziges Wort. Als ich ihn fragte, was denn los sei, antwortete er kurzangebunden: «Nichts.»

Auch Aliou versuchte, ihm den Grund für seine miese Stimmung zu entlocken, doch Malick machte einen auf Stummfilm. Bis ihm plötzlich in den Sinn kam, dass er noch Zigaretten brauchte und ob ich ihm Geld geben könnte.

Innerlich begann ich zu kochen, ließ mir aber nichts anmerken und antwortete gelassen: «Nein.»

Daraufhin machte er einen eleganten Bogen Richtung Dorf und ich stand allein mit Aliou da.

«Was soll das nun?», rief ich wütend.

«Entspann dich», beruhigte mich Aliou. «Wir gehen jetzt zum Chef de village.» «Aber Malick muss ja auch mitkommen, ohne ihn geht es ja nicht», wandte ich verärgert ein.

«Lass ihn, er wird schon kommen», antwortete Aliou und wir gingen weiter.

Wir waren pünktlich dort und der Dorfchef freute sich, mich kennenzulernen. Nach der Begrüßung forderte er uns auf, Platz zu nehmen. Ich wollte ihm erklären, dass Malick später kommen würde, da stand er tatsächlich im Hof. Ich hatte mich zu früh aufgeregt, er hatte wirklich nur Zigaretten geholt. Doch er verhielt sich immer noch seltsam. Er schenkte weder mir noch Aliou einen Blick, sondern starrte nur gerade aus. Als der Dorfchef auf die Papiere zu sprechen kam, rastete Malick vollkommen aus und fing an, mich aufs Übelste zu beschimpfen. Ich wusste nicht, wie mir geschah.

Normalerweise tat er vor anderen Leuten ausgesucht freundlich und höflich. Doch heute passierte genau das Gegenteil.

Er unterstellte mir ein Verhältnis mit Aliou und dass wir es nur darauf abgesehen hätten, jetzt den Vertrag für das Terrain zu bekommen, um ihn zu vernichten. Ich war sprachlos. Er brüllte über den ganzen Hof, wie schlecht ich sei und dass ich absolut nicht gewillt wäre, ihm in irgendeiner Weise zu helfen.

«Das ist überhaupt nicht wahr», begann ich, mich zu verteidigen.

Er rannte wie ein Irrer im Hof herum und brüllte: «Sie lügt, sie lügt, sie erzählt überall Lügen.»

Von seinem Geschrei wurden natürlich die Leute aufmerksam und es versammelte sich eine Gruppe neugieriger Menschen vor dem Haus des Dorfchefs. Er und Aliou versuchten gerade, den durchdrehenden Malick zu beruhigen. Was nur leider nichts nutzte. Er wütete weiter und erzählte jedem, wie schlecht ich sei. Als er wirklich nicht zu stoppen war, packte ihn der Dorfchef ziemlich grob am Arm, was Malick für einen kurzen Moment zur Besinnung brachte. Dann wurde er von zwei anderen Männern, die ich nicht kannte, vom Hof gejagt. Als er draußen auf der offenen Straße landete und merkte, dass ihm niemand beistand, machte er sich wie ein geschundenes Tier davon.

Ich stand vor dem Chef de village, den ich an diesem Tag das erste Mal sah, und nun das. Scheiße, Scheiße, und nochmal Scheiße. Was er wohl dachte?

Es war für alle peinlich, für jeden, der gerade hier war. Sogar die Umstehenden, die diese Szene mitbekommen hatten, entschuldigten sich bei mir, dass ich von meinem Mann so respektlos behandelt wurde. Nur konnte ich mir dieses abschätzige Verhalten beim besten Willen nicht erklären. Warum rastete Malick wegen eines Vertrags so aus? Das war doch nicht normal.

Und wie ging es jetzt weiter? In diesem Zustand wollte ich Malick nicht begegnen, also konnte ich nicht nach Abene zurück. Ich wusste nicht, wozu er fähig war. Auch Aliou riet mir, nicht nach Hause zu gehen. Ich fühlte mich wie ein Häufchen Elend. Wohin sollte ich denn? Ich hatte zwar meinen Pass und Geld dabei, doch das nützte mir im Moment nicht viel. Aliou schlug mir vor, mit ihm in sein Dorf zu kommen. Dort lebte seine Familie und da könnte ich eine Weile bleiben.

Sogar der Dorfchef riet mir, keinen Kontakt mit Malick aufzunehmen. Und das Land, der Vertrag, mein Gepäck, all das blieb nun bei Malick? Ich war verzweifelt. Den Vertrag konnte der Dorfchef ohne Malicks Einverständnis nicht regeln, aber vielleicht könne man mir in Ziguinchor weiterhelfen. Er meinte es gut, er kam mir sehr entgegen, auch was die Kontakte der Büros anbelangte, gab er mir Auskunft.

Zwischendurch entschuldigte er sich immer wieder mit den Worten: «Es tut mir leid, Madame, es tut mir wirklich leid.»

Man spürte, dass ihm das Verhalten von Malick mir gegenüber peinlich war. Aber er merkte an, ich solle es so schnell wie möglich in die Hand nehmen.

Ja, es war peinlicher als peinlich für jeden von uns, auch für Malick. Was wohl in ihn gefahren war?

«Komm, wir gehen», sagte Aliou, als sich die Lage wieder beruhigt hatte und soweit alles besprochen war. Viel gab es ja nicht zu sagen. Malick schien verschwunden. Wir verabschiedeten uns vom Chef de village und machten uns auf den Weg ins Dorf von Dianna, um dort, wenn wir Glück hatten, ein Auto zu bekommen, das uns ins Dorf von Alious Familie fuhr.

Das Dorf befand sich zwar in der Nähe, lag jedoch ein wenig abgelegen und in dieser Hitze war es für einen Fußmarsch zu weit entfernt. Ich hatte das Gefühl, dass mich jeder, dem ich begegnete, komisch anschaute ...

Verwirrt fragte ich Aliou, ob er wisse, was mit Malick auf einmal los war. Ich hatte ihn noch nie so erlebt.

«Die schlechten Geister», sagte er nur.

Ah ja, was hatten denn die jetzt damit zu tun? Für mich brach gerade eine Welt zusammen.

Wir kamen schnell im Djanna an. Gegenüber des Wartepunkts befand sich der Markt. Es roch nach Fisch, nach verfaulten Früchten, nach Essen, nach allem Möglichen. In der Regenzeit nahm ich die Düfte noch intensiver wahr. Hunde streunten auf dem Markt und auf den Straßen herum und wurden wieder weggejagt. Ich fühlte mich schlecht und elend. Kein Haus, kein Vertrag und ich musste vor meinem eigenen Mann flüchten. Das war mein Leben. Nicht gerade toll. Was wollte ich jetzt noch hier? Ich hatte das Gefühl, jeder würde mir ansehen, dass ich versagt hatte.

In Colomba bei Alious Familie

Wir mussten nicht lange auf ein Fahrzeug warten.

Aliou traf einen Freund, der einen Wagen besaß, und er fuhr uns, gegen Bezahlung natürlich, in das Dorf. Die Straße war schwierig zu passieren, der Regen hatte Löcher in die Fahrbahn gegraben oder die bestehenden vertieft.

Das letzte Stück legten wir zu Fuß zurück. Ich bezahlte den Chauffeur und wir verabredeten gleich einen Termin für den nächsten Tag zurück nach Abene. Ich wollte und musste mein Gepäck holen und dann schauen, wie es weitergehen sollte. Aliou bestand darauf, mich nicht allein gehen zu lassen. Er schlug mir sogar vor, er würde das an meiner Stelle erledigen. Aber das wollte ich nicht. Er wusste auch nicht, was alles mir gehörte, und ich hatte nicht damit gerechnet, dass ich Hals über Kopf ausziehen musste. Ich wollte nur das mitnehmen, was wirklich meins war, bevor Malick vielleicht etwas davon verkaufte.

Wenn ich nach Ziguinchor reiste, um das mit den Papieren zu klären, wollte ich meine Sachen dabeihaben. Ich hatte auch noch Schecks im Gepäck, obwohl er damit nicht viel anfangen konnte, oder vielleicht doch? Ich wusste es nicht.

Ein schmaler, sandiger Weg, gesäumt von Cashew-Bäumen, führte zum Hof von Alious Familie.

Ein malerisches Dorf, es fühlte sich kleiner und kompakter an als Abene, und jetzt in der Regenzeit war alles üppig und grün. Die Mangobäume hingen voll mit reifen Früchten. Kokospalmen ragten groß und schlank zwischen all den anderen Bäumen heraus. Nicht lange, und wir waren von spielenden Kindern umzingelt. Sie riefen, die einen keck, die andern schüchtern: «Toubab, bonjour.» Die frecheren riefen: «Toubab, bonjour, en petit bonbon.»

Es wurden immer mehr. Ich musste lachen, als sie näherkamen, um mich vorsichtig anzufassen.

«Die mögen dich.»

Ja, es sah so aus, wahrscheinlich war ich auch die Attraktion des Tages. Nur leider hatte ich gar keine Bonbons dabei.

«Gib einem der größeren Kinder ein wenig Geld, dann könnten sie in der Boutique einige Süßigkeiten kaufen», sagte Aliou.

«Merci», riefen sie und eilten freudig in den nächsten Shop.

Wir traten in den Hof von Alious Familie und ich wurde leicht nervös. Im ganzen Trubel hatte ich für einen kurzen Moment vergessen, weswegen ich eigentlich hier war. Als ich eine alte Frau auf einer Holzbank im Schatten des Hauses sitzen sah, kam es mir wieder in den Sinn.

Wir gingen auf sie zu und Aliou stellte mich vor: «Das ist meine Tante, sie ist fast blind.» Aliou erklärte ihr, dass er jemanden mitgebracht habe.

Mit einem warmen Lächeln im Gesicht reichte sie mir ihre Hand zur Begrüßung. Sie sprach kein Französisch und sagte: «Casumai.»

Ich verstand das Wort nicht, konnte mir jedoch denken, was es hieß. Sie sprach Jola, wie mir Aliou erklärte, und das Wort war ein Begrüßungswort. Und ich musste mit «Casumai cep» antworten. Was ich mir zuerst nicht merken konnte. Er würde mir heute auch gleich die Begrüßung auf Jola beibringen, das sei einfach und das müsste ich können, sagte er.

Sonst war es auf dem Hof ruhig. Bei dieser Hitze hatten sich außer den Kindern alle zurückgezogen.

Aliou zeigte mir ein Zimmer, wo ich schlafen konnte. «Das ist das Zimmer meines Bruders.»

Es war schlicht eingerichtet, eigentlich befand sich nur ein Bett darin und vor diesem lag eine farbige Bastmatte. Die Wände oder besser gesagt, das ganze Haus war aus Lehm gebaut und das Dach bestand aus strohbedecktem Wellblech.

«Und wo ist dein Bruder?», wollte ich wissen.

«Er ist verreist.»

Gut, dachte ich und stellte meinen Rucksack auf den Boden und setzte mich aufs Bett. Dann ergoss sich das volle Drama wieder über mich. Die ganze Szene mit Malick kam mir in den Sinn und ich brach in Tränen aus, konnte mich fast nicht mehr beruhigen.

Ich glaube, Aliou war es peinlich, denn er sagte trocken: «Er hat es überhaupt nicht verdient. Du hast alles für ihn gemacht und er macht dich so schlecht, lass ihn. Lass ihn, er hat es nicht verdient, du bist jetzt hier. Beruhige dich.»

Ich wollte mich nicht beruhigen, es tat mir leid, *ich* tat mir leid. Mit Hingabe zerfloss ich in Selbstmitleid. Mir wurde klar, dass ich so nicht bleiben konnte und auch nicht wollte. Ich hatte keinen Plan, wie es weiterging. Sogar wenn ich doch noch zu diesem Vertrag käme. Wie sollte ich auf diesem Terrain bauen?

«Brauchst du Wasser, hast du Hunger?», unterbrach Aliou mein Drama.

«Ja, Wasser wäre gut.» Hunger hatte ich keinen.

Er ging, um mir in der Boutique eine Flasche Wasser zu holen, und ich überlegte, was ich machen sollte. Sicher würde ich morgen all mein Gepäck holen. Bei diesem Gedanken kamen mir sofort wieder die Tränen. Aliou kehrte rasch mit dem Wasser zurück. Es war herrlich kühl und tat gut, ich beruhigte mich wieder.

Ich setzte mich nach draußen zu der alten Frau, sie war inzwischen nicht mehr allein. Ein Mann saß neben ihr, es war ein Onkel von Aliou. Auch er begrüßte mich sehr höflich.

«Wo sind denn deine Eltern?», wollte ich von Aliou wissen.

«Die leben in einem anderen Dorf», klärte mich Aliou auf.

«Aha, ich dachte, deine Familie lebe hier?»

«Ja, das ist meine Familie. Hier bin ich aufgewachsen.», sagte Aliou, als er mein erstauntes Gesicht sah.

Mir kam es vor, als ob hier alle irgendwie verwandt zu sein schienen. Bis zum Abendessen lernte ich weitere Familienmitglieder kennen und wurde trotzdem nicht schlauer. Ich hatte sowieso andere Sorgen und ich fragte mich, ob sie wohl alle wussten, aus welchem Grund ich hier war. Doch ich schwieg, sie waren nett, und ich würde bald wieder abreisen.

Irgendwie befinde ich mich ja schon auf dem Rückweg in die Schweiz, dachte ich und erschrak bei diesem Gedanken … Doch ich sah gerade gar keinen anderen Ausweg. Das Geld wurde knapp und ich brauchte einen Job.

Ich behielt das alles mal für mich und wollte eine Nacht darüber schlafen. Jetzt war ich ja noch hier, an einem richtig idyllischen Ort. Ja, es war schön hier, obwohl ich außer dem Hof so gut wie nichts gesehen hatte.

Schwankend zwischen zurück in die Schweiz zu gehen oder mit Nichts in Afrika zu bleiben, saß ich an diesem Samstagnachmittag, es war ein Tag vor meinem Geburtstag, wie ein Häufchen Elend, irgendwo draußen im Dorf, in einem Lehmhaus, mitten in der Regenzeit. Um mich herum ein kleines Naturwunder. Die Casamance zeigte sich paradiesisch in ihrer vollen Kraft und Reife in vollster Farbenpracht. Der äußere Reichtum war spürbar und zum Greifen nah. Auf den Reisfeldern herrschte Hochbetrieb. Und doch; auf der anderen Seite, Moskitos, die einem nachts den Schlaf raubten, Malaria, Regenfälle, die die Straßen unsicher, teilweise unpassierbar machten und sogar gefährlich werden konnte. Geschwätz und Gerede von Menschen, die nichts zu tun hatten, als zu warten …

«Heute Abend ist Disco», teilte mir Aliou mit. Er habe es im Dorf gehört. «Wir können gehen, wenn du willst, das würde dir guttun.»

Warum nicht? Es wäre sicher eine gute Gelegenheit, mich von meinem Drama abzulenken.

Vor dem Abendessen nahm ich eine Dusche, um mir den ganzen verrückten Tag und ein paar Sorgen vom Körper zu waschen. Erfrischt schlüpfte ich wieder in meine verschwitzen Kleider. Rausputzen für die Disco konnte ich mich nicht, doch ich wollte auch niemandem gefallen.

Gegen einundzwanzig-Uhr trafen wir einige Freunde von Aliou, die auch mit in die Busch-Disco kamen. Kaum waren wir angekommen, fing es an, zu regnen. Es schüttete wie aus Eimern. Der Regen prasselte auf das Blechdach und vermischte sich mit dem feurigen Sound. Bald aber wurde die Lautstärke noch mehr aufgedreht. Zwei Generatoren sorgten für diesen Schwung, also für Musik, die aus den großen Boxen dröhnte, und das Licht. Im Innern der Disco war es heiß, feucht und stickig. Langsam füllte sich der Raum mit Menschen und bald herrschte eine so ausgelassene, freudige und großartige Stimmung, wie ich sie bisher nur in Senegal erlebte. Die Senegalesen sind ein ausgesprochenes Tanz-Volk, das Feste feiert, wie sie fallen. Und egal wie klein ein Dorf war, auf so gut wie jeder Party fehlten nie die Trommeln.

Meine Verzweiflung, die Wut und auch die Trauer über das, was ich heute und in den vergangenen Tagen erlebt hatte, verflog an diesem Abend. Ich vergaß es. Ich vergaß meinen Mann, vor dem ich geflüchtet war. Ich vergaß den Vertrag, der das Fass zum Überlaufen brachte und das ganze Drama ausgelöst hatte. Das Geld und meine eventuelle Heimreise in die Schweiz. Ich war jetzt hier in dieser Disco, fernab jeglicher Zivilisation.

Irgendwann, mitten in der Nacht, keine Ahnung wie spät es war, beschlossen wir, uns auf den Rückweg zu machen. Der Regen stürzte in Strömen vom Himmel herunter und es sah auch nicht so aus, als ob es in den nächsten Stunden aufhören würde. Also tappten wir mit einem Schirm durch das Regenwetter. Bis nach Hause war es nicht weit, doch es reichte trotz Schirm, um durch und durch nass zu werden.

Die Kleider, die ich trug, waren meine einzigen, da ich ja nicht damit gerechnet hatte, hier zu landen. Nicht einmal eine Zahnbürste hatte ich dabei. Im Trockenen angekommen holte mir Aliou ein Batiktuch, das ich gegen meine nassen Sachen austauschen konnte. Ich war froh darüber, dass er danach mein Zimmer wieder verließ, für einen kurzen Moment dachte ich, dass er mich vielleicht doch anmachen wollte. Was mich sehr gestresst hätte, denn Aliou war zu meinem besten Freund geworden. Zu einem Menschen, auf den ich mich verlassen konnte. Es war gut, dass er sich daran hielt und bevor er ging, sogar fragte, ob ich etwas brauchte, außer einer Decke. Ich verneinte, ich wollte nur noch schlafen, es war ein verrückter Scheißtag gewesen.

Müde vom Regen, der unaufhörlich auf das Blechdach trommelte, der feuchten Hitze, dem Tanzen und dem Drama des Tages sank ich in einen tiefen Schlaf und erwachte erst wieder beim Ruf des Muezzins.

Verschlafen lag ich in diesem fremden Bett und lauschte ihm. Es war noch dunkel, doch die Geräusche, die ich wahrnahm, deuteten darauf hin, dass gebetet wurde. Ich blieb liegen und hörte einfach, was um mich herum passierte. Es war drückend heiß im Zimmer, also stand ich auf und öffnete den Fensterladen ein Stück weit. Der Regen hatte aufgehört und von draußen hauchte eine abkühlende Brise durch den geöffneten Spalt in den Raum.

Als es heller wurde und der Tag erwachte, sah ich erst, was der nächtliche Regenfall mitgebracht hatte, und konnte von Glück reden, dass ich wenigstens im Trockenen schlafen durfte. Das Dach über mir wies einige Löcher auf, durch die es in der Nacht hineingeregnet hatte, haarscharf an meinem Bett vorbei.

Es klopfte an meine Tür. «Monika, bist du wach?» Es war Aliou, der draußen stand.

«Ja, komm rein», antwortete ich.

«Bonjour. Hast du gut geschlafen?», wollte er wissen, als er mit einer frischgepflückten Mango in der Hand ins Zimmer trat.

Ich bejahte und bedankte mich freudig für die Frucht und zeigte auf die Wasserlachen, die sich an manchen Stellen gebildet hatten, und er sagte lachend: «Das wird wieder trocknen, aber sie haben das Dach nicht gut für die Regenzeit vorbereitet.» Er lächelte mich an. «Hast du Hunger?»

«Ja, und wie.»

Er war schon in der Boutique gewesen und hatte Frühstück mitgebracht, sogar Brot. Während er draußen das Feuer entfachte, bestrich ich die Baguettes mit Butter. Trotz der Feuchtigkeit brannte das Feuer schnell. Auch die Familie versammelte sich langsam im Hof. Die fast blinde Tante, der Onkel, einige Kinder. Eines der Mädchen trug ein Baby auf dem Rücken. Ob es ihres war? Ich bezweifelte es, aber man wusste hier nie genau. Obwohl ich ja nun schon eine ganze Weile hier lebte, hatte ich Mühe, das Alter der Menschen einzuschätzen.

Ein leckeres Frühstück erwartete mich. Auch hier gab es Fondé, den ich inzwischen jedem Baguette vorzog.

Mit meinem einzigen Kleidungsstück, dem Batiktuch bekleidet, hängte ich meine noch feuchte Wäsche in der Sonne zum Trocknen auf, bevor der Regen erneut kam.

«Wenn deine Kleider trocken sind, zeige ich dir das Dorf, es ist sehr schön», sagte Aliou stolz.

«Ich dachte, wir müssen zurück nach Abene um mein Gepäck zu holen», gab ich zu bedenken.

«Wir haben Zeit, die Kleider sind bei dieser Hitze schnell trocken», wandte Aliou ein.

Nachdem ich meine morgendlichen Dringlichkeiten erledigt hatte, waren meine Kleider tatsächlich trocken und wir konnten los. Vor der Besichtigung wollte Aliou aber noch seine Verwandten, die hier verstreut im Dorf wohnten, besuchen. Doch bei der ersten Familie blieben wir hängen und kamen überhaupt nicht dazu, einen weiteren Besuch zu machen. Das Dorf hatte ich nun nicht gesehen.

«Ein anderes Mal», äußerte er, als wir uns wieder auf den Rückweg machten.

«Ein anderes Mal?» Wenn ich das nur wüsste.

«Inshallah», gab mir Aliou zur Antwort.

Nach dem Gebet gab es Mittagessen, das wir bei der Familie einnahmen, und danach sollte eigentlich der Chauffeur kommen und uns abholen. Doch anstatt des Chauffeurs kam ein junger Mann und erklärte uns ganz aufgeregt, dass der nächtliche Regen die Straße in Sumpfgebiet verwandelt hätte.

Auch das noch.

«Und jetzt?» Ich brauchte mein Gepäck.

«Wir müssen laufen», kam die prompte, aber schlechte Nachricht von Aliou. Meine Laune sank, obwohl ich mich vor dem fürchtete, was mich in Abene erwarten könnte. Doch bei dieser Hitze durch Sumpfgebiet zu laufen, das konnte ja heiter werden. Nur, was blieb mir anderes übrig?

«Wir können auch hierbleiben», sagte Aliou, als er meinen missmutigen Gesichtsausdruck sah.

«Nein, wir gehen», beschloss ich, ohne lange zu überlegen. Ich brauchte die Klamotten und wollte mein Gepäck bei mir haben. Wenn wir am Montagmorgen nach Ziguinchor reisen wollten, wollte ich alles zusammen haben.

Es sah wahrlich nicht gut aus, sogar das Laufen durch dieses matschige Sumpfgebiet wurde schwierig.

Als wir endlich die Hauptstraße, die nach Abene führte, erreichten, sah man auch hier die Auswirkungen. Tiefe Löcher bohrten sich in die Straßen, teilweise mit Wasser gefüllt. So war nicht mehr abschätzbar, wie tief die Löcher wirklich waren, und die wenigen Autos, die auf der schlechten Straße unterwegs waren, mussten sich im Schneckentempo um die Löcher herumschlängeln.

Als wir es dann doch bis nach Abene geschafft hatten, kam meine Angst wieder zurück.

Ich hatte das Gefühl, jeder würde mich anstarren und alle würden schon wissen, wie Malick gestern ausgerastet war. Dass ich auch noch mit Aliou auftauchte, war mit Sicherheit ein gefundenes Fressen für die Gerüchteküche. Das wollte ich vermeiden und bat Aliou, nicht durch das Dorf gehen zu müssen, sondern irgendwo durch den Busch.

Mir wurde richtig schlecht, je näher wir kamen und ich wünschte mir, dass Malick wieder halbwegs normal drauf war. Gott sei Dank war Aliou dabei. Als wir eintrafen, wirkte alles sehr ruhig, als ob keiner zuhause wäre. Auch im Garten sah ich niemanden. Ich trat näher und tatsächlich war die Tür von unserem Zimmer zu, vielleicht schlief Malick. Ich klopfte an die Tür. Nichts. Ich schupste sie an. Siehe da, sie war abgeschlossen.

Ein Mann mittleren Alters, dessen Zimmer nebenan lag, kam verschlafen raus und erklärte, nachdem wir uns gegrüßt hatten: «Er ist nicht hier.»

Ich war erstaunt und erleichtert zu gleich. «Ah bon. Wo ist er denn hin?»

«Er ist gegangen, heute Morgen. Er ist verrückt, hat die ganze Nacht nur rumgeschrien, il est fout», betonte Malicks Nachbar und während er redete, schnalzte er immer wieder mit der Zunge.

Auch das noch ... und mein Gepäck? Wie kam ich jetzt in das Zimmer? Mir fiel ein, dass wir ein Geheimversteck für den Schlüssel abgemacht hatten und schaute mit nicht allzu viel Hoffnung nach. Und ... Der Schlüssel lag tatsächlich dort versteckt. Natürlich plumpste mir ein Stein vom Herzen.

Ich schloss die Tür auf und blickte mich im dunklen Zimmer um. Meine Sachen standen unberührt da, wo ich sie abgestellt hatte. Ich schaute weiter um und sah, dass Malicks Rucksack fehlte.

Aliou, der die ganze Zeit, draußen im Garten gesessen hatte und sich angeregt mit dem Nachbarn unterhalten hatte, kam ins Zimmer. «Kann ich dir etwas helfen?»

«Nein, es geht, ich habe nicht viel», sagte ich zu ihm, während ich all meine Sachen zusammensammelte und in die Koffer packte.

Das war es jetzt also? Musste mein Afrika-Traum so enden? Trauer überkam mich, die Wut packte mich wieder und ich fühlte eine abgrundtiefe Ohnmacht. Tränen rollten über mein Gesicht.

Ich konnte es nicht verstehen.

Auch Wut darüber, dass Malick sich so mir nichts, dir nichts aus dem Staub gemacht hatte, überkam mich. Ich fluchte auf sämtlichen Sprachen, die ich kannte. Aliou versuchte, mich zu beruhigen. Alles drehte sich gerade in meinem Kopf, die ganze hoffnungslose Situation. Ich wollte das nicht einfach aufgeben, das Land, das mir ja noch nicht einmal gehörte, den Brunnen, das Grundstück, in das ich Geld gesteckt hatte. Alles einfach weg?

Und das ganze Zeug in diesem Koffer erinnerte mich an mein Leben hier ...

Als ich fertig gepackt hatte, schleppte ich die beiden Koffer nach draußen. Aliou nahm sie mir aber ab und trotzdem, die mussten wir nun bei dieser Hitze nach Colomba transportieren. Das hatte mir gerade noch gefehlt und das an meinem Geburtstag. Statt mich zu freuen, wurde ich sofort wieder wütend.

Ich brauchte die Koffer. Wenn wir nach Ziguinchor reisten, blieb mir nichts anderes übrig als sie mitzunehmen. Wie ich es auch drehte und wendete, meine Lage war ziemlich beschissen.

Der Nachbar und Aliou jedoch, die gerade über Malicks Verhalten herzogen, waren sich einig, als sie mir sagten: Dass ich froh sein könnte, ihn los zu sein, denn er sei verrückt geworden.

Auch wenn es so wäre, meine Situation machte es nicht besser. Ob ich je zu meinem Vertrag kam? Und wo steckte Malick?

Aliou sagte, dass wir im Dorf mit ein wenig Glück ein Auto finden könnten, das uns mitnahm, denn die beiden Koffer waren schwer.

Da saß ich nun mit zwei schweren Koffern und ehrlich gesagt, wollte ich mit dem Gepäck nicht im Dorf auftauchen. Ich hatte keine Lust, jedem meine Situation zu erklären, die ich nicht einmal selbst begriff.

Der Nachbar hatte die rettende Idee, als er sagte: Ein Freund von ihm könnte uns gegen Bezahlung mit seinem Auto bis nach Dianna fahren. Von dort müssten wir dann aber sicher zu Fuß weiter, da die Straße nach Colomba zwischenzeitlich nicht besser geworden sei.

Ich nahm diese Möglichkeit dankend an. Hauptsache, nicht ins Dorf.

Schwerbeladen kamen wir verschwitzt, schmutzig und müde in Colomba an. Ich glaube, Aliou hatte seiner Familie erklärt, aus welchem Grund ich hier war und warum ich jetzt auch noch das ganze Gepäck anschleppte. Niemand verlor ein Wort darüber oder stellte eine Frage. Es war wie es war und wie die Senegalesen sagen: «La vie continue.» Das nahm ich mir zu Herzen und sagte: «Inshallah.»

Nur wie mein Leben ab jetzt weitergehen würde, wusste ich nicht.

Obwohl es in dieser Nacht nicht geregnet hatte, brachen wir sehr früh auf. Auch war so früh noch ein Hauch von Kühle spürbar. Aliou hatte sich bereiterklärt, mich nach Ziguinchor zu begleiten. Ich war froh darüber. Obwohl es für mich bedeutete, für zwei zu zahlen. Dafür half er mir mit meinem schweren Gepäck und bis nach Dianna hatte er einen Bruder beordert, beim Schleppen zu helfen. So hatte ich nur meinen Rucksack, den ich durch den Matsch tragen musste.

Wenn wir Glück hatten, sollten wir in Dianna auch rasch einen Sept-Places bekommen, doch bis dorthin hieß es zu Fuß gehen. Aber wir hatten tatsächlich Glück und kamen in Dianna schnell weg. Die Hitze machte mir zu schaffen, es war bald vorbei mit der Frische des Morgens und im Buschtaxi war es eng. Da viele Leute gestern nicht reisen konnten, waren alle Sept-Places und Buschtaxis schnell überfüllt und wenn man Pech hatte, saßen bis zu zwanzig Menschen in so einem Kleinbus. Dafür waren die Preise im Buschtaxi billiger.

Wir kamen weiter und das war die Hauptsache.

Glück im Unglück.

Und wie immer vor der Reise wurde ein kurzes Gebet gesprochen. Ich genoss die Fahrt im überfüllten Buschtaxi trotzdem. Vielleicht weil ich dachte, es könnten meine letzten Tage hier sein. Es war wunderschön, in der Regenzeit durch die Casamance zu fahren. Es duftete nach Fisch. Die Fischer machten reiche Beute. Es war bunt, saftig und reichhaltig an den Straßenrändern. Dort präsentierten die Bauern Mangos und große Wassermelonen. Die Frauen verkauften, Erdnüsse geröstet, gesalzen, mit oder ohne Schale, geröstete Cashewnüsse, Früchte, deren Namen ich wieder vergessen hatte. Aber es war nicht ganz ungefährlich ... Der Regen hinterließ überall seine Spuren und wenn man schon im Schlamassel steckte, dann gleich richtig. Die Straßen waren eindeutig in einem sehr desolaten Zustand und die Autos ließen teilweise sehr zu wünschen übrig.

Es kam, wie es besser nicht hätte kommen sollen. Ein Reifen platzte mit einem lauten Knall und bei voller Fahrt. Der Chauffeur, zum Glück geistesgegenwärtig, manövrierte unser überfülltes Fahrzeug souverän, bevor es wahrscheinlich überhaupt jemand bemerkte, an den Straßenrand und wir blieben mit einem gewaltigen Ruck im Sumpf stecken ... So etwas hatte ich noch nie erlebt. Wir konnten alle von mehr als Glück reden und die Menschen im Buschtaxi fingen an zu beten. Das überwältigte mich so sehr, dass ich eine Gänsehaut bekam. Immer wieder murmelten sie «Allah u ak bar. Gott ist groß. Allhamdoulila, Allhamdoulila.» Wir waren alle mit einem riesigen Schrecken und zitternden Knien davongekommen. Allhamdoulila, Gott sei Dank, heil und unversehrt.

Abwarten und Tee trinken

Da saßen wir nun bleich, ja auch schwarze Menschen können bleich werden, und mit weichen Beinen am Straßenrand. Das Gepäck musste vom Dach geladen werden, die Männer packten tatkräftig an. Während sich der Chauffeur um sein Vehikel kümmerte und schaute, was noch zu retten war, kamen wir damit heute jedoch nicht mehr weiter. Nachdem wir uns vom ersten Schrecken erholt hatten und wieder im Besitz unseres Gepäcks waren, vertrieben sich einige die Wartezeit im Schatten der Bäume und warteten auf die nächste Mitfahrgelegenheit. Andere halfen dem Chauffeur, sein Buschtaxi aus dem Sumpf zu ziehen, was natürlich überhaupt nicht möglich war. Es hatte sich tief in die nasse Erde eingegraben.

Vorbeifahrende Autos wurden angehalten, um eventuell Hilfe zu leisten oder die wartenden Menschen mitzunehmen. Um die nicht ganz alltägliche Situation zu retten und sich das Warten zu vertreiben, wurde Ataya gekocht. Aliou und ich setzten uns dazu. Das war auch ein Teil an Senegal, den ich so mochte. Es war für mich eine liebgewordene Zeremonie geworden. Die ich sicher in der hektischen Schweiz vermissen würde. Wer hatte da schon Zeit für Ataya? Mein Herz wurde schwer.

Nach dem zweiten Glas Ataya, einem kleinen Plastikbeutel frischer Erdnüsse und einer Mango, die wir von Mitreisenden geschenkt bekommen hatten, bekamen Aliou und ich bald einen Platz in einem Buschtaxi und trafen am späteren Nachmittag in Ziguinchor ein.

Die sonst so lebendige Stadt wirkte fast ausgestorben. Kein Wunder, bei dieser Hitze. Sogar die Büros waren geschlossen und gleich war ja Gebetszeit. Der Unfall hatte uns viel Zeit geraubt und ich musste meinen Plan, mich um den Vertrag zu kümmern, auf den nächsten Tag verschieben. Was jedoch überhaupt keine Rolle mehr spielte. Ich hätte auch tot sein können. Bei diesem Gedanken drehte sich mir der Magen um. Alles kam gerade ganz anders in meinem Leben. War das ein Zeichen oder Schicksal? Ich wusste es nicht. Aber ich lebte.

8. Kapitel Ende oder Neuanfang?

Eines war klar - ich wollte nicht zu lange in dieser engen, hitzigen Stadt sein, doch im Moment hatte ich keine andere Wahl. Hatte ich die wirklich nicht? Mein Leben war mir neu geschenkt worden.

Ich beschloss, zusammen mit Aliou Malicks Familie aufzusuchen und ihnen mitzuteilen, dass ich mich scheiden lassen würde. Der Vertrag war mir egal geworden. Ich bedauerte, was passiert war. Aber so hatte ich es mir nicht vorgestellt und das sollten sie wissen. Auch dass ihr Sohn mich so bloßgestellt hatte und dann verschwand, konnte ich nicht auf mir sitzen lassen. All das wollte ich ihnen sagen, bevor ich in die Schweiz zurückreiste, denn das hatte ich nun beschlossen.

Kurz vor der Gebetszeit trafen wir mit einem Taxi auf dem Hof ein. Ich sah die Familienmitglieder, wie sie sich für das Gebet vorbereiteten, und zu meinem Erstaunen sah ich Malicks Kleider an der Wäscheleine hängen. Er war also hier. Die Familie war wohl nicht weniger erstaunt, als ich in Alious Begleitung und mit meinen beiden Koffern beladen bei ihnen eintraf. Ob sie mit mir gerechnet hatten? Wenn, dann sicher nicht mit Aliou.

Wir wurden sehr freundlich begrüßt und gebeten, auf einer Bank im Hof Platz zu nehmen. Aliou stellte das Gepäck auf den sandigen Boden und machte sich auch fürs Gebet bereit. Ich setzte mich auf den mir angeboten Platz in den Schatten. Während ich wartete, bis die Zeremonie beendet war, schaute ich mich ein wenig im Hof um. Ich sah, dass auch Malick unter den betenden Männern war. Im ersten Moment erkannte ich ihn tatsächlich nicht, er hatte seine langen Rastas nicht mehr. Sein Kopf war kahlgeschoren, was erst einmal sehr befremdend auf mich wirkte.

Nach dem Gebet kam Malick vorsichtig auf mich zu, reichte mir zur Begrüßung die Hand und setzte sich neben mich. Er sagte nichts, ich auch nicht. Ich wusste nicht genau, was ich überhaupt sagen und wo ich anfangen sollte. Ich fühlte mich in seiner Nähe nicht unwohl. Ohne seine Rastas wirkte er weicher, friedvoller, doch ich traute all dem nicht so ganz.

«Ça va, Monika?», begann Malick das Gespräch.

«Oui, ça va.» Mehr sagte ich nicht.

Die Familie saß im Hof. Es war ein ruhiger Montagabend, doch um mich herum brach seit Kurzem alles zusammen.

Ich wollte es hinter mich bringen und ich musste ihm und seiner Familie sagen, dass ich so nicht weiterleben und gerne die Scheidung einreichen wollte.

«Kann ich mit dir reden?», erkundigte sich Malick.

Ohne darauf einzugehen, sagte ich: «Ich will mich scheiden lassen.»

Nach kurzem Schweigen fragte er in einem leicht hitzigen Unterton: «Ist es das, was du willst?»

Das brachte das Fass zum Überlaufen.

Ich nickte nur. Irgendwie hatte ich mit dieser Reaktion gerechnet. Ich stand auf und setzte mich auf einen meiner Koffer, als ob ich mich und mein Gepäck schützen müsste.

Die Mutter hatte meine Reaktion bemerkt und kam auf mich zu. In ihrer Sprache und mit einer eindeutigen Geste machte sie mir klar, ihr zu folgen. Sie sprach kurz, aber eindringlich mit Malick und auch er hatte mitzukommen. Dann folgten wir ihr ins Haus.

Jetzt wurde es ernst. Die Familie hatte kein Interesse, dass das ganze Quartier mitbekam, was vor sich ging. Die ganze Familie war im Begriff, ins Haus hineinzugehen. Aber ich wollte nicht allein mit ihnen im Haus sein, wenn ich ihnen mitteilte, was ich vorhatte. Deshalb bestand ich auf Alious Anwesenheit. Er war für mich so etwas wie ein Zeuge. Er verstand alle Sprachen und er war kein Familienmitglied. Ich wusste ja nicht, was Malick seiner Familie erzählt hatte, als er ohne mich mit seiner Wäsche bei ihnen auftauchte.

Doch das war jetzt nicht mehr wichtig und als alle im Raum versammelt waren, sagte ich auf Französisch, dass ich mich scheiden lassen und wieder in die Schweiz zurückgehen würde. Für einen kurzen Moment wurde es ganz still, alle schauten mich mit ungläubigen Augen an. Damit hatten sie nicht gerechnet. Darauf wurde es unruhig im Raum.

«Nein, mach das nicht, wir reden über alles und ihr geht nochmal zum Marabout», wurde von allen Seiten auf mich eingeredet.

Doch dann überkam es mich und ich kotzte meinen ganzen Frust und Ärger nur so aus mir heraus. Auch dass ich keinen Marabout bräuchte, sondern Geld!

Wieder wurde es mucksmäuschenstill.

Ich konnte die Fassungslosigkeit und das Unverständnis auf ihren Gesichtern sehen, auf dem der Mutter, Awas, Salious, der kleinen und größeren Geschwister, die ich so ins Herz geschlossen hatte ...

Malick sah mich widerborstig an. Hinter seiner Stirn schien es zu arbeiten. Er verstand es nicht. Seine Familie verstand nicht.

Hatte ich noch einen winzigen Funken Hoffnung besessen, es könnte sich alles in Luft auflösen, so starb dieser nun.

Es gab keinen Weg zurück. Malick verbaute ihn. Seine Familie. Auch ich.

Zu viele falsche Erwartungen, zu viele Dramen - ich kämpfte gegen Mauern.

Stell dir vor ... um noch einmal auf den Anfang des Buches zurückzukommen ...

Ich bin der Sehnsucht meines Herzens gefolgt. Wem oder was folgst du?

Ich stehe wieder an einer Weggabelung ... mit der Frage:

Wer möchte ich heute sein?

Ich freue mich, dass du bis hierhin gelesen hast. Du hast Interesse, Neugier und Durchhaltevermögen bewiesen. Eigenschaften, die in der heutigen Zeit gar nicht mehr selbstverständlich sind. Vielleicht hat dich auch dein Abenteuergeist wachgehalten?

Für mich ist, war und bleibt Senegal (m)ein Kraftort. Ich habe gerne dort gelebt. Die Erfahrungen, so außergewöhnlich, einzigartig, schön, banal, verrückt, tragisch, traurig, freudvoll und dramatisch sie auch waren, haben mich geformt, getragen, gelehrt, zum lachen und zum weinen gebracht. Ich möchte keinen Augenblick missen, nicht einmal den abgründigsten. Ich glaube, der Herzensweg ist einfach nicht planbar.

Deshalb gibt es noch mindestens ein weiteres Buch, denn was ich in all diesen Jahren in Senegal erlebt habe, passt nun definitiv nicht in ein einziges Buch hinein.

Monika Barro

Autorin, Künstlerin, Lebensreisebegleiterin, Mutter, Visionärin.

Geboren in der Nordschweiz, schon immer neugierig und gerne auf Achse, führte mich eine Tanzreise in den geheimnisvollen Süden Senegals, in die wunderschöne Casamance.

Wenn eine eine Reise tut, kann das ...

den Horizont erweitern,

auf Karma hinweisen,

zu einem Ortswechsel führen,

eine Begegnung mit Folgen sein,

ins Auge gehen,

ein Buch entstehen lassen,

Abenteuerlust sein,

das Leben verändern ...

Bei mir war es eine Mischung aus allem. Dass eine Reise mein Leben auf so ungeahnte Weise auf den Kopf stellen würde, habe ich zu diesem Zeitpunkt nicht geahnt. Ich verliebte mich Hals über Kopf in diesen Fleck Erde. Und nach einigem Hin und Her, beschloss ich tatsächlich, dort zu leben. Welch kühne Entscheidung.

Was mich sofort faszinierte, waren die Farben, das Lachen, die Anmut und die Lebensfreude, die dieses Land und seine Einwohner ausstrahlen. Das Tanzen, die Musik und die erdige Kraft trugen das ihrige bei.

In Senegal durfte ich in eine faszinierende Kultur eintauchen, die mir bis dahin fremd gewesen war.

Ich lernte eine Glaubensrichtung kennen, die ich nur vom Hörensagen kannte und die viele Fragen offenließ.

Ich tauchte ein, in eine Vielfalt an Sprachen, die Kommunikation nicht immer einfach machte und für viele Missverständnisse sorgte.

Und ich habe gelernt, dass nicht alles aufs Schicksal geschoben werden sollte.

Meine Geschichte hat mich dazu bewogen, Frauen, die nach Westafrika reisen oder auswandern wollen, zu beraten.

Ich wünsche mir, dass auch du deinen Traum umsetzen kannst und der Sehnsucht deines Herzens folgen.

Doch Westafrika tickt anders, was es einerseits so spannend und faszinierend macht, andererseits gibt es einige Fettnäpfchen und Stolpersteine zu beachten.

Zu viele Menschen wissen alles besser, verteilen Tipps und gute Ratschläge, gefragt oder ungefragt. Warum? Weil es einfacher ist, andere zu belehren, ohne dass man selbst etwas Großartiges leisten muss. Aber keiner ist auch nur einen einzigen Schritt in deinen Schuhen gelaufen. Also, feiere dich, dein Leben, deine Großartigkeit, deinen Mut.

Ich wollte es nicht besser wissen. Obwohl, manchmal dachte ich schon, ich wüsste es besser. Auf jeden Fall wollte ich wissen, wie es sich in einer anderen Kultur lebt, mit einer ganz anderen Glaubensrichtung, auf einem anderen Kontinent, in einem Land, dessen Sprache ich nicht richtig beherrschte. Und mich mit einer angelernten Sprache, die ich auch nicht perfekt kann, behelfen musste.

Wir wissen nicht immer, wohin uns das Leben führt und wozu diese Erfahrungen gut sind. Doch jede Erfahrung, jeder Fehler bringt uns weiter, wenn wir das wollen. Das Leben besteht aus Licht und Schatten. Manchmal tun sich Abgründe auf, dann wieder öffnen sich Tore.

Wenn wir damit aufhören, uns, unser Leben und unsere Erfahrungen in Gut und Schlecht einzuteilen, und stattdessen unsere schöpferische Power wieder in die Welt bringen, dann wird es spannend. Mein persönlicher Sinn ist nicht, etwas besser zu wissen oder zu können, sondern etwas zu bewegen.

Lebensfreude in der Welt zu versprühen und anstatt gegen mich oder die Welt zu kämpfen, für das einzustehen, was mich bewegt und mir wirklich wichtig ist.

Das möchte ich mit diesem Buch, und ich freue mich, wenn es mir gelungen ist, und ich dir vielleicht an der einen oder anderen Stelle ein Lachen auf dein Gesicht zaubern konnte, ein Schmunzeln hervorlocken durfte, eine Träne zum Fließen brachte, oder ein mitleidiges Lächeln über deine Lippen huschte, oder ein «Wie kann Frau nur so blöd sein?» deine Gedanken durchströmt oder, oder, oder ... Dann, genau dann, hat mein Buch seinen Zweck erfüllt. Trigger muss sein.

Heute würde ich ganz anders nach Afrika reisen und dort leben.

Ich wünsche mir, dass meine Geschichte dir als Frau Kraft geben möge. Denn ich weiß, dass ich mit diesen Erfahrungen nicht allein bin.

Zurzeit lebe ich in der Schweiz und schreibe meine Geschichten dieser sehr eigenwilligen Zeit.

Das Leben, das ich damals wählte, ist abgeschlossen. Es war eine sehr bewegende Zeit, die mit dem Verfassen der Bücher ihren Abschluss und Vollendung findet.

Welches mein nächstes Projekt sein wird? Ich habe so eine Ahnung. Wer weiß, welche Erfahrungen das Leben noch für mich bereithält. Ich freue mich auf jeden Fall darauf.

Hast du Fragen? Auf www.kunst-voll.info findest du weitere Infos über mein Schaffen, mein jetziges Leben, wie es mit Schreiben weiter geht und vieles mehr ...

Meine Vision:

Ich wünsche mir, dass Menschen aus verschiedenen Kulturen beginnen, sich auf Augenhöhe zu begegnen, sich in co-kreativen Projekten und Gemeinschaften zusammenfinden.

Ich wünsche mir, Menschen mit guten Fragen zu bereichern, sich ihrer Werte, Wurzeln und Qualitäten wieder mehr bewusst zu werden und sie in ihr Leben zu integrieren.

Ich wünsche mir, dass dieses Buch lächeln lässt, Neugier und Fragen weckt.

Eine gute Frage erhebt und öffnet Türen und Herzen.

Was ist wirklich wichtig im Leben?

2,-